新时代智库出版的领跑者

国家智库报告（2021）
National Think Tank (2021)

中国海外投资国家风险评级报告
（2021）

REPORT OF COUNTRY-RISK RATING OF OVERSEAS INVESTMENT FROM CHINA
(CROIC-IWEP)（2021）

中国社会科学院国家全球战略智库国家风险评级项目组　著
中国社会科学院世界经济与政治研究所国际投资研究室

中国社会科学出版社

图书在版编目(CIP)数据

中国海外投资国家风险评级报告.2021 / 中国社会科学院国家全球战略智库国家风险评级项目组,中国社会科学院世界经济与政治研究所国际投资研究室著.—北京:中国社会科学出版社,2021.4
(国家智库报告)
ISBN 978-7-5203-8167-3

Ⅰ.①中⋯ Ⅱ.①中⋯②中⋯ Ⅲ.①海外投资—风险评价—研究报告—中国—2021 Ⅳ.①F832.6

中国版本图书馆 CIP 数据核字(2021)第 054150 号

出 版 人	赵剑英
项目统筹	王 茵 喻 苗
责任编辑	张冰洁 周 佳
责任校对	季 静
责任印制	李寡寡

出　　版	中国社会科学出版社
社　　址	北京鼓楼西大街甲 158 号
邮　　编	100720
网　　址	http://www.csspw.cn
发 行 部	010-84083685
门 市 部	010-84029450
经　　销	新华书店及其他书店
印刷装订	北京君升印刷有限公司
版　　次	2021 年 4 月第 1 版
印　　次	2021 年 4 月第 1 次印刷
开　　本	787×1092　1/16
印　　张	17
插　　页	2
字　　数	220 千字
定　　价	98.00 元

凡购买中国社会科学出版社图书,如有质量问题请与本社营销中心联系调换
电话:010-84083683
版权所有　侵权必究

项目组负责人

高凌云　中国社会科学院世界经济与政治研究所国际投资研究室主任、研究员，中国社会科学院国家全球战略智库研究员。

王碧珺　中国社会科学院世界经济与政治研究所《国际经济评论》编辑部主任、副研究员，中国社会科学院国家全球战略智库研究员。

项目组成员（按照姓氏汉字笔画排序）

孔大鹏　李国学　李曦晨　　陈胤默
周学智　韩　冰　潘松李江　潘圆圆

执笔人

周学智　陈胤默　李曦晨　孔大鹏　潘松李江

摘要： 2020年以来，随着新冠肺炎疫情在全球范围内不断蔓延，世界经济陷入衰退；全球范围内的投资环境趋向恶化，中国企业海外投资的风险继续上升。

《中国海外投资国家风险评级报告（2021）》从中国企业和主权财富的海外投资视角出发，构建了经济基础、偿债能力、社会弹性、政治风险和对华关系五大指标共42个子指标，涵盖114个国家和地区，全面和量化地评估了中国企业海外投资所面临的主要风险。本年度报告在样本范围选取、评级指标和评级方法上均延续了2020年度报告的标准，与往年的评级结果达成了良好的可比性。

本年度报告的结果显示，发达经济体的经济基础较好，政治风险较低，社会弹性较高，偿债能力较强，整体投资风险低于新兴经济体。但是，发达经济体的对华关系得分低于新兴经济体，并维持在较低水平。中美贸易摩擦所带来的不确定性使中国对北美地区投资受阻程度、双边政治关系评分以及整体排名都进一步下降。对新兴经济体而言，经济基础和政治风险得分与发达国家的差距依然非常明显，但是未来随着新兴经济体尤其是RCEP区域内部投资需求的上升，其仍将是中国海外投资最具潜力的目的地。当前，"一带一路"沿线国家和地区已经成为中国对外直接投资新的增长点。最后仍需强调的是，2021年海外投资风险需要引起投资者的警惕。

关键词： 海外投资；国家风险评级；指标体系；"一带一路"；RCEP；新冠肺炎疫情

Abstract: Since 2020, the shock of the COVID-19 pandemic has sent the world economy into severe recession, disrupted industrial and supply chains, and caused a contraction in international trade and investment, and the risks of overseas investment from China continue to rise.

Report of Country-Risk Rating of Overseas Investment from China (2021), builds a total of 42 indicators from the perspective of Chinese overseas investment and sovereign wealth in 114 countries and regions, including the economic base, debt-paying ability, social flexibility, political risk and its relations with China, comprehensively and quantitatively annual the overseas investment risk facing Chinese firms. The 2021 assesses report adopts the standards of the previous annual report in terms of sample range selection, rating indicators and rating methods, and has achieved good comparability with the results of previous years.

The 2021 report shows that developed countries have better economic foundations, lower political risks, better social elasticity, stronger debt payment capacity, therefore, the overall risks of investing in those countries are obviously lower than in emerging-market economies. Nevertheless, developed economies score lower than emerging-market economies in their relations to China and remain at a lower level. The uncertainty caused by the trade friction between China and the United States has further reduced the level of Chinese investment in North America, the bilateral political relations score, and the overall ranking. For the emerging-market economies, their gap with the developed countries in terms of economic foundation and political risk remains huge. However, with the rising investment demand of emerging-market economies, especially within the RCEP region, the emerging-market will still be the most potential destination for China's overseas investment in the future. At present, the areas along the Belt and Road Initiative have become a new growth point of China's OFDI. Finally, it should be emphasized that the risks of overseas investment in 2021 need to arouse investors' vigilance.

Key Words: Overseas investment, Country risk rating, Index system, "Belt and Road", RCEP, COVID-19

目 录

2021 年中国海外投资国家风险评级主报告
CROIC – IWEP ……………………………………………（1）
 一 评级背景 …………………………………………………（1）
 二 各评级机构评级方法综述 ………………………………（3）
  （一）发布国家信用评级的机构简介 ……………………（3）
  （二）评级对象 ……………………………………………（5）
  （三）评级指标体系 ………………………………………（5）
  （四）评级方法特点 ………………………………………（6）
 三 CROIC – IWEP 国家风险评级方法 ……………………（8）
  （一）指标选取 ……………………………………………（8）
  （二）标准化、加权与分级 ………………………………（14）
  （三）评级样本 ……………………………………………（16）
  （四）本评级方法的特点 …………………………………（19）
  （五）成绩与未来规划 ……………………………………（22）
 四 CROIC – IWEP 国家风险评级结果总体分析 …………（24）
  （一）总体结果分析 ………………………………………（24）
  （二）分项指标分析 ………………………………………（31）

五　CROIC-IWEP国家风险评级主要排名变动国家
　　分析 …………………………………………………… (44)
　　（一）埃塞俄比亚（↓14）………………………… (45)
　　（二）缅甸（↓13）………………………………… (45)
　　（三）澳大利亚（↓12）…………………………… (47)
　　（四）俄罗斯（↓9）………………………………… (48)
　　（五）美国（↓8）…………………………………… (48)
　　（六）英国（↓7）…………………………………… (50)
　　（七）越南（↑13）………………………………… (50)
　　（八）乌兹别克斯坦（↑13）……………………… (52)
　　（九）尼日利亚（↑11）…………………………… (53)
　　（十）南非（↑10）………………………………… (53)

2021年中国海外投资"一带一路"沿线国家风险评级子报告 …………………………………………………………… (55)
一　"一带一路"沿线国家风险评级背景 ………………… (55)
二　"一带一路"沿线国家风险评级样本 ………………… (57)
三　"一带一路"沿线国家风险评级结果 ………………… (59)
　　（一）总体结果分析 ………………………………… (59)
　　（二）分项指标分析 ………………………………… (64)

附录1　RCEP成员国风险评级结果分析 ……………… (68)

附录2　2020年新冠肺炎疫情与对外直接投资风险 …… (77)

附录3　CROIC-IWEP国家风险评级原始指标 ………… (85)

2021年中国海外投资国家风险评级主报告 CROIC – IWEP

一 评级背景

中国在全球外国直接投资中的影响力不断扩大。2019年中国对外直接投资流量为1369.1亿美元，虽同比下降4.3%，但仍是仅次于日本的世界第二大对外直接投资国。2019年中国对外投资流量占全球比重的10.4%，连续四年占比10%以上。截至2019年年末，中国对外直接投资存量达21988.8亿美元，占全球当年存量的6.4%，较上年年末增加2166.1亿美元[①]，是2002年年末存量的73.5倍，在全球的排名由第25位升至第3位，仅次于美国和荷兰。截至2019年年底，中国有超2.75万家境内投资者在全球188个国家（地区）设立对外直接投资企业4.4万家，全球80%以上国家（地区）都有中国的投资；其中，中国在"一带一路"沿线国家和地区设立境外企业超过1万家，2019年当年对"一带一路"沿线国家直接投资流量186.9亿美元，年末存量1794.7亿美元，占对外直接投资流量和存量总额的比重分别为13.7%和8.2%。不过，中国对外直接投资地域分布较为集中，2019年年末对外直接投资存量前20位的国家

---

① 存量数据、流量数据之间并非严格对应关系，二者之间的缺口可由估值效应等因素导致。

（地区）占总额的92.4%。

同时需要注意，自2018年以来中国面临的外部环境不确定性逐步增加，中国企业海外投资多次因东道国政治、经济和社会因素而受阻。比如，中美经贸摩擦已由贸易领域扩展至直接投资领域。2019年3月5日欧盟理事会通过了外资审查框架法案后，2020年3月25日欧盟委员会发布了《有关外商直接投资（FDI）和资本自由流动、保护欧盟战略性资产收购指南》，要求欧盟各成员国实施审查措施，防止因外国投资者收购、控制公司导致欧盟安全或公共秩序受到威胁。2020年3月29日，澳大利亚政府宣布根据《1975年外国收购与接管法案》(*The Foreign Acquisitions and Takeovers Act 1975*)对所有外国投资申请延长审查时间、降低审查门槛到零，并确保所有外国收购要约都要经过其外国投资审查委员会的审查。2020年4月17日，印度政府也宣布了新修订的外国投资政策，要求与印度有陆地接壤国家的实体和居民（或投资收益人）对印度的投资，必须通过"政府审批路径"。2020年12月2日，美国通过《外国公司问责法案》(*Holding Foreign Companies Accountable Act*)要求中国企业向美国上市公司会计监督委员会(Public Company Accounting Oversight Board)提供检查经审计账目的权限，另外还要求在美国证交所上市的公司证明它们不受外国政府控制。上述一系列案例表明，全球范围内投资审查的力度大幅提升。

此外，2020年世界经济由于受新冠肺炎疫情等多种因素的影响陷入了深度衰退，全球产业链、供应链均遭受显著冲击。根据联合国贸易和发展会议预计，全球FDI流量2020年或同比暴跌40%，远低于美国次贷危机时期的谷底水平。在世界形势面临百年未有之大变局的背景下，全球经济增长的前景存在深刻的不确定性。

开展中国海外投资国家风险评级工作，是落实《中共中央关于制定国民经济和社会发展第十四个五年规划和二〇三五年远景目标的建议》提出的"统筹发展和安全"精神的重要抓手。2021年，尽管新冠肺炎疫情有希望得到一定程度控制，但全球经济复苏注定是一个缓慢的过程。因此，随着中国经济转型升级的逐步推进，中国企业海外竞争力的不断增强，增强风险意识，做好针对性的风险预警，进而准确识别风险，在有效防范化解重大风险挑战的同时抓住机遇，是中国企业提高海外投资安全性和成功率的重要前提，也是构建海外利益保护和风险预警防范体系的关键一环。可以预见，"一带一路"倡议的稳步推进、《区域全面经济伙伴关系协定》（RCEP）和中欧双边投资协定的生效，将为中国企业对外投资提供新的机遇，中国企业也将释放出更多投资活力，与世界其他国家实现共赢。

二　各评级机构评级方法综述

（一）发布国家信用评级的机构简介

国家信用评级可以追溯到第一次世界大战之前的美国。经过近一个世纪的发展，市场上形成了标准普尔（Standard & Poor）、穆迪（Moody's）和惠誉（Fitch）三家美国信用评级机构垄断的局面，占据全球90%以上的市场份额。

标准普尔是全球知名的独立信用评级机构，拥有150多年的历史并在全球23个国家和地区设有办事处。目前，标准普尔对126个国家和地区的主权信用进行了评级，并于每周更新各个国家和地区的主权信用评级。穆迪主要对参与国际资本市场的一百多个国家和地区进行评级，分支机构遍布全球29个国家和地区，员工总计约7000人。惠誉是唯一一家欧洲控股的评级机构，规模较以上两家稍小。如今，经历了数次并购和巨大增长之后，惠誉已成长为世界领先的国际信用评级机构，在全球设立了50家分支机构和合资公司，致力于为国际信用市场提供独立和前瞻性的评级观点、研究成果及数据报告。

与此同时，不同类型、各具特色的评级机构也实现了蓬勃发展，它们通过差异化竞争在市场上谋得了一席之地。其中比较出名的包括：经济学人信息部（EIU，Economist Intelligence Unit）、国际国别风险评级指南机构（ICRG，International Country Risk Guide）以及环球透视（GI，IHS Global Insight）。

EIU是"经济学人集团"下属独立单位，主要进行经济预测和咨询服务，覆盖全球120个国家和地区。EIU风险服务的目标客户是从事借款、贸易信贷以及其他商业活动而面临跨境信用风险或金融风险的机构。

ICRG自1980年起便开始定期发布国际国家风险指南。目前，该指南的国别风险分析覆盖了全球近140多个国家和地区，并以季度为基础进行数据更新并逐月发布。

GI于2001年成立，目前为3800多家客户提供详尽的国家风险分析，主要针对在海外开展营商活动的投资者。GI评级的覆盖范围超过200个国家和地区。作为一家付费咨询机构，分析的风险对象涵盖范围极广，包括国家的营商、主权信用乃至一国某个地区的运营风险。

由于评级体系的构建对方法的科学性、全面性和多样性有较高的要求，且评级数据的采集和处理较为复杂，目前评级市场仍然由发达国家的评级机构占主导地位，发展中国家的评级机构大多处于起步阶段。这其中包括了中国的大公国际资信评估公司。

大公国际资信评估有限公司（简称大公）于1994年成立，拥有自己的主权信用评级标准和方法，定期发布主权信用评级报告。到目前为止，大公已经发布了全球90个国家和地区的信用等级报告，评级对象主要来自亚洲、大洋洲和欧洲，其中具有AAA级的国家和地区有7个。

（二）评级对象

标准普尔、穆迪和惠誉三大评级机构从定性和定量的角度，对主权国家政府足额、准时偿还债务的能力和意愿进行综合性评估，针对的是主权债务的综合风险。大公国际和ICRG也遵循着类似的原则，对主权债务风险做出判断。在金融市场上，主权债务风险的具体表现往往是一国国债的违约概率、预期损失和回收率。

EIU评估的风险包括主权风险、货币风险和银行部门风险。ICRG的风险评级更具独特性，主要考察的是对外直接投资风险，其评级除考量金融市场因素外，还往往涉及和当地经营直接相关的因素，比如治安环境等。

中国社会科学院的中国海外投资国家风险评级体系（CRO-IC）综合考量了证券投资和直接投资的风险，这与目前中国海外投资形式的多样性紧密契合。

（三）评级指标体系

尽管三大评级机构和大公、EIU、ICRG、GI这七家评级机构的评级对象各有不同，但指标体系都可以大致分为经济、政治和社会三大模块。

在经济方面，一国的人均收入、国民生产总值等指标可以反映该国的经济基础。而一国的外债占进出口比重、财政收入赤字占GDP比重等指标可以反映该国的短期偿债能力。经济基础和短期偿债能力共同构成了一国的总体偿债实力。

在政治方面，各大机构都会对政治稳定性、参与度、治理有效性等指标做出考察。政治风险在本质上衡量的是一国的偿债意愿。即使一国的财政实力充足，资源丰富，但由于政治动乱依然可能加大该国的偿债风险。

在社会方面，不同的评级机构有不同的处理方法。大部分机构注重考察社会的弹性程度，也就是社会应对危机的能力，这往往在族群和谐程度、法律健全程度等指标上有所反映。对于衡量直接投资风险的GI评级体系来说，社会弹性是尤为重要的指标模块。

中国海外投资国家风险评级体系（CROIC）综合了上述经济、政治和社会因素，并引入与中国关系这一指标模块，力求更为全面、综合，从而有针对性地衡量中国海外投资的风险。

（四）评级方法特点

在制度偏好方面，标准普尔、穆迪与惠誉三大评级机构和ICRG都将政治因素视为国家信用评级标准的核心，将政治自由化程度、民主政治观念和体制等作为评判一国政治好坏的标准，同时强调经济开放对于一国信用等级的正面作用。这在一定程度上忽略了各国的具体国情。大公在评级时特别突出了国家管理能力这一指标，力求避免完全以西方政治生态为标杆的评级模式。但由于缺乏一定的评判标准，如何对各国的治理水平进行客观公正的衡量成为摆在大公面前的一道难题。在经济实力的评价上，EIU对发达国家、发展中国家和欧元区国家做出了区分，采用不同的评级标准，制度偏好的问题有所改善。GI则更加强调制度的实际效果，而且由于政治制度所占的权重相对较小，在制度偏好上较为中立。

在客观程度方面，由于客观的定量因素不能完全衡量一国的国家风险，因此定性指标是必需的。这对于无法定量衡量的政治与社会风险来说尤其重要。所有七家评级机构都采取了定性与定量相结合的评级方法，其中定性指标的量化通常采用专家打分的方式，并且最终的评级结果也都由评级委员会通过主观调整后给出。这不可避免地会引入分析师的主观判断因素。此外，几乎所有的评级机构都是营利性机构，向客户收取的评级费用和年费是其主要收入来源，而被评级对象为了获得高级别，也会甘愿支付高额评级费用。因此，双方利益的驱动可能对评级的独立客观性造成影响。

在指标体系的全面性上，三大评级机构的指标体系都涵盖了政治、经济和外部风险。但从反映各大因素的每一个细项指标来看，惠誉的指标体系要比标准普尔和穆迪更加具体。大公特别突出了政府治理水平和金融水平两大因素对于主权风险的影响作用。为了摒弃三大评级机构的制度偏好，大公将国家治理水平列为一个独立因素进行分析。此外，它还将金融因素从经济因素中抽离出来进行更细致的评估。

EIU和GI的指标体系也较为全面。其中，EIU包含有60个细分指标，涵盖面较广。比如在融资和流动性模块下，EIU包括银行业不良贷款比率、OECD国家短期利率、银行业信贷管理能力等细致指标，这对银行部门的风险衡量十分有效。GI的指标体系也涵盖到了直接投资和商业运营的大多数方面。相比之下，在ICRG的评级体系中，政治类指标占了大多数，这样的评级方法过于偏重政治风险，而经济和金融风险的指标相对较少，只选取了比较有代表性的几个指标。

在前瞻性方面，几大评级机构都不能预测货币和银行危机，而只能在事后进行调整。这主要是因为评级机构在评估时过度依赖历史数据，缺乏对一国的长期发展趋势的判断，使得评级效果大打折扣。但机构对未来进行预测时又不可避免地会引入主观评判。从这个角度考虑，如何更快地更新数据，对未来进行科学预测，是所有评级方法都面临的挑战。

在透明度方面，一个完整的信用评价体系应当包括评估对象、指标体系、打分方法、权重设定和评级结果共五个方面，而几乎所有的评级机构仅对外公布评级结果和一部分评级方法，所有的指标数据和最终得分并不公开，因此透明度还有待提高。这也与机构的商业性质和数据的核心机密性有关。

在是否适合中国国情方面，大部分评级机构没有对此进行单独考虑。我国对外投资活动日益频繁，而且出现了独特的国别特征。例如，我国对外间接投资和直接投资并举，在发达市场上以国债投资和直接投资为主，在新兴市场上以直接投资为主。因此，在衡量国别风险时，需要对这些因素进行细致考察。此外，在当今国际局势不断变化的环境下，随着中国综合国力的上升，不同国家与中国外交关系的远近，甚至民间交往的深度和广度，都会对以中国为主体的投资行为有所影响。中国海外投资国家风险评级体系（CROIC）对此有单独考量，在一定程度上弥补了传统评级机构方法的不足。

三　CROIC-IWEP 国家风险评级方法

（一）指标选取

为了全面和量化评估中国企业海外投资面临的主要风险，本评级体系纳入了经济基础、偿债能力、社会弹性、政治风险、对华关系五大指标，共42个子指标。

1. 经济基础

经济基础指标提供了一个国家投资环境的长期基础，较好的经济基础是中国企业海外投资收益水平和安全性的根本保障。

经济基础指标包含11个子指标（见表1），其中：GDP总量、人均GDP、基尼系数衡量了一国的经济规模和发展水平；经济增长率、通货膨胀率和失业率衡量了一国的经济绩效；GDP增速的波动系数衡量了一国经济增长的稳定性；本体系还从贸易、投资、资本账户三个方面衡量了一国的开放度。汇率波动性指标衡量了汇率波动风险，当汇率出现剧烈波动时，一方面会给投资者带来巨大的汇兑风险，另一方面会严重威胁当地金融市场的稳定性，带来潜在的投资风险。

表1　　　　　　　　　　经济基础指标

经济基础指标	指标说明	数据来源
1. 市场规模	GDP 总量	WEO、WDI、CEIC
2. 发展水平	人均 GDP	WEO、WDI、CEIC
3. 经济增速	GDP 增速	WDI、CEIC
4. 经济波动性	GDP 增速的波动性（5 年波动系数）	根据经济增速计算
5. 贸易开放度	（进口+出口）/GDP	WDI、UNCTAD
6. 投资开放度	（外商直接投资+对外直接投资）/GDP	UNCTAD、CEIC
7. 资本账户开放度	Chinn-Ito 指数（反映资本账户管制能力）	Chinn-Ito
8. 通货膨胀	居民消费价格指数（CPI）	WEO、WDI、CEIC
9. 失业率	失业人口占劳动人口的比率	WEO、EIU、WDI、CEIC
10. 收入分配	基尼系数	WDI、CEIC、CIA 等
11. 汇率波动性	直接汇率波动（月度变异系数）	IFS、CEIC

注：（1）WEO 为国际货币基金组织 World Economic Outlook Databases，WDI 为世界银行 World Development Indicators，CEIC 为香港环亚经济数据有限公司数据库，UNCTAD 是联合国贸易与发展会议，Chinn-Ito 为钦—伊藤指数，EIU 为经济学人信息部数据库，CIA 为美国中央情报局，IFS 为国际货币基金组织的国际金融统计。（2）数据来源中第一个数据库为主要数据来源，若存在缺失值则从剩余数据库补充，下同。

其中 GDP 总量、人均 GDP、通货膨胀和失业率采用了来自国际货币基金组织 WEO 数据库的经济预测值。WEO 数据包含了 2021 年预测值，比 WDI 数据（截至 2019 年）更具有时效性，而 WEO 中数据缺失的部分，采用其他数据库的实际值进行补充。

2. 偿债能力

偿债能力指标衡量了一国公共部门和私人部门的债务动态和偿债能力。如果一国爆发债务危机，包括直接投资和财务投资在内的各种类型的投资安全都会受到影响。

偿债能力指标包含 9 个子指标（见表 2），其中：公共债务占 GDP 比重和银行业不良资产比重主要用于衡量一国国内公共部门和私人部门的债务水平；外债占 GDP 比重和短期外债占总外债比重衡量了一国的外债规模和短期内爆发偿债危机的风险；财政余额占 GDP 比重衡量了一国的财政实力、外债占外汇储备比重衡量了一国的外汇充裕度、再加上经常账户余额占 GDP 比重以及贸易条件，共同反映了一国的偿债能力。

与经济基础指标相似，偿债能力指标中公共债务/GDP、财政余额/GDP 和经常账户余额/GDP 采用了来自国际货币基金组织 WEO 数据库的 2021 年预测值，其他指标采用 2019 年实际值数据。

表2　　　　　　　　　偿债能力指标

偿债能力指标	指标说明	数据来源
1. 公共债务/GDP	公共债务指各级政府总债务	WEO、WDI、CEIC
2. 外债/GDP	外债指年末外债余额	QEDS、WDI、EIU
3. 短期外债/总外债	短期外债指期限在一年及以下的债务	QEDS、WDI、EIU
4. 财政余额/GDP	财政余额＝财政收入－财政支出	WEO、WDI、CEIC
5. 外债/外汇储备	外债指的是年末外债余额	QEDS、EIU
6. 经常账户余额/GDP	经常账户余额为货物和服务出口净额、收入净额与经常转移净额之和	WEO、WDI、CEIC
7. 贸易条件	出口价格指数/进口价格指数	WDI、CEIC
8. 银行业不良资产比重	银行不良贷款占总贷款余额的比重	WDI、CEIC
9. 是否为储备货币发行国	扮演国际储备货币角色的程度	德尔菲法

注：WEO 为国际货币基金组织 World Economic Outlook Databases，WDI 为世界银行 World Development Indicators，CEIC 为香港环亚经济数据有限公司数据库，QEDS 为国际货币基金组织和世界银行 Quarterly External Debt Statistics，EIU 为经济学人信息部数据库。

3. 社会弹性

社会弹性指标反映了影响中国企业海外投资的社会风险因素，良好的社会运行秩序能确保企业有序的经营。

社会弹性指标包含 8 个子指标（见表3），其中：教育水平衡量了一个国家基本的劳动力素质；社会、种族、宗教冲突的严重性以及犯罪率衡量了一国的内部冲突程度和社会安全；环境政策、资本和人员流动限制、劳动力市场管制和商业管制反映了一国的经商环境。劳动力素质越高、内部冲突程度越低、社会安全和经商环境越好，企业投资的风险越小。

表3　　　　　　　　　　社会弹性指标

社会弹性指标	指标说明	数据来源
1. 内部冲突	由社会、种族或宗教差异引发内战或暴力冲突的程度	BTI
2. 环境政策	对环境议题的重视，环境法规制定和执行的严格程度	BTI
3. 资本和人员流动的限制	对资本和人员流动的限制，包括外国所有权限制、外国投资限制、资本管制和外国人自由访问限制等	EFW
4. 劳动力市场管制	劳动力市场管制包括雇佣和解雇规定，最低工资和工作时间规定等	EFW
5. 商业管制	行政和官僚成本，开业难易，营业执照限制等	EFW
6. 教育水平	教育、培训和研发机构的水平，学校入学率和文盲率，在教育和投资研发方面的投资水平	BTI
7. 社会安全	每年每十万人中因谋杀死亡的人数	UNODC
8. 其他投资风险	除政治风险、经济风险、金融风险等之外的其他投资风险	ICRG

注：BTI 为 Transformation Index of the Bertelsmann Stiftung，EFW 为 Fraser Institute 的 Economic Freedom of the World 年度报告，UNODC 为联合国毒品和犯罪问题办公室，ICRG 为 PRS 集团 International Country Risk Guide.

4. 政治风险

政治风险指标考察的是一国政府的稳定性和质量，以及法律环境和外部冲突，较低的政治风险是企业安全投资的先决条件之一。

政治风险指标包含8个子指标（见表4），其中：执政时间、政府执行所宣布政策的能力以及保持政权的能力、军事干预政治三个子指标反映了一国政府的稳定性；政治体系的腐败程度、政府对民众诉求的回应、公共服务和行政部门的质量反映了一国政府的治理质量；法制水平是契约和产权保护的重要保证。一国政府的稳定性和治理质量越高、法制环境越健全、外部冲突越少，中国企业投资的风险越低。

表4　　　　　　　　政治风险指标

政治风险指标	指标说明	数据来源
1. 执政时间	剩余执政时间除以总任期	DPI
2. 政府稳定性	政府执行所宣布政策的能力以及保持政权的能力	ICRG
3. 军事干预政治	军队部门对一国政府的参与程度	ICRG
4. 腐败	政治体系的腐败程度	ICRG
5. 民主问责	政府对民众诉求的回应	ICRG
6. 政府有效性	公共服务的质量、行政部门的质量及其独立于政治压力程度、政策制定和执行的质量，以及政府政策承诺的可信度	WGI
7. 法制	法制反映了履约质量，产权保护，合同执行质量等	WGI
8. 外部冲突	来自国外的行为对在位政府带来的风险。国外的行为包括非暴力的外部压力例如外交压力、中止援助、贸易限制、领土纠纷、制裁等，也包括暴力的外部压力例如跨境冲突，甚至全面战争	ICRG

注：DPI 为世界银行 Database of Political Institutions，ICRG 为 PRS 集团 International Country Risk Guide，WGI 为世界银行 Worldwide Governance Indicators.

5. 对华关系

对华关系指标衡量了影响中国企业在当地投资风险的重要双边投资政策、投资受阻程度和双边政治关系，较好的对华关系是降低投资风险的重要缓冲。

表5 对华关系指标

对华关系指标	指标说明	数据来源
1. 是否签订BIT	1为已签订且生效；0.5为已签订未生效；0为未签订	中华人民共和国商务部、UNCTAD
2. 投资受阻程度	分数越高，投资受阻越小	德尔菲法
3. 双边政治关系	分数越高，双边政治关系越好	德尔菲法
4. 贸易依存度	分数越高，对方对中国贸易依存度越高	WDI、IMF
5. 投资依存度	分数越高，对方对中国直接投资依存度越高	UNCTAD、Wind
6. 免签情况	分数越高，对方对中国公民的签证便利度越高	中华人民共和国商务部、中国领事服务网

注：BIT为双边投资协定；德尔菲法又名专家意见法或专家函询调查法，采用背对背的通信方式征询专家小组成员的意见；WDI为世界银行World Development Indicators；IMF为国际货币基金组织；UNCTAD是联合国贸易与发展会议；Wind是金融数据和分析工具服务商。

对华关系指标包含6个子指标（见表5）。第一个子指标是两国是否签订了双边投资协定（Bilateral Investment Treaty，以下简称BIT）以及该协定是否已经生效。如果中国与该国签署了BIT，将有助于降低中国企业在当地的投资风险。第二个和第三个子指标采用德尔菲法进行专家打分，分别衡量了投资受阻程度和双边政治关系[1]，

---

[1] 课题组感谢中国人民大学的李巍，中国社会科学院日本研究所的张勇，中国社会科学院世界经济与政治研究所的张宇燕、姚枝仲、邹治波、张斌、冯维江、郎平、李东燕、刘玮、任琳、邵峰、徐进、徐秀军、薛力、袁正清等各位专家对本部报告的支持和贡献。

较低的投资受阻和较好的双边政治关系,有助于降低中国企业在当地进行投资的风险。贸易(投资)依存度衡量了中国和一国之间的双边贸易(投资)占该国贸易(投资)的比重。免签情况则衡量了东道国对中国公民发放签证的便利程度。

(二) 标准化、加权与分级

在选取指标并获得原始数据后,本评级体系对定量指标(经济基础和偿债能力中的大部分指标,以及对华关系中的投资和贸易依存度)采取标准化的处理方法,而对定性指标(政治风险、社会弹性、对华关系中的大部分指标,以及偿债能力中的是否为储备货币发行国)的处理有两种方式,即运用其他机构的量化结果或者由评审委员打分,再进行标准化。

本评级体系采用0—1标准化,也叫离差标准化,将原始数据进行线性变换,使结果落到[0,1]区间,分数越高表示风险越低。转换函数如下:

$$x^* = 1 - \left| \frac{x - x_{\text{适宜值}}}{\max - \min} \right|$$

其中,x^*为将x进行标准化后的值,$x_{\text{适宜值}}$为对应风险最低的指标值,max为样本数据的最大值,min为样本数据的最小值。

对定量指标进行标准化并转化为风险点得分的关键在于找到$x_{\text{适宜值}}$。在样本范围内,数值与适宜值越近,得分越高。

适宜值的判断方法有两类:第一类是设定绝对适宜值,也就是适宜值的大小与样本国家的选择无关。例如,本评级体系将CPI指标的适宜值设定为2%,失业率的适宜值设定为5%。第二类是在样本中找到相对适宜值。例如,本体系将GDP的适宜值设定为该样本中GDP的最大值,将GDP增速的波动性的适宜值设定为该样本中GDP增速的波动的最小值。此外,由于某些指标对于发达国家和发展中国家不应选用相同的适宜值,本评级体系也进行了区分。例如，偿债能力指标中子指标公共债务/GDP与外债/GDP既反映了债务规模，也反映了举债能力。对于这两个子指标，本评级体系区分为发达国家和发展中国家两组，每一组的最低值为各组的适宜值。

以上标准化过程中，本报告遵循四大原则：第一，标准化必须合乎逻辑；第二，标准化必须要考虑异常值的处理；第三，标准化必须客观，尽量减少主观判断；第四，标准化后的得分需具有区分度。

由于本次评级体系的国家样本有114个，指标体系复杂，出现了异常值较多的情况。为了规范异常值处理流程，本报告对部分原始数据进行缩尾处理。具体而言，在计算适宜值与标准化之前，我们先对原始数据进行前后各5%的缩尾处理①，将样本数据从高到低排列，从5%—95%的样本区间内选取最大值和最小值，分别替换前5%和95%之后的数据，从而剔除异常值因素在适宜值选择和标准化过程中可能带来的影响。

采用缩尾处理的具体指标包括：经济基础部分的所有指标，偿债能力部分除"是否为储备货币发行国"指标外的所有指标。不需要进行缩尾处理的指标有四种：第一种是特定赋值数据，如"是否签订BIT"等；第二种是以数据形式为打分制的原始数据，主要来自ICRG、BTI、EFW、WGI等衡量政治社会风险的数据库；第三种不存在异常值的数据，如"贸易依存度"；第四种是用德尔菲法计算的数据，在计算过程中已经进行了类似处理。

在对经济基础、偿债能力、政治风险、社会弹性和对华关系五大指标下的细项指标分别标准化后，加权平均得到这五大风险要素的得分，区间为[0，1]。分数越高表示风险越低。然

---

① 除了投资开放度指标，由于部分国家的开放度水平过高，因此进行了前8%和后5%的缩尾处理。

后，我们对五大要素加权平均，由于五大指标都是中国企业海外投资风险评级的重要考量点，我们采用相同的权重，均为0.2（见表6）。最后，我们将得到的分数转化为相应的级别。本评级体系按照国家风险从低到高进行9级分类：AAA、AA、A、BBB、BB、B、CCC、CC与C。其中AAA和AA为低风险级别，A与BBB为中等风险级别，BB及以下为高风险级别。

表6　　　　　　　　　国家风险评级指标权重

指标	权重
经济基础	0.2
偿债能力	0.2
政治风险	0.2
社会弹性	0.2
对华关系	0.2

（三）评级样本

2021年本评级体系共纳入114个国家进入评级样本，与2020年的评级报告保持一致。2019年，中国对114个样本国家的投资存量情况请见表7。

表7　　2019年中国在评级样本国家里的直接投资存量　　（单位：亿美元）

	国家	所在地区	投资存量		国家	所在地区	投资存量
1	阿尔巴尼亚	欧	0.07	9	爱尔兰	欧	10.74
2	阿尔及利亚	非	17.75	10	爱沙尼亚	欧	0.63
3	阿根廷	美	18.08	11	安哥拉	非	28.91
4	阿联酋	亚＆太	76.36	12	奥地利	欧	4.92
5	阿曼	亚＆太	1.16	13	澳大利亚	亚＆太	380.68
6	阿塞拜疆	亚＆太	0.08	14	巴基斯坦	亚＆太	47.98
7	埃及	非	10.86	15	巴拉圭	美	0.00
8	埃塞俄比亚	非	25.59	16	巴林	亚＆太	0.71

续表

	国家	所在地区	投资存量		国家	所在地区	投资存量
17	巴拿马	美	5.50	45	捷克	欧	2.87
18	巴西	美	44.35	46	喀麦隆	非	3.04
19	白俄罗斯	欧	6.52	47	卡塔尔	亚&太	4.59
20	保加利亚	欧	1.57	48	科威特	亚&太	8.35
21	冰岛	欧	0.15	49	克罗地亚	欧	0.98
22	波兰	欧	5.56	50	肯尼亚	非	16.24
23	玻利维亚	美	4.72	51	拉脱维亚	欧	0.12
24	博茨瓦纳	非	1.86	52	老挝	亚&太	82.50
25	布基纳法索	非	0.00	53	黎巴嫩	亚&太	0.02
26	丹麦	欧	2.95	54	立陶宛	欧	0.10
27	德国	欧	142.34	55	卢森堡	欧	139.02
28	多哥	非	1.01	56	罗马尼亚	欧	4.28
29	俄罗斯	欧	128.04	57	马达加斯加	非	2.73
30	厄瓜多尔	美	6.48	58	马耳他	欧	2.29
31	法国	欧	59.54	59	马来西亚	亚&太	79.24
32	菲律宾	亚&太	6.64	60	马里	非	3.05
33	芬兰	欧	3.40	61	美国	美	777.98
34	哥伦比亚	美	3.07	62	蒙古国	亚&太	34.31
35	哥斯达黎加	美	0.35	63	孟加拉国	亚&太	12.48
36	哈萨克斯坦	亚&太	72.54	64	秘鲁	美	13.99
37	韩国	亚&太	66.73	65	缅甸	亚&太	41.34
38	荷兰	欧	238.55	66	摩尔多瓦	欧	0.04
39	洪都拉斯	美	0.16	67	摩洛哥	非	3.03
40	吉尔吉斯斯坦	亚&太	15.50	68	莫桑比克	非	11.47
41	几内亚	非	7.63	69	墨西哥	美	11.61
42	加拿大	美	140.91	70	纳米比亚	非	3.64
43	加纳	非	18.31	71	南非	非	61.47
44	柬埔寨	亚&太	64.64	72	尼加拉瓜	美	0.00

续表

	国家	所在地区	投资存量		国家	所在地区	投资存量
73	尼日尔	非	9.57	94	乌干达	非	6.70
74	尼日利亚	非	21.94	95	乌克兰	欧	1.58
75	挪威	欧	12.47	96	乌拉圭	美	2.29
76	葡萄牙	欧	0.59	97	乌兹别克斯坦	亚＆太	32.46
77	日本	亚＆太	40.98	98	西班牙	欧	11.11
78	瑞典	欧	85.79	99	希腊	欧	2.31
79	瑞士	欧	56.63	100	新加坡	亚＆太	526.37
80	塞内加尔	非	2.34	101	新西兰	亚＆太	24.60
81	塞浦路斯	亚＆太	10.61	102	匈牙利	欧	4.27
82	沙特阿拉伯	亚＆太	25.28	103	亚美尼亚	亚＆太	0.13
83	斯里兰卡	亚＆太	5.51	104	伊拉克	亚＆太	13.78
84	斯洛文尼亚	欧	1.90	105	伊朗	亚＆太	30.56
85	苏丹	非	12.03	106	以色列	亚＆太	37.75
86	塔吉克斯坦	亚＆太	19.46	107	意大利	欧	25.70
87	泰国	亚＆太	71.86	108	印度	亚＆太	36.10
88	坦桑尼亚	非	13.36	109	印度尼西亚	亚＆太	151.33
89	突尼斯	非	0.37	110	英国	欧	171.44
90	土耳其	亚＆太	18.68	111	约旦	亚＆太	3.12
91	土库曼斯坦	亚＆太	2.27	112	越南	亚＆太	70.74
92	危地马拉	美	0.00	113	赞比亚	非	28.64
93	委内瑞拉	美	34.31	114	智利	美	11.72

截至2019年年底，中国对外直接投资分布在全球188个国家和地区，本评级体系选用以上114个国家作为本次评级样本，主要是基于以下三个标准：

1. 主要涉及的是真实的投资活动。中国在当地进行的主要是真实的投资活动（生产、研发、雇佣、经营等），而不是以该地为投资中转地或者避税等资金运作中心。中国香港就是中国对外直接投资的重要中转地之一。2019年，66.1%的中国对外直接投资首先流向了中国香港，比2018年高5.4%，仍然远超其他地区。不排除其中有一部分以中国香港为平台，最终流向其他地方。中国对避税港地区的投资以商务服务业为主。因此，本次评级暂不纳入中国香港、开曼群岛、英属维尔京群岛等国际自由港。此外，鉴于卢森堡的特殊性质，本次评级卢森堡参与排名，但不列出。

2. 重点选择G20国家以及中国海外投资额较大的其他国家。这114个评级样本国家全面覆盖了北美洲、大洋洲、非洲、拉丁美洲、欧洲和亚洲，在当地的投资额较大，占到2019年中国全部对外直接投资流量和存量的92.55%和93.19%[①]，因此具有广泛的代表性。

3. 满足主要指标数据，尤其是定量指标（经济基础和偿债能力）的可得性。本评级体系把经济基础、偿债能力、政治风险、社会弹性和对华关系五大指标作为国家风险评级的依据，因此数据的完备性和可得性十分重要。例如，利比亚和几内亚虽满足前两个条件，即中国在这两个国家的投资额较大且主要涉及的是真实的投资活动，但由于缺乏大量的支持数据，主要是经济基础和偿债能力数据，因此本次评级样本没有纳入利比亚和几内亚。

（四）本评级方法的特点

1. 中国企业海外投资视角

本国家风险评级体系从中国企业和主权财富的海外投资视角出发，构建经济基础、偿债能力、社会弹性、政治风险和对华关系五大指标共42个子指标，全面地量化评估了中国企业海

[①] 不包括中国香港、英属维尔京群岛、开曼群岛和百慕大群岛这些主要的投资中转地以及避税港等资金运作中心。

外投资所面临的战争风险、国有化风险、政党更迭风险、缺乏政府间协议保障风险、金融风险以及东道国安全审查等主要风险。本评级体系通过提供风险警示，为企业降低海外投资风险、提高海外投资成功率提供了非常有价值的参考。

2. 重点关注直接投资，同时兼顾主权债投资

现有主要评级机构的国家风险评级体系衡量的是投资者所面临的针对某一个国家的金融敞口风险，其中核心关注点是主权债，即从定性和定量的角度，对主权国家政府足额、准时偿还商业债务的能力和意愿进行综合性评估。本评级体系在兼顾主权债投资所面临的国家风险的同时，重点关注的是中国企业海外直接投资面临的风险。目前，中国已经是全球第二大对外直接投资国，并且随着国内转型升级和企业竞争力的提高，中国对外直接投资将会继续增长。传统上主要对主权债投资风险的关注已经无法满足当下中国企业的实际关注和需求，因此，本国家风险评级体系重点关注直接投资所面临的风险要素，纳入的指标涵盖环境政策、资本和人员流动的限制、劳动力市场管制、商业管制、是否签订BIT、贸易依存度、投资依存度、免签情况以及直接投资受阻程度等。

3. 五大指标体系综合全面覆盖经济、社会、政治、偿债能力和对华关系

影响一国投资风险的因素有很多，并且它们之间的关系错综复杂，不存在一个定量模型将全部因素都包括进去。在进行国家风险评级时，本评级方法将定性和定量指标相结合，综合全面覆盖了经济基础、偿债能力、社会弹性、政治风险和对华关系五大指标体系。在传统的由经济和金融指标构成的定量评估的基础上，增加了社会弹性、政治风险和对华关系等方面的定性评估指标，且定性分析指标占到本评级体系指标总量的一半以上。本评级体系对这五大指标体系进行了深入研究，明确了各部分的核心指标，并根据各国国情的不同、对核心指标的评价方法给予区别对待,同时密切关注指标之间、要素之间的内在联系,从而形成了一个逻辑清晰、框架严谨、指标优化、论证科学的方法体系。

4. 特色指标：对华关系

本报告为创建适合自身国情需要的国家风险评级体系做出了有意义的尝试。本评级体系的一个重要的特色指标是对华关系,包含双方是否签订 BIT、投资受阻程度、双边政治关系、贸易依存度、投资依存度以及免签情况六个子指标,良好的对华关系是降低中国海外投资风险的重要缓释器。对华关系这一指标既是本评级体系区别于其他国家风险评级的特色指标,同时也是为评估中国海外直接投资所面临的主要风险量身打造。以投资受阻程度这一子指标为例,中国企业在海外投资频频遭遇阻力。如葡萄牙监管部门阻挠中国长江三峡集团的收购要约、澳大利亚因政治因素驳回中国香港一家公司的收购要约、澳大利亚大幅收紧外国投资审查、美国和欧盟开始实施严格的外商直接投资审查措施等,成为投资失败和受阻的典型案例。投资受阻使得中国企业的投资风险显著增加,因此成为本评级体系的重要考量指标之一。

5. 依托智库,将客观独立作为国家风险评级的基本立场

本评级体系依托中国社会科学院世界经济与政治研究所与国家全球战略智库这一中国领先、国际知名的智库。世界经济与政治研究所的主要研究领域包括全球宏观、国际金融、国际贸易、国际投资、全球治理、产业经济学、国际政治理论、国际战略、国际政治经济学等,有将近100位专业研究人员。在美国宾夕法尼亚大学2019年全球智库排名榜[①]上,中国社会科学院世界经济与政治研究所在全球国际经济学智库中排名第12

---

① "2019 Global Go To Think Tank Index Report", June 18, 2020, PennLibraries, https://repository.upenn.edu/think_tanks/17/.

位，在公共政策影响智库中排名全球第27位。

中国社会科学院国家全球战略智库是2015年首批25家国家高端智库建设试点单位之一，实体依托单位为世界经济与政治研究所，现任理事长、首席专家为张宇燕学部委员。智库整合中国社科院国际问题领域研究力量，立足对中国特色全球治理观和国际政治经济理论的深度探索，聚焦全球治理、大国关系和"一带一路"建设等重大实践命题，开展前瞻性、针对性、储备性全球战略研究。智库设有秘书处/办公室、综合研究部、国际政治研究部和全球经济研究部，承担本领域的科研组织、课题承办、成果运用等工作。

发布本报告的团队成员主要来自世界经济与政治研究所国际投资研究室。本室的主要研究领域包括跨境直接投资、跨境间接投资、外汇储备投资、国家风险、国际收支平衡表与国际投资头寸表等。此外，课题组感谢中国人民大学的李巍，中国社会科学院日本研究所的张勇，中国社会科学院世经政所的张宇燕、姚枝仲、邹治波、张斌、冯维江、郎平、李东燕、刘玮、任琳、邵峰、徐进、徐秀军、薛力、袁正清等各位专家对本报告的支持和贡献。研究室定期发布国际投资研究系列（International Investment Studies），主要产品包括：中国对外投资报告、国家风险评级报告、工作论文与财经评论等。

中国社会科学院世界经济与政治研究所将客观独立作为国家风险评级的基本立场。客观独立是本着对国家风险关系所涉及的各方利益同等负责的态度，采取公正的、客观的立场制定国家风险评级标准，坚决反对通过信用评级进行利益输送。

（五）成绩与未来规划

中国社会科学院世界经济与政治研究所发布的《中国海外投资国家风险评级报告（2020）》入选中国社会科学院2020年度优秀国家智库报告。本报告系列连续七年出版以来，已经三次入选中国社会科学院创新工程年度重大成果、四次入选中国社会科学院优秀国家智库报告。

本评级报告每年发布一次。此文是本评级体系建成后第八次发布国家风险评级结果。我们将不断改进评级体系，并计划未来每年都发布一次国家风险评级，提供若干风险变化之警示。

动态选取有代表性的国家样本。本次评级是第八次评级，选取了114个国家作为评级样本。如上所述，本报告的样本选择遵循三个基本原则：一是主要涉及的是真实的投资活动；二是在地理分布上具有广泛的覆盖性，在当地的投资额较大；三是满足主要指标数据，尤其是定量指标（经济基础和偿债能力）的可获得性。这一样本覆盖了2019年中国对外直接投资存量的93.19%[①]。未来，本报告在遵循以上三个样本选择基本原则的基础上将纳入更多的国家（地区）进入评级体系，以全面服务于走向世界各个地方的中国企业的海外投资需求。

有针对性完善评级体系。为了完整研判新形势下对外投资风险，本报告除沿用2020年报告的评级指标体系外，也专门增加了附录章节以考察新冠肺炎疫情、RCEP的签署与中国对外直接投资风险的关系。当然，未来随着形势变化，本评级体系仍然会有较大的改进空间，依托强大的研究团队和智库支持，评级体系也将逐渐趋于完善。未来在指标选择、权重设定、方法构建上，本评级体系都将根据国内外不断变化的形势、中国企业不断演进的海外投资模式以及不断出现新的投资风险进行相应的改进。

深化学术和政策研究。未来，本报告将基于本评级体系深

[①] 不包括中国香港、英属维尔京群岛、开曼群岛和百慕大群岛这些主要的投资中转地以及避税港等资金运作中心。

入推进学术和政策性研究,分析中国企业海外投资所面临的国家风险的决定因素、影响途径以及化解方法。

四 CROIC-IWEP 国家风险评级结果总体分析[*]

本次评级对 114 个国家进行了评级,包括德国、美国等 31 个发达经济体;阿联酋、俄罗斯等 83 个新兴经济体和发展中国家。从区域分布来看,美洲涉及 19 个国家,欧洲涉及 34 个国家,非洲涉及 24 个国家,亚洲和太平洋涉及 37 个国家。

评级结果共分为 9 级,由高至低分别为 AAA、AA、A、BBB、BB、B、CCC、CC、C。其中 AAA—AA 为低风险级别,包括 18 个国家;A—BBB 为中等风险级别,包括 68 个国家;BB—B 为高风险级别,包括 28 个国家。从中可以看出,评级结果大体呈对数正态分布,反映出合理的风险分布区间。

(一)总体结果分析

从总的评级结果来看(见表 8),发达国家评级结果普遍高于新兴经济体,海外投资风险相对较低。在排名前 20 的国家之中,除了阿联酋和卡塔尔之外,都是发达经济体;而 83 个新兴经济体和发展中国家,排名最高的阿联酋是第 16 名。

表 8　　　　　　　　总体评级结果

排名	国家	风险评级	排名变化	上年级别
1	德国(欧)	AAA	↑	AAA
2	瑞士(欧)	AAA	↑	AA

---

[*] 本部分主要参与人:孔大鹏、潘松李江、陈胤默、李曦晨、周学智。

续表

排名	国家	风险评级	排名变化	上年级别
4	韩国（亚＆太）	AA	↑	AA
5	新西兰（亚＆太）	AA	↑	AA
6	丹麦（欧）	AA	↑	AA
7	瑞典（欧）	AA	↓	AA
8	荷兰（欧）	AA	—	AA
9	挪威（欧）	AA	—	AA
10	新加坡（亚＆太）	AA	↑	AA
11	芬兰（欧）	AA	↑	A
12	加拿大（美）	AA	↑	AA
13	奥地利（欧）	AA	↑	AA
14	马耳他（欧）	AA	↓	AA
15	澳大利亚（亚＆太）	AA	↓	AA
16	阿联酋（亚＆太）	AA	↓	AA
17	法国（欧）	AA	↑	AA
18	冰岛（欧）	AA	↓	AA
19	日本（亚＆太）	A	—	A
20	卡塔尔（亚＆太）	A	—	A
21	立陶宛（欧）	A	↑	A
22	匈牙利（欧）	A	↑	A
23	英国（欧）	A	↓	AA
24	爱沙尼亚（欧）	A	↓	A
25	以色列（亚＆太）	A	↓	A
26	波兰（欧）	A	—	A
27	爱尔兰（欧）	A	↓	A
28	捷克（欧）	A	↓	A
29	斯洛文尼亚（欧）	A	↓	A
30	葡萄牙（欧）	A	↑	A

续表

排名	国家	风险评级	排名变化	上年级别
31	智利（美）	A	↑	A
32	罗马尼亚（欧）	A	↑	BBB
33	意大利（欧）	A	—	A
34	印度尼西亚（亚&太）	A	↑	BBB
35	美国（美）	A	↓	A
36	马来西亚（亚&太）	A	—	A
37	西班牙（欧）	A	↓	A
38	柬埔寨（亚&太）	A	↓	A
39	保加利亚（欧）	BBB	↓	A
40	沙特阿拉伯（亚&太）	BBB	↑	BBB
41	老挝（亚&太）	BBB	↑	BBB
42	塞浦路斯（欧）	BBB	—	BBB
43	乌拉圭（美）	BBB	↑	BBB
44	亚美尼亚（亚&太）	BBB	↓	BBB
45	阿曼（亚&太）	BBB	↑	BBB
46	秘鲁（美）	BBB	—	BBB
47	俄罗斯（欧）	BBB	↓	A
48	越南（亚&太）	BBB	↑	BBB
49	哈萨克斯坦（亚&太）	BBB	↓	BBB
50	阿尔巴尼亚（欧）	BBB	↑	BBB
51	土库曼斯坦（亚&太）	BBB	↑	BBB
52	玻利维亚（美）	BBB	↑	BBB
53	厄瓜多尔（美）	BBB	↑	BBB
54	希腊（欧）	BBB	↓	BBB
55	克罗地亚（欧）	BBB	↓	BBB
56	阿塞拜疆（亚&太）	BBB	↓	BBB
57	巴林（亚&太）	BBB	↓	BBB

续表

排名	国家	风险评级	排名变化	上年级别
58	拉脱维亚（欧）	BBB	↓	BBB
59	蒙古国（亚&太）	BBB	↑	BBB
60	孟加拉国（亚&太）	BBB	↑	BBB
61	科威特（亚&太）	BBB	↓	BBB
62	摩洛哥（非）	BBB	↓	BBB
63	菲律宾（亚&太）	BBB	↓	BBB
64	巴拿马（美）	BBB	↑	BBB
65	加纳（非）	BBB	↑	BBB
66	坦桑尼亚（非）	BBB	↓	BBB
67	泰国（亚&太）	BBB	↓	BBB
68	约旦（亚&太）	BBB	↑	BBB
69	乌兹别克斯坦（亚&太）	BBB	↑	BBB
70	危地马拉（美）	BBB	↑	BBB
71	马达加斯加（非）	BBB	↑	BBB
72	缅甸（亚&太）	BBB	↓	BBB
73	哥斯达黎加（美）	BBB	↓	BBB
74	埃及（非）	BBB	↑	BB
75	肯尼亚（非）	BBB	↓	BBB
76	白俄罗斯（欧）	BBB	↑	BB
77	巴基斯坦（亚&太）	BBB	↑	BBB
78	突尼斯（非）	BBB	↑	BBB
79	乌干达（非）	BBB	↓	BBB
80	南非（非）	BBB	↑	BB
81	博茨瓦纳（非）	BBB	↓	BBB
82	吉尔吉斯斯坦（亚&太）	BBB	↓	BBB
83	印度（亚&太）	BBB	↓	BBB
84	塔吉克斯坦（亚&太）	BBB	↑	BB

续表

排名	国家	风险评级	排名变化	上年级别
85	斯里兰卡（亚＆太）	BBB	↓	BBB
86	黎巴嫩（亚＆太）	BBB	↓	BBB
87	摩尔多瓦（欧）	BB	↑	BB
88	布基纳法索（非）	BB	↓	BBB
89	洪都拉斯（美）	BB	↓	BBB
90	塞内加尔（非）	BB	↑	BB
91	马里（非）	BB	↓	BBB
92	多哥（非）	BB	↑	BB
93	阿根廷（美）	BB	↑	BB
94	尼日利亚（非）	BB	↑	BB
95	土耳其（亚＆太）	BB	↓	BB
96	赞比亚（美）	BB	↑	BB
97	伊朗（亚＆太）	BB	↓	BB
98	几内亚（非）	BB	↑	BB
99	巴拉圭（美）	BB	↓	BBB
100	乌克兰（欧）	BB	↓	BB
101	墨西哥（美）	BB	↓	BB
102	巴西（美）	BB	↓	BB
103	哥伦比亚（美）	BB	↓	BB
104	莫桑比克（非）	BB	↑	B
105	埃塞俄比亚（非）	BB	↓	BB
106	喀麦隆（非）	BB	↓	BB
107	尼加拉瓜（美）	BB	↓	BB
108	纳米比亚（非）	BB	↑	B
109	尼日尔（非）	B	↓	BB
110	阿尔及利亚（非）	B	↓	BB
111	安哥拉（非）	B	↓	B

续表

排名	国家	风险评级	排名变化	上年级别
112	委内瑞拉（美）	B	↑	B
113	伊拉克（亚＆太）	B	↓	B
114	苏丹（非）	B	—	B

注：（1）上年级别是根据新评级结果所评定。（2）—表示与2020年相比，相对排名没有变化的国家；↑表示与2020年相比，相对排名上升的国家；↓表示与2020年相比，相对排名下降的国家。（3）排名第3为卢森堡，其离岸金融中心属性较强，结果不列在该表中。评级结果备索。

与2020年评级结果相比，除荷兰、挪威、日本等10个国家的相对排名不变外，其余国家的相对排名均发生了变化。其中，49个国家的相对排名比2020年有所上升，上升名次最多的5个国家分别是玻利维亚、乌拉圭、厄瓜多尔、危地马拉和埃及，分别上升了22个、19个、18个、16个和15个名次，其中埃及的评级结果从BB上升为BBB；而55个国家的相对排名比2020年有所下降，下降名次最多的5个国家分别是吉尔吉斯斯坦、斯里兰卡、黎巴嫩、巴拉圭和埃塞俄比亚，分别下降了18个、17个、16个、15个和14个名次，其中巴拉圭的评级从BBB下降到BB。从中国海外投资前十大目的地来看，澳大利亚、俄罗斯、美国和英国的排名下降较多，其中俄罗斯的评级结果从A下降为BBB，英国的评级结果从AA下降为A，印度尼西亚和加拿大的排名上升了5位，其中印度尼西亚的评级结果从BBB上升为A[①]。

整体来看，发达经济体的平均排名为18.9名，远高于新兴经济体和发展中国家的平均排名71.9名。与2020年相比，发达经济体中相对排名上升的国家有12个，相对排名下降的国家有13个，相对排名不变的国家有6个。其中，澳大利亚和美国

---

① 关于排名变化较大的中国海外直接投资主要目的地的国别分析请参见本报告的第五部分。

的投资风险上升最大,英国、西班牙等国的投资风险也有所上升。在新兴经济体和发展中国家中,相对排名上升的国家有37个,相对排名下降的国家有42个,相对排名不变的国家有4个。其中,吉尔吉斯斯坦和斯里兰卡的投资风险增长最快,但是中国对其投资较少。而中国对新兴经济体和发展中国家直接投资的主要目的地中,缅甸、俄罗斯、哈萨克斯坦、印度等国的投资风险均有所上升,需要引起警惕,而乌兹别克斯坦、越南、南非、印度尼西亚等国的投资风险相对2020年有所下降。

根据IMF的预测,因新冠肺炎疫情影响,2020年全球经济增长率为-4.4%,甚至低于2008年国际金融危机时的经济增长率。但随着2020年下半年全球经济的逐步复苏,2021年全球经济增长率将可能回升至5.5%[①]。2019年以来,不断加剧的贸易冲突和地缘政治的紧张局势增加了未来国际直接投资以及其他国际合作的不确定性,新冠肺炎疫情及其带来的封锁使许多国家面临着一场多层次的危机,包括健康冲击、国内经济中断、外部需求骤降、大宗商品价格波动加大等。尽管目前许多国家已经实施了有针对性的财政政策对经济提供支持,并采取了宽松的货币政策缓解金融市场的紧张情绪,但是未来经济前景中风险依然占据主导地位。

对发达经济体而言,IMF对发达经济体2020年的预期经济增长率为-5.8%,相比2019年下降了7.5个百分点,信心不足可能会进一步影响经济前景,并增加投资的不确定性。值得注意的是,发达经济体的对华关系得分低于新兴经济体,而且相对于2019年进一步下降。中美经贸摩擦所带来的不确定性使中国对北美地区投资受阻程度和双边政治关系评分进一步下降,

---

① 资料来源:"World Economic Outlook, October 2020: A Long and Difficult Ascent", https://www.imf.org/en/Publications/WEO/Issues/2020/09/30/world-economic-outlook-october-2020.

2019年中国对美国和加拿大的直接投资流量分别为38.1亿美元和4.7亿美元，相比2018年的74.8亿美元和15.6亿美元显著减少，更是远低于2016年的169.8亿美元和28.7亿美元。

对于主要的新兴经济体和发展中国家而言，IMF对除中国以外的新兴经济体和发展中国家2020年经济增长的预测为-10.3%。由于新冠肺炎疫情的持续蔓延，众多新兴经济体和发展中国家的医疗体系不堪重负，加之疫苗的供应主要依赖发达国家，所以经济增长受到巨大冲击并且恢复缓慢。此外，旅游业、外贸等产业也受到新冠肺炎疫情的巨大冲击，更使得新兴经济体和发展中国家的经济增长雪上加霜。"一带一路"沿线国家和地区已经成为中国对外直接投资新的增长点。2020年，中国企业对"一带一路"沿线国家和地区进行非金融类直接投资和工程承包规模分别为177.9亿美元和1414.6亿美元，占整体比例的16.2%和55.4%。其中直接投资规模相对2019年同比增长18.3%，而工程承包规模虽有所下降，但仍然是中国对"一带一路"沿线国家和地区开展国际合作的主要方式。

（二）分项指标分析

1. 经济基础

经济基础方面，发达国家经济基础普遍好于新兴经济体和发展中国家，排名前20位的国家中除爱沙尼亚以外均为发达经济体。与2020年相比，除美国、加拿大、澳大利亚等10个国家的相对排名没有变动，其他国家的相对排名均有不同程度的上升或下降。其中，埃及和土库曼斯坦等57个国家经济基础的相对排名有所上升，黎巴嫩和墨西哥等47个国家的相对排名比之前有所下降。具体而言，本报告关注的11个经济基础二级指标中，汇率波动率、经济增长率是变化最大的两个指标，近期墨西哥等国的汇率波动风险和缅甸的经济衰退需要引起投资者的谨慎对待。

表9　　　　　　　　　　　经济基础评级结果

排名	国家	排名变化	排名	国家	排名变化	排名	国家	排名变化
1	美国	—	29	阿联酋	↑	56	孟加拉国	↑
2	英国	↑	30	柬埔寨	↑	57	厄瓜多尔	↑
3	加拿大	—	31	罗马尼亚	↑	58	埃及	↑
4	荷兰	↑	32	智利	↑	59	俄罗斯	↓
5	法国	↑	33	巴林	↑	60	多哥	↑
6	德国	↑	34	立陶宛	↑	61	克罗地亚	↑
7	瑞士	↑	35	卡塔尔	↓	62	哥斯达黎加	↓
9	日本	↑	36	冰岛	↓	63	肯尼亚	↑
10	澳大利亚	—	37	巴拿马	↓	64	土库曼斯坦	↑
11	新加坡	↓	38	斯洛文尼亚	↑	65	坦桑尼亚	↑
12	以色列	↑	39	波兰	↑	66	马里	↑
13	爱尔兰	↓	40	危地马拉	↑	67	塞内加尔	↓
14	韩国	↑	41	沙特阿拉伯	↑	68	科威特	↓
15	丹麦	—	42	乌干达	↑	69	哈萨克斯坦	↓
16	奥地利	—	43	阿塞拜疆	↑	70	洪都拉斯	↑
17	挪威	↓	44	拉脱维亚	↓	71	布基纳法索	↑
18	马耳他	↓	45	秘鲁	↓	72	马达加斯加	↑
19	瑞典	↓	46	越南	↑	73	尼日尔	↓
20	爱沙尼亚	↑	47	菲律宾	↓	74	亚美尼亚	↑
21	芬兰	↑	48	约旦	↑	75	希腊	↓
22	意大利	↓	49	保加利亚	↑	76	泰国	↑
23	匈牙利	↑	50	印度	↓	77	墨西哥	↓
24	新西兰	↓	51	印度尼西亚	↓	78	老挝	↑
25	西班牙	↓	52	阿曼	↑	79	吉尔吉斯斯坦	↓
26	葡萄牙	↓	53	蒙古国	↑	80	阿尔巴尼亚	↓
27	捷克	—	54	马来西亚	↑	81	摩尔多瓦	↑
28	塞浦路斯	↑	55	玻利维亚	↓	82	乌拉圭	↑

续表

排名	国家	排名变化	排名	国家	排名变化	排名	国家	排名变化
83	塔吉克斯坦	↓	94	博茨瓦纳	—	105	伊朗	↑
84	喀麦隆	↓	95	乌兹别克斯坦	↑	106	乌克兰	↓
85	黎巴嫩	↓	96	几内亚	↑	107	尼日利亚	↑
86	斯里兰卡	↓	97	伊拉克	↓	108	白俄罗斯	↓
87	巴拉圭	↓	98	阿尔及利亚	↓	109	阿根廷	↓
88	尼加拉瓜	↑	99	突尼斯	↑	110	土耳其	↓
89	哥伦比亚	—	100	埃塞俄比亚	↓	111	纳米比亚	↓
90	莫桑比克	↑	101	巴基斯坦	↓	112	安哥拉	↑
91	加纳	↑	102	赞比亚	↓	113	苏丹	↓
92	摩洛哥	↓	103	南非	↓	114	委内瑞拉	—
93	缅甸	↓	104	巴西	↓			

注：（1）—表示与2020年相比，相对排名没有变化；↑表示与2020年相比，相对排名上升；↓表示与2020年相比，相对排名下降。（2）排名第8为卢森堡，其离岸金融中心属性较强，结果不列在该表中。评级结果备索。

2. 政治风险

政治风险方面，与2020年的度量方法相同，本报告主要关注8个指标。通过分析具体指标，本报告发现与2020年情况基本一致，发达国家政治风险普遍低于新兴经济体和发展中国家，占据排名前10位的国家均为发达经济体。

与2020年相比，除印度、阿曼、塔吉克斯坦等5个国家的相对排名没有变动，其他国家政治风险的相对排名均有不同程度的上升或下降。其中，乌拉圭、博茨瓦纳和巴拿马等33个国家的相对排名有所上升，韩国、亚美尼亚和老挝等76个国家的相对排名有所下降。

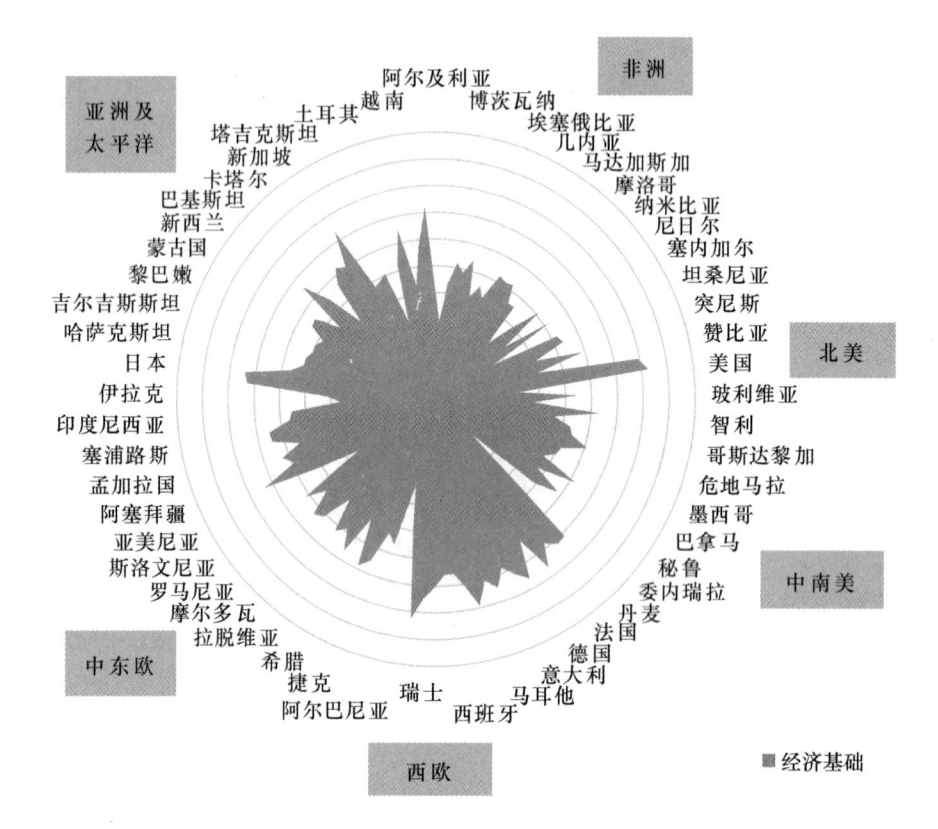

图 1　经济基础评级结果

表 10　政治风险评级结果

排名	国家	排名变化	排名	国家	排名变化	排名	国家	排名变化
1	芬兰	↑	11	挪威	↓	20	塞浦路斯	↓
2	瑞士	↑	12	马耳他	↓	21	斯洛文尼亚	↓
3	丹麦	↑	13	奥地利	↓	22	纳米比亚	↑
4	新西兰	↑	14	冰岛	↓	23	新加坡	↓
5	加拿大	↑	15	匈牙利	↑	24	巴拿马	↑
7	瑞典	↓	16	立陶宛	↑	25	乌拉圭	↑
8	德国	↓	17	荷兰	↓	26	美国	↓
9	葡萄牙	↑	18	爱尔兰	↓	27	罗马尼亚	↑
10	澳大利亚	↓	19	法国	↓	28	南非	↑

续表

排名	国家	排名变化	排名	国家	排名变化	排名	国家	排名变化
29	英国	↓	56	波兰	↓	83	白俄罗斯	↑
30	博茨瓦纳	↑	57	乌克兰	↓	84	亚美尼亚	↓
31	爱沙尼亚	↓	58	肯尼亚	↓	85	斯里兰卡	↓
32	希腊	↓	59	哈萨克斯坦	↓	86	土库曼斯坦	↓
33	哥斯达黎加	↓	60	赞比亚	↑	87	委内瑞拉	↑
34	马来西亚	↓	61	塞内加尔	↑	88	巴基斯坦	↓
35	捷克	↓	62	蒙古国	↓	89	俄罗斯	↓
36	日本	↓	63	巴西	↓	90	柬埔寨	↓
37	阿曼	—	64	危地马拉	↑	91	老挝	↓
38	阿联酋	↓	65	莫桑比克	↓	91	越南	↓
39	西班牙	↓	66	克罗地亚	↓	93	泰国	↓
40	加纳	↑	67	阿尔巴尼亚	↓	94	马里	↓
41	意大利	↓	68	墨西哥	↓	95	厄瓜多尔	↓
42	保加利亚	↓	69	印度	—	96	巴拉圭	↓
43	卡塔尔	↓	70	秘鲁	↓	97	喀麦隆	↓
44	智利	↓	71	摩尔多瓦	↑	98	伊朗	↓
45	沙特阿拉伯	↓	72	哥伦比亚	↓	99	黎巴嫩	↓
46	约旦	↓	73	菲律宾	↓	100	坦桑尼亚	↓
47	摩洛哥	↓	74	孟加拉国	↓	101	阿塞拜疆	↓
48	阿根廷	↑	75	玻利维亚	↑	102	乌干达	↓
49	科威特	—	76	土耳其	↑	103	尼日尔	↓
50	突尼斯	↑	77	尼日利亚	↑	104	吉尔吉斯斯坦	↓
51	印度尼西亚	↑	78	洪都拉斯	↓	105	乌兹别克斯坦	↓
52	韩国	↓	79	布基纳法索	↓	106	尼加拉瓜	↓
53	巴林	—	80	马达加斯加	↑	107	多哥	↓
54	拉脱维亚	↓	81	埃及	↑	108	缅甸	↓
55	以色列	↓	82	阿尔及利亚	↑	109	安哥拉	↓

续表

排名	国家	排名变化	排名	国家	排名变化	排名	国家	排名变化
110	塔吉克斯坦	—	112	埃塞俄比亚	↓	114	伊拉克	↓
111	苏丹	↑	113	几内亚	↑			

注：（1）—表示与2020年相比，相对排名没有变化；↑表示与2020年相比，相对排名上升；↓表示与2020年相比，相对排名下降。（2）排名第6为卢森堡，其离岸金融中心属性较强，结果不列在该表中。评级结果备索。

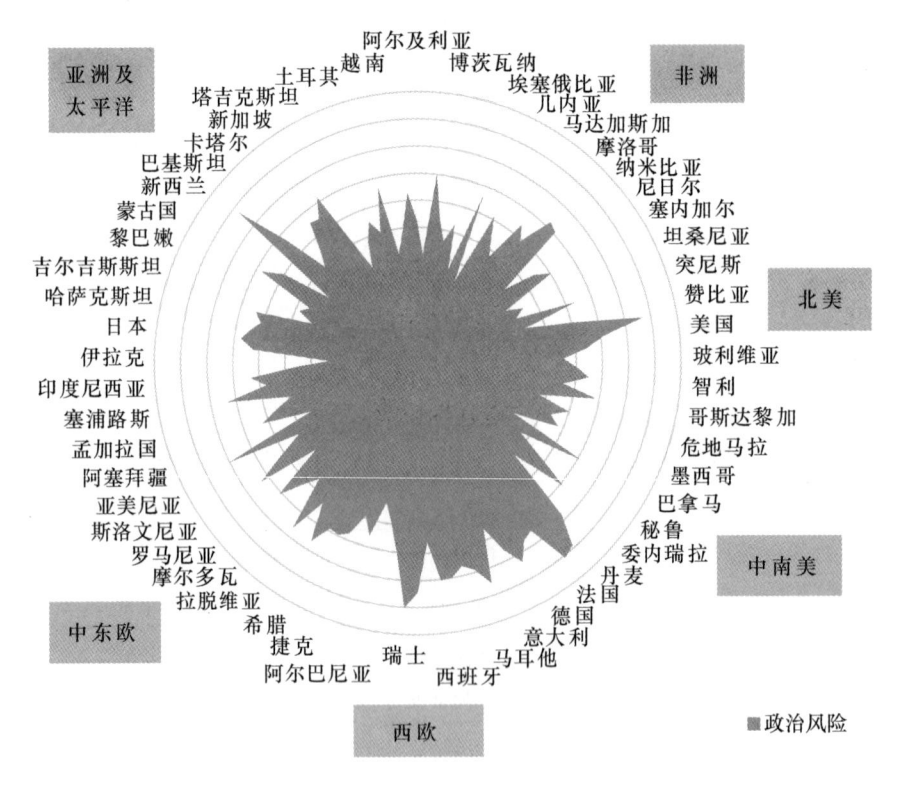

图 2 政治风险评级结果

3. 社会弹性

社会弹性方面，与2020年的度量指标相同，本报告主要关注8个指标。通过分析具体指标，本报告发现与2020年情况基本类似，发达国家社会弹性发展状况普遍好于新兴经济体和发展中国家，占据排名前10位的国家除了阿联酋以外均为发达经济体。

与2020年相比，除新加坡、新西兰和瑞士等11个国家的相对排名没有变动，其他国家社会弹性的相对排名均有不同程度的上升或下降。其中，印度、智利和委内瑞拉等56个国家社会弹性的相对排名有所上升，俄罗斯、菲律宾和伊拉克等47个国家社会弹性的相对排名有所下降。

表11　　　　　　　　社会弹性评级结果

排名	国家	排名变化	排名	国家	排名变化	排名	国家	排名变化
1	新加坡	—	21	芬兰	↑	42	匈牙利	↓
2	新西兰	—	22	美国	↓	43	巴林	↓
3	爱尔兰	↑	23	葡萄牙	—	44	拉脱维亚	↓
4	日本	↓	24	西班牙	—	45	阿尔巴尼亚	↓
5	荷兰	↑	25	波兰	↓	46	沙特阿拉伯	↑
6	英国	↑	26	捷克	—	47	印度尼西亚	↑
7	韩国	↓	27	奥地利	↑	48	科威特	↑
8	阿联酋	↓	28	马耳他	↓	49	柬埔寨	↑
9	瑞士	—	30	爱沙尼亚	↑	50	加纳	↑
10	加拿大	—	31	马来西亚	↓	51	智利	↑
11	瑞典	↑	32	塞浦路斯	↓	52	黎巴嫩	↑
12	德国	↑	33	克罗地亚	—	53	阿塞拜疆	↑
13	以色列	↓	34	立陶宛	↑	54	赞比亚	↑
14	挪威	↑	35	阿曼	↓	55	摩洛哥	↓
15	丹麦	↑	36	罗马尼亚	↓	56	蒙古国	↑
16	意大利	↑	37	约旦	↑	57	老挝	↑
17	澳大利亚	↑	38	希腊	↑	58	巴拿马	↑
18	冰岛	—	39	亚美尼亚	↑	59	白俄罗斯	↑
19	法国	↑	40	保加利亚	↓	60	乌拉圭	↓
20	卡塔尔	↓	41	斯洛文尼亚	↑	61	哈萨克斯坦	↓

续表

排名	国家	排名变化	排名	国家	排名变化	排名	国家	排名变化
62	印度	↑	80	摩尔多瓦	↓	98	纳米比亚	—
63	哥斯达黎加	↑	81	布基纳法索	↓	99	阿尔及利亚	↓
64	越南	↓	82	俄罗斯	↓	100	尼日尔	↑
65	肯尼亚	↑	83	塞内加尔	↑	101	缅甸	↓
66	突尼斯	↓	84	坦桑尼亚	↓	102	哥伦比亚	↑
67	土耳其	↑	85	吉尔吉斯斯坦	↑	103	乌克兰	↓
68	博茨瓦纳	—	86	菲律宾	↓	104	南非	↓
69	斯里兰卡	↓	87	伊朗	↑	105	巴基斯坦	↓
70	秘鲁	↓	88	玻利维亚	↑	106	巴西	↑
71	乌干达	↑	89	埃塞俄比亚	↑	107	墨西哥	↓
72	泰国	↑	90	尼加拉瓜	↓	108	洪都拉斯	↓
73	土库曼斯坦	↓	91	塔吉克斯坦	↓	109	尼日利亚	↓
74	埃及	↑	92	委内瑞拉	↑	110	莫桑比克	↑
75	乌兹别克斯坦	↑	93	喀麦隆	↓	111	马里	↓
76	巴拉圭	↓	94	多哥	↓	112	马达加斯加	↓
77	安哥拉	↓	95	孟加拉国	↓	113	苏丹	↓
78	阿根廷	↑	96	几内亚	↑	114	伊拉克	↓
79	厄瓜多尔	↑	97	危地马拉	↓			

注：（1）—表示与2020年相比，相对排名没有变化；↑表示与2020年相比，相对排名上升；↓表示与2020年相比，相对排名下降。（2）排名第29为卢森堡，其离岸金融中心属性较强，结果不列在该表中。评级结果备索。

4. 偿债能力

偿债能力指标从一国的负债规模、负债结构和偿还能力的角度对东道国的投资风险进行衡量。与前述指标类似，发达经济体偿债能力明显强于新兴经济体和发展中国家，但是也有部分发达国家如塞浦路斯、希腊等国的偿债能力处于较低水平。与2020年相比，除德国、韩国和捷克等6个国家的相对排名没有变动外，

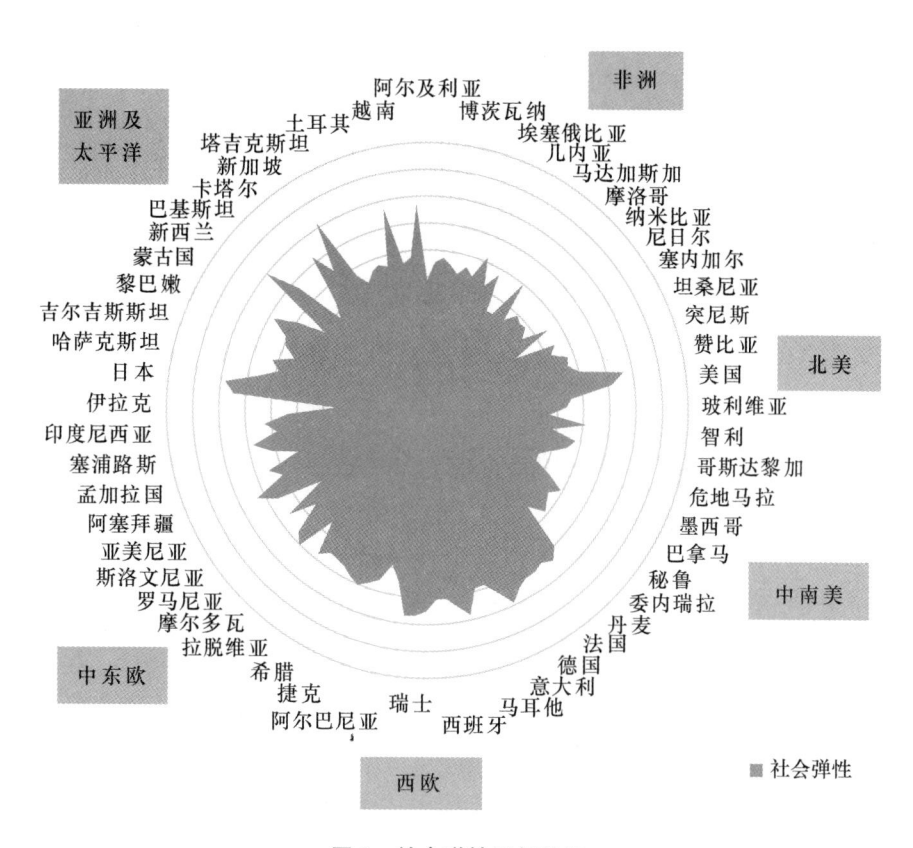

图3　社会弹性评级结果

其他国家偿债能力的相对排名均有不同程度的上升或下降。其中，乌干达和尼日利亚等59个国家偿债能力的相对排名有所上升，科威特和英国等49个国家偿债能力的相对排名有所下降。

表12　　　　　　　　　　　偿债能力评级结果

排名	国家	排名变化	排名	国家	排名变化	排名	国家	排名变化
2	波兰	↑	7	挪威	↑	12	爱沙尼亚	↓
3	德国	—	8	瑞士	↓	13	智利	↓
4	韩国	—	9	冰岛	↓	14	危地马拉	↑
5	丹麦	↑	10	瑞典	↑	15	马耳他	↓
6	立陶宛	↑	11	匈牙利	↑	16	斯洛文尼亚	↑

续表

排名	国家	排名变化	排名	国家	排名变化	排名	国家	排名变化
17	奥地利	↑	44	日本	↓	71	菲律宾	↓
18	拉脱维亚	↑	45	厄瓜多尔	↑	72	孟加拉国	↓
19	保加利亚	↑	46	阿联酋	↓	73	阿尔巴尼亚	↓
20	土库曼斯坦	↑	47	乌拉圭	↑	74	哥伦比亚	↓
21	捷克	—	48	马里	↑	75	马来西亚	↓
22	澳大利亚	↓	49	泰国	↓	76	西班牙	↓
23	罗马尼亚	↑	50	沙特阿拉伯	↑	77	哥斯达黎加	↓
24	巴拉圭	↓	51	印度尼西亚	↓	78	多哥	↑
25	美国	↓	52	巴西	↑	79	塞内加尔	↑
26	尼加拉瓜	↑	53	芬兰	↑	80	安哥拉	↑
27	布基纳法索	↑	54	坦桑尼亚	↑	81	莫桑比克	↑
28	新西兰	↓	55	荷兰	↓	82	英国	↓
29	秘鲁	↑	56	白俄罗斯	↑	83	纳米比亚	↑
30	洪都拉斯	↑	57	柬埔寨	↑	84	葡萄牙	↑
31	俄罗斯	↓	58	意大利	↑	85	伊朗	↑
32	卡塔尔	↑	59	亚美尼亚	↓	86	阿根廷	↓
33	阿塞拜疆	↓	60	爱尔兰	↑	87	伊拉克	—
34	缅甸	↑	61	加拿大	↓	88	肯尼亚	↓
35	乌兹别克斯坦	↓	62	法国	↓	89	摩尔多瓦	↑
36	越南	↑	63	博茨瓦纳	↓	90	南非	↓
37	墨西哥	↑	64	新加坡	↑	91	巴基斯坦	↑
38	以色列	↓	65	尼日尔	↑	92	赞比亚	↑
39	乌干达	↑	66	土耳其	↓	93	加纳	↓
40	尼日利亚	↑	67	老挝	↑	94	希腊	↓
41	马达加斯加	↑	68	克罗地亚	↓	95	蒙古国	↓
42	玻利维亚	↑	69	几内亚	—	96	巴拿马	↑
43	哈萨克斯坦	↑	70	喀麦隆	↓	97	印度	↑

续表

排名	国家	排名变化	排名	国家	排名变化	排名	国家	排名变化
98	斯里兰卡	↓	104	阿曼	↓	110	突尼斯	↓
99	吉尔吉斯斯坦	↓	105	摩洛哥	↓	111	巴林	↓
100	埃塞俄比亚	↑	106	埃及	↓	112	阿尔及利亚	↓
101	乌克兰	—	107	塔吉克斯坦	↑	113	苏丹	↑
102	科威特	↓	108	约旦	↑	114	委内瑞拉	↓
103	黎巴嫩	↑	109	塞浦路斯	↑			

注：（1）—表示与2020年相比，相对排名没有变化；↑表示与2020年相比，相对排名上升；↓表示与2020年相比，相对排名下降。（2）排名第1为卢森堡，其离岸金融中心属性较强，结果不列在该表中。评级结果备索。

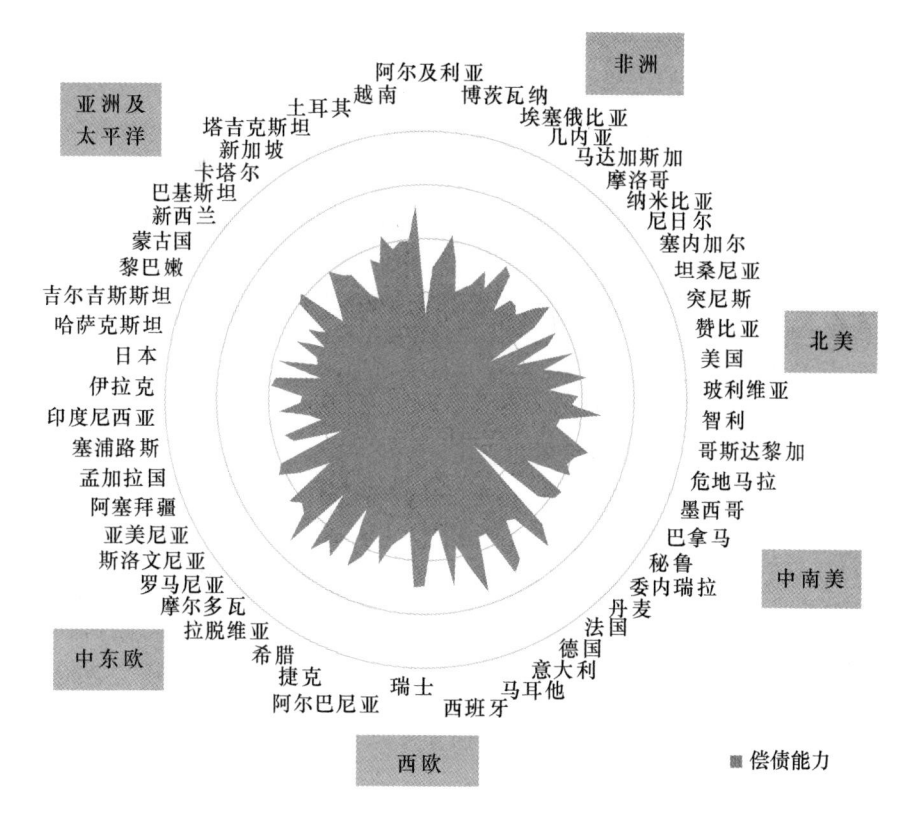

图4 偿债能力评级结果

5. 对华关系

对华关系方面，与 2020 年的度量指标相同，本报告主要关注 6 个指标。通过分析具体指标，本报告发现，排名前 10 位的国家均为发展中国家，发达国家得分普遍下降，其中丹麦和瑞典的得分下降较多。

与 2020 年相比，除了冰岛、摩尔多瓦、乌干达等 9 个国家对华关系的相对排名没有变动外，其他国家对华关系的相对排名均有不同程度的上升或下降。其中，孟加拉国、德国和多哥等 49 个国家对华关系的相对排名有所上升，丹麦、瑞典和印度等 56 个国家的相对排名有所下降。

表 13　对华关系评级结果

排名	国家	排名变化	排名	国家	排名变化	排名	国家	排名变化
1	老挝	↑	15	吉尔吉斯斯坦	↓	29	阿尔巴尼亚	↑
2	巴基斯坦	↓	16	伊朗	↑	30	蒙古国	↑
3	塔吉克斯坦	↑	17	韩国	↑	31	埃及	↓
4	柬埔寨	↑	18	孟加拉国	↑	32	尼日利亚	↓
5	印度尼西亚	↑	19	土库曼斯坦	↓	33	阿塞拜疆	↓
6	缅甸	↓	20	马来西亚	↑	34	黎巴嫩	↓
7	厄瓜多尔	↑	21	越南	↑	35	巴林	↓
8	乌兹别克斯坦	↑	22	埃塞俄比亚	↓	36	阿曼	↑
9	俄罗斯	↑	23	白俄罗斯	↓	37	新加坡	↓
10	卡塔尔	↓	24	玻利维亚	↓	38	哈萨克斯坦	↓
11	阿联酋	↓	25	摩洛哥	↓	39	智利	↑
12	亚美尼亚	↑	26	泰国	↓	40	斯里兰卡	↓
13	几内亚	↑	27	突尼斯	↓	41	乌克兰	↓
14	坦桑尼亚	↓	28	马达加斯加	↓	42	秘鲁	↑

续表

排名	国家	排名变化	排名	国家	排名变化	排名	国家	排名变化
43	德国	↑	67	马耳他	↓	92	伊拉克	↑
44	菲律宾	↑	68	奥地利	↑	93	洪都拉斯	↑
45	南非	↑	69	克罗地亚	↓	94	印度	↓
46	多哥	↑	71	爱沙尼亚	↑	95	莫桑比克	↑
47	乌拉圭	↑	72	塞浦路斯	↑	96	巴西	↑
48	科威特	↓	73	冰岛	—	97	丹麦	↓
49	加纳	↓	74	立陶宛	↑	98	加拿大	↓
50	土耳其	↓	75	意大利	↑	99	喀麦隆	↓
51	委内瑞拉	↓	76	匈牙利	↑	100	尼日尔	↓
52	阿尔及利亚	↓	77	摩尔多瓦	—	101	巴拿马	—
53	苏丹	↓	78	捷克	↓	102	哥伦比亚	↑
54	沙特阿拉伯	↑	79	波兰	↑	103	塞内加尔	↓
55	阿根廷	↓	80	罗马尼亚	↑	104	纳米比亚	↓
56	马里	↓	81	葡萄牙	↓	105	尼加拉瓜	—
57	法国	↑	82	保加利亚	↑	106	哥斯达黎加	—
58	新西兰	↑	83	安哥拉	↑	107	巴拉圭	↓
59	希腊	↓	84	英国	↑	108	危地马拉	—
60	日本	↑	85	肯尼亚	↓	109	博茨瓦纳	↓
61	以色列	↓	86	约旦	↑	110	爱尔兰	↑
62	荷兰	↓	87	挪威	↓	111	拉脱维亚	↑
63	瑞士	↑	88	瑞典	↓	112	布基纳法索	↓
64	西班牙	↓	89	澳大利亚	↓	113	墨西哥	—
65	芬兰	↑	90	乌干达	—	114	美国	—
66	斯洛文尼亚	↓	91	赞比亚	↑			

注：(1)—表示与2020年相比，相对排名没有变化；↑表示与2020年相比，相对排名上升；↓表示与2020年相比，相对排名下降。(2)排名第70为卢森堡，其离岸金融中心属性较强，结果不列在该表中。评级结果备索。

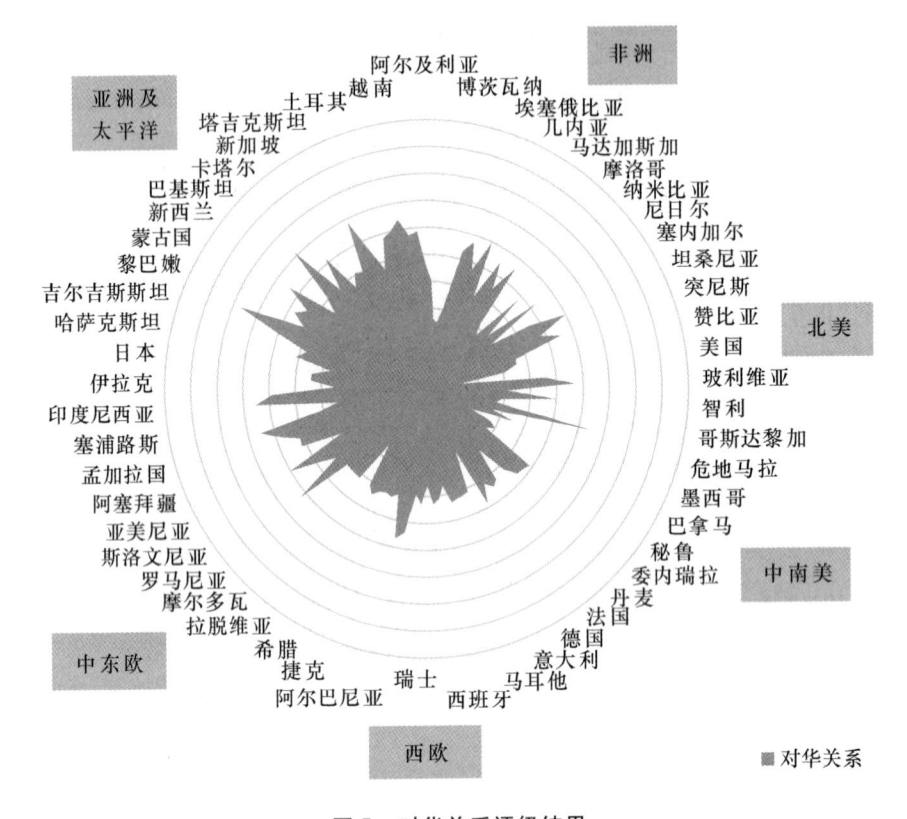

图 5　对华关系评级结果

五　CROIC–IWEP 国家风险评级主要排名变动国家分析*

根据 2021 年国家风险评级报告中各个国家的风险评级得分和排名，本报告筛选出了 10 个具有代表性的国家进行详细分析。具体筛选标准为：（1）在中国企业对外直接投资的前十大目的地中，筛选出排名变动 5 位以上的国家①；（2）中国企业

---

* 本部分主要参与人：潘松李江、孔大鹏、李曦晨、陈胤默、周学智。

① 不包括中国香港、英属维尔京群岛、开曼群岛和百慕大群岛这些主要的投资中转地以及避税港等资金运作中心。

在东道国投资超过 20 亿美元以上且排名变动 10 位以上的国家。

（一）埃塞俄比亚（↓14）

在 2021 年中国海外投资国家风险评级的结果中，埃塞俄比亚的排名下降了 14 位，这是因为其政治风险、对华关系和经济基础指标下降明显。在经济方面，国际货币基金组织披露，新冠肺炎疫情对埃塞俄比亚的经济影响严重，经济增速大幅下降，其中酒店、旅游、航空等服务业受损严重[1]。作为埃塞俄比亚支柱产业的航空相关产业经济损失将达到 12 亿美元；埃塞俄比亚 2019—2020 财年[2]重要产业——咖啡出口额仅为 8.54 亿美元。在政治方面，2020 年 6 月 29 日埃塞俄比亚奥罗莫族音乐家和社会活动家哈查鲁·洪德萨被枪杀，引发埃塞俄比亚国内持续大规模示威游行和骚乱，100 多人因此丧生[3]。2020 年 11 月以来由于国内两党矛盾不断激化，最终爆发内战，国内政治风险加剧[4]。

（二）缅甸（↓13）

在 2021 年中国海外投资国家风险评级的结果中，缅甸的排名下降了 13 位，其中经济基础和政治风险指标得分下降明显。

---

[1] 资料来源：中国驻埃塞俄比亚联邦民主共和国大使馆经济商务处，http://et.mofcom.gov.cn/article/jmxw/202012/20201203020052.shtml.

[2] 埃塞俄比亚 2019—2020 财年是指 2019 年 7 月 8 日至 2020 年 7 月 7 日。

[3] 资料来源：中国驻埃塞俄比亚联邦民主共和国大使馆经济商务处，http://et.mofcom.gov.cn/article/jmxw/202012/20201203020052.shtml.

[4] 《埃塞俄比亚局势将走向何方》，2020 年 11 月 24 日，新华网，http://www.xinhuanet.com/mil/2020-11/24/c_1210900501.htm.

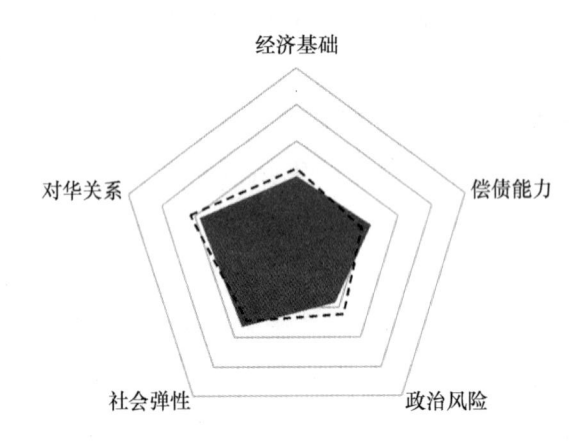

图 6　埃塞俄比亚得分对比

注：实线部分代表 2021 年得分，虚线部分是 2020 年得分。

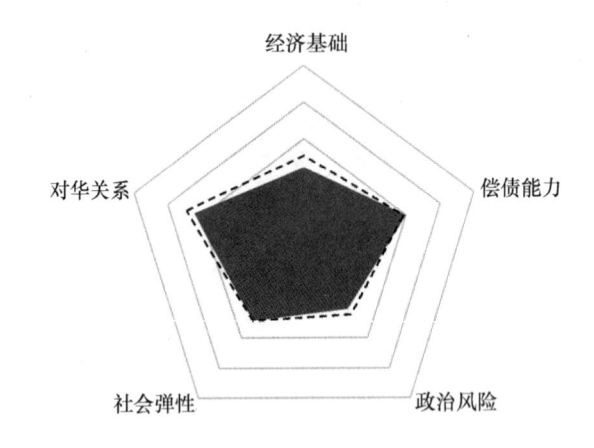

图 7　缅甸得分对比

注：实线部分代表 2021 年得分，虚线部分是 2020 年得分。

在经济方面，国际货币基金组织 2020 年 7 月的评估报告①认为，鉴于外部经济萎缩、国内社会保障网络不平衡以及医疗体系脆弱，新冠肺炎疫情对缅甸社会和经济影响仍不容小视。缅甸的出口、侨汇和外来游客急剧下降，国内经济活动也因防控措施而受限；缅甸 50% 的劳动力从事农业，近 80% 的工人受雇于非

---

① 资料来源：中国驻缅甸联邦共和国大使馆经济商务处，http://www.mofcom.gov.cn/article/i/jyjl/j/202007/20200702983277.shtml。

正式部门,这部分人受疫情影响较大,无法获得社会保障。随着全球石油价格暴跌,缅甸天然气价格遭受冲击,进一步恶化了其经常账户和财政状况。2018—2019 财年,天然气占缅甸出口的 40%,占政府收入的 20%。在政治方面,缅甸内部武装冲突不断,在 2020 年 9 月共发生各类武装冲突 81 起,约为 8 月武装冲突事件的两倍,从 2020 年 1—9 月,缅甸在武装冲突中至少有 276 名平民死亡,584 人受伤。

(三)澳大利亚(↓12)

在 2021 年中国海外投资国家风险评级的结果中,澳大利亚的排名下降了 12 位。澳大利亚的对华关系指标下降明显,偿债能力指标有所下降。在对华关系方面,澳大利亚一番举动致使中澳关系急剧降温。国际会计师事务所毕马威和悉尼大学 2020 年 6 月联合发布的报告显示,2019 年中国对澳大利亚投资仅为 34 亿澳元,比前一年下降 58.4%,创下 2007 年以来的新低[①]。澳方对外国投资审查日趋严苛,被认为是造成这一下降的主要原因。在经济方面,澳大利亚的偿债能力受经济状况和财政赤字恶化影响,有所下降。澳大利亚统计局公布数据指出,2020 年第一季度其国内生产总值下降 0.3%,第二季度下降 7%,连续两个季度出现负增长,澳大利亚陷入近 30 年来的首次经济衰退。预计 2020—2021 财年澳财政赤字将达到创纪录的 2137 亿澳元[②]。

[①]《报告显示中企去年对澳投资锐减 58% 澳方加强外资审查被指是原因之一》,2020 年 6 月 10 日,环球网,https://world.huanqiu.com/article/3yaeE345wbY.

[②]《澳政府公布财年预算案 财政赤字或创新高》,2020 年 10 月 12 日,中国驻澳大利亚大使馆经济商务处网站,http://au.mofcom.gov.cn/article/jmxw/202010/20201003006996.shtml.

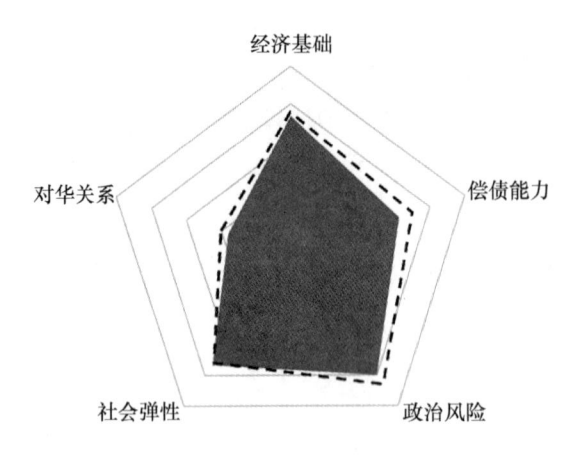

图8　澳大利亚得分对比

注：实线部分代表2021年得分，虚线部分是2020年得分。

（四）俄罗斯（↓9）

在2021年中国海外投资国家风险评级的结果中，俄罗斯的排名下降了9位。俄罗斯的经济基础和社会弹性指标有所下降。在经济基础方面，据俄罗斯经济发展部预测，俄罗斯GDP将在2020年下滑3.9%，这主要是受疫情、加工业和农业景气走低等因素的影响①。根据世界银行2020年12月发布的报告，在当年前9个月俄罗斯大中型企业利润同比下降约40%。但随着疫情等因素的缓解，预计俄罗斯2021年有望实现3.3%左右的增长②。不过，就社会弹性而言，俄罗斯的社会弹性指标得分没有明显变化，其排名的下降是由于相对排名变动所致。

（五）美国（↓8）

在2021年中国海外投资国家风险评级的结果中，美国的排

---

① 资料来源：中国驻俄罗斯联邦大使馆经济商务处，http://www.mofcom.gov.cn/article/i/jyjl/e/202009/20200902999583.shtml.

② 资料来源：中国驻俄罗斯联邦大使馆经济商务处，http://ru.mofcom.gov.cn/article/jmxw/202012/20201203024904.shtml.

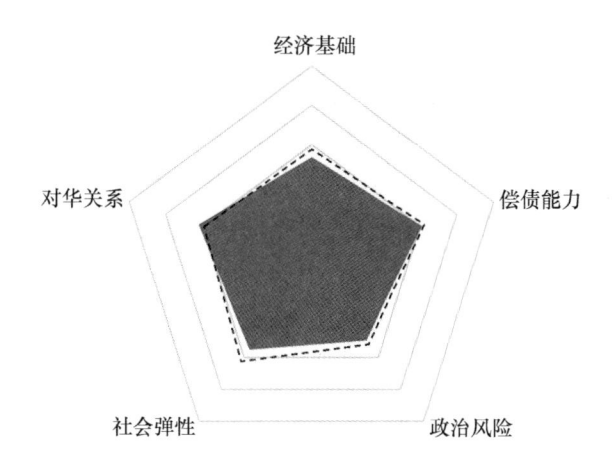

图 9　俄罗斯得分对比

注：实线部分代表2021年得分，虚线部分是2020年得分。

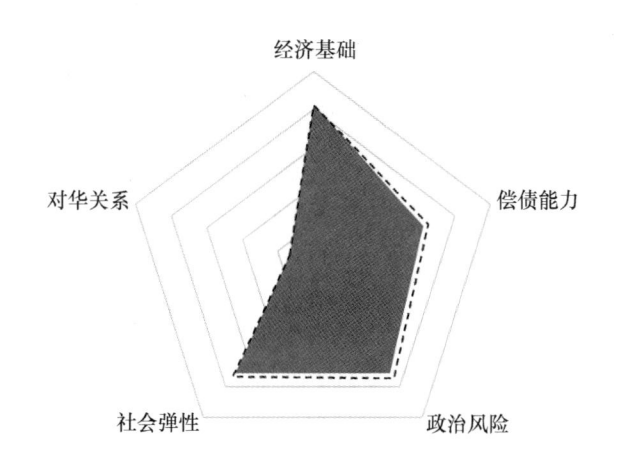

图 10　美国得分对比

注：实线部分代表2021年得分，虚线部分是2020年得分。

名下降了8位。美国的政治风险和偿债能力指标下降是主要原因。在政治风险方面，2020年美国大选选情持续扑朔迷离。除了内部党争不断外，美国国内疫情防控的失败，助长了国内持续高涨的民粹主义，美国政治不确定性在持续增加。在偿债能力方面，受疫情冲击，美国经济已经深陷衰退之中，经济合作与发展组织2020年12月预计，美国全年经济增长下滑了3.7%[①]。美国出台的一系列巨额纾困措施持续推高了财政赤字，在美国经济下滑和政治风险上升的背景下，美国巨额债务问题引起全球市场担忧。美国与中国达成第一阶段贸易协议后，中美关系仍处于紧张状态，中国企业赴美投资基本停摆，赴美上市的企业也面临更多困难。

（六）英国（↓7）

在2021年中国海外投资国家风险评级的结果中，英国的排名下降了7位。英国的偿债能力和政治风险指标下降明显。在偿债能力方面，2020年10月13日，英国智库财政研究所（Institute for Fiscal Studies，IFS）报告显示[②]，由于政府支出2000亿英镑以抗击疫情以及950亿英镑的税收缺口，英国2020年公共债务将达到两次世界大战之后的最高水准。IFS预计，2020年英国政府赤字将达3500亿英镑，相当于国内生产总值（GDP）的17%，公共债务超过GDP的100%，且至少未来几年都将高于GDP的100%。在政治风险方面，英国2020年年底与欧盟达成"退出欧盟"协议之后，北爱尔兰留在了欧盟区，这为英国内部团结蒙上了一层阴影。同时，英国在对华关系方面没有明显进展。

（七）越南（↑13）

在2021年中国海外投资国家风险评级的结果中，越南的排名上升了13位。越南的对华关系指标上升明显。越南继2019

[①] 资料来源：中国商务部网站，http://kz.mofcom.gov.cn/article/jmxw/202012/20201203019677.shtml.

[②] 资料来源：中国驻大不列颠及北爱尔兰联合王国大使馆经济商务处，http://www.mofcom.gov.cn/article/i/jyjl/m/202010/20201003008488.shtml.

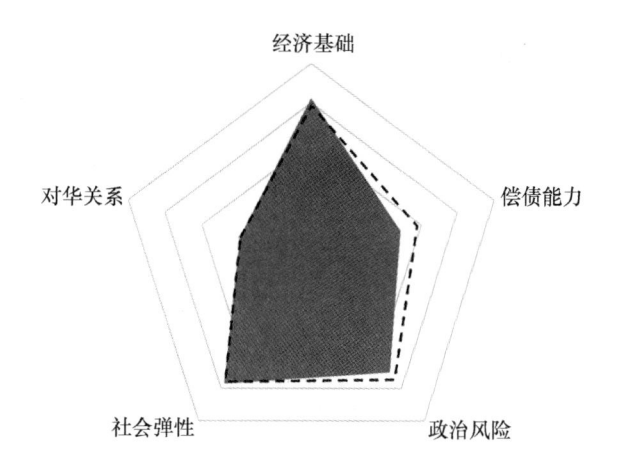

图 11　英国得分对比

注：实线部分代表 2021 年得分，虚线部分是 2020 年得分。

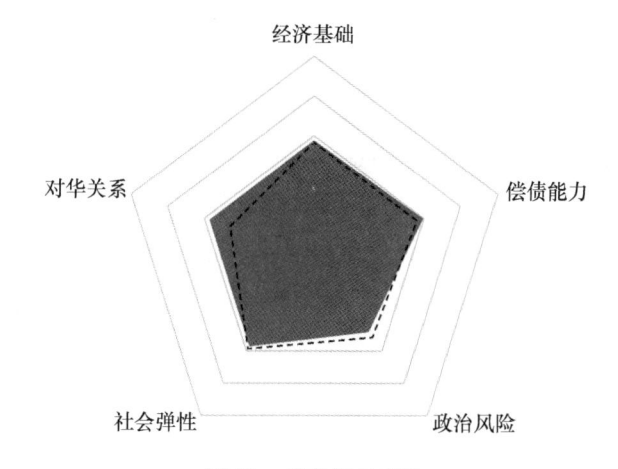

图 12　越南得分对比

注：实线部分代表 2021 年得分，虚线部分是 2020 年得分。

年取消了对中国居民的免签待遇后对华关系有所紧张，不过越南在 2020 年又单方面允许中国公民办理落地签证。越南工贸部的数据显示，截止到 2020 年 11 月底，越中双边贸易金额达 1170.9 亿美元，其中越南向中国出口 431.45 亿美元，同比增长 16%；越南自中国进口 739.45 亿美元，同比增长 7.9%①。

---

① 资料来源：越通社，https：//zh.vietnamplus.vn/越中经贸合作不断走向纵深/132695.vnp.

2020年是中越两国建交70周年,在RCEP签订的背景下,预计中国将加强与越南的贸易伙伴关系,两国经贸合作将继续深入。

(八)乌兹别克斯坦(↑13)

在2021年中国海外投资国家风险评级的结果中,乌兹别克斯坦的排名上升了13位。乌兹别克斯坦的对华关系和经济基础指标上升明显,社会弹性也有所修复。在对华关系方面,2020年中国继续成为乌兹别克斯坦最大进口来源国和最大出口目的国。尤其是2020年年初中国遭遇新冠肺炎疫情冲击时,乌兹别克斯坦政府火线驰援两批医疗物资,之后中国向乌兹别克斯坦派遣高水平的医疗专家协助抗疫,两国合作密切。乌兹别克斯坦驻华大使赛义多夫表示,乌中两国全面战略伙伴关系的优先方向之一是发展卫生保健领域的合作。在经济方面,世界银行预计2020年乌兹别克斯坦经济将实现0.4%—0.8%的增长。尽管受疫情影响远低于2019年5.6%的增长率,但乌兹别克斯坦仍可能成为欧洲(中东欧和南欧)和中亚地区23个国家中仅有的两个实现经济增长的国家之一。而且与其他22个国家相比,

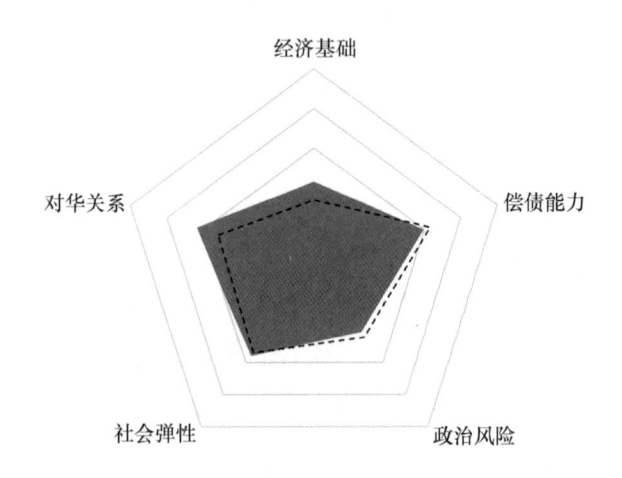

图13 乌兹别克斯坦得分对比

注:实线部分代表2021年得分,虚线部分是2020年得分。

乌兹别克斯坦主权外债依然是"适度的"①。

（九）尼日利亚（↑11）

在2021年中国海外投资国家风险评级的结果中，尼日利亚的排名上升了11位。尼日利亚的政治风险和偿债能力指标得分上升明显。在政治方面，现任总统兼武装部队总司令穆罕马杜·布哈里（Muhammadu Buhari）刚开启第二任期不久，政治局势相对稳定。在偿债能力方面，尼日利亚积累了充足的外汇储备，由于其外债规模较小，外债偿付能力保持基本稳定。此外，中国与尼日利亚经贸往来密切，2020年前三季度，中国是尼日利亚最大的进口来源国，占尼日利亚全部进口额的28.93%；中国还是尼日利亚最大的贸易伙伴，占其全部进出口贸易额的19.31%②。

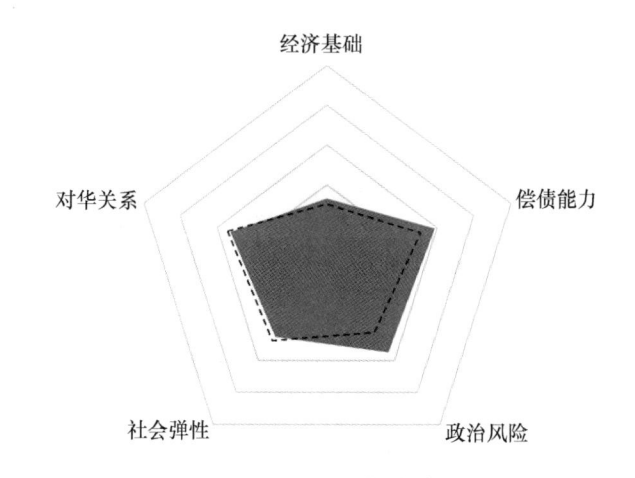

图14 尼日利亚得分对比

注：实线部分代表2021年得分，虚线部分是2020年得分。

（十）南非（↑10）

在2021年中国海外投资国家风险评级的结果中，南非的排

---

① 资料来源：中国驻乌兹别克斯坦共和国大使馆经济商务处，http://uz.mofcom.gov.cn/article/jmxw/202010/20201003006173.shtml。

② 资料来源：中国驻尼日利亚联邦共和国大使馆经济商务处。

名上升了 10 位。南非的政治风险和对华关系指标上升明显。在政治风险方面，南非国民议会新当选议员 2019 年 5 月 22 日选举执政党非洲人国民大会（非国大）推举的候选人拉马福萨为南非总统，25 日拉马福萨在行政首都比勒陀利亚宣誓就职①，由此为南非开启一段相对稳定的政治时期。在对华关系方面，新冠肺炎疫情暴发之初，南非总统拉马福萨向习近平主席以及中国政府和人民转达慰问和支持，南非各界送来抗疫物资，坚定支持中国赢得疫情防控阻击战的胜利。2020 年 4 月 13 日，中国援助南非医疗物资抵达南非，这批物资在习近平主席同拉马福萨总统通话后 5 天即运抵南非，是落实两国元首共识的重要举措，体现了中南全面战略伙伴关系和"同志加兄弟"的特殊友谊②。

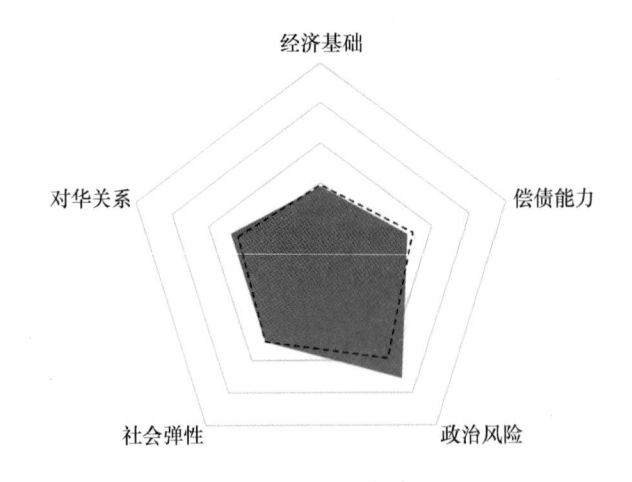

图 15　南非得分对比

注：实线部分代表 2021 年得分，虚线部分是 2020 年得分。

---

① 资料来源：新华网，http://www.xinhuanet.com/world/2019-05/23/c_1124529982.htm.

② 资料来源：中国驻南非共和国大使馆经济商务处，http://za.mofcom.gov.cn/article/g/202005/20200502965908.shtml.

2021年中国海外投资"一带一路"沿线国家风险评级子报告*

一 "一带一路"沿线国家风险评级背景

加强"一带一路"合作,是推动构建"人类命运共同体"的关键内容之一。2020年突如其来的新冠肺炎疫情对世界经济造成了严重冲击,尤其是给一些发展中国家的经济带来了严峻的挑战。在此背景下,2020年6月18日中国举行了主题为"加强'一带一路'国际合作、携手抗击新冠肺炎疫情"的视频会议,在此次会议中,习近平主席指出,疫情给全人类带来一系列深刻启示:各国命运紧密相连,人类是同舟共济的命运共同体。无论是应对疫情,还是恢复经济,都要走团结合作之路,都应坚持多边主义。促进互联互通、坚持开放包容,是应对全球性危机和实现长远发展的必由之路,共建"一带一路"国际合作可以发挥重要作用。中国始终坚持和平发展、坚持互利共赢,愿同合作伙伴一道,把"一带一路"打造成团结应对挑战的合作之路、维护人民健康安全的健康之路、促进经济社会恢复的复苏之路、释放发展潜力的

---

* 本部分主要参与人:李曦晨、孔大鹏、潘松李江、陈胤默、周学智。

增长之路。通过高质量共建"一带一路",携手推动构建人类命运共同体。2020年的政府工作报告中也提出,高质量共建"一带一路",坚持共商共建共享,遵循市场原则和国际通行规则,发挥企业主体作用,开展互惠互利合作,引导对外投资健康发展。这意味着"高质量"将是未来一年中"一带一路"建设的关键词,未来的"一带一路"投资合作将更加以质量和效率为导向。

2020年对于"一带一路"的建设同样是机遇与挑战并存的一年。首先,全球最大的自由贸易协定《区域全面经济伙伴关系协定》(RCEP)的建立,有助于促进中国与东盟国家之间的经贸往来;而且,《中华人民共和国与东南亚国家联盟关于修订〈中国—东盟全面经济合作框架协议〉及项下部分协议的议定书》生效之后,中国和东盟90%以上的商品实现零关税,双方的经济融合无论是在规模上还是在质量上,都将提升到更高的水平。其次,2020年以来中欧投资协定谈判稳步推进并最终顺利签署,中欧双方达成高水平的投资协定将为中欧双方企业开展双向投资提供更多的机会和良好的制度保障,推动中欧经贸合作迈上新的台阶,促进形成中欧互利共赢的新局面。

"一带一路"沿线区域是中国对外直接投资的重要目的地之一。2019年中国对"一带一路"沿线地区非金融类直接投资规模共171亿美元,占对非避税港地区直接投资的41.36%,与2018年相比,无论是投资规模还是占比都进一步上升,达到近年来的最高水平(见图16)。2020年中国对"一带一路"沿线国家投资合作进一步深化。根据商务部的数据,2020年,中国企业在"一带一路"沿线对58个国家非金融类直接投资177.9亿美元,同比增长18.3%,占同期总额的16.2%,较上年同期提升2.6个百分点,主要投向新加坡、印度尼西亚、越南、老挝、马来西亚、柬埔寨、泰国、阿联酋、哈萨克斯坦和以色列等国家。对外承包工程方面，中国企业在"一带一路"沿线的61个国家新签对外承包工程项目合同5611份，新签合同额1414.6亿美元，同比下降8.7%，占同期我国对外承包工程新签合同额的55.4%；完成营业额911.2亿美元，同比下降7%，占同期总额的58.4%。

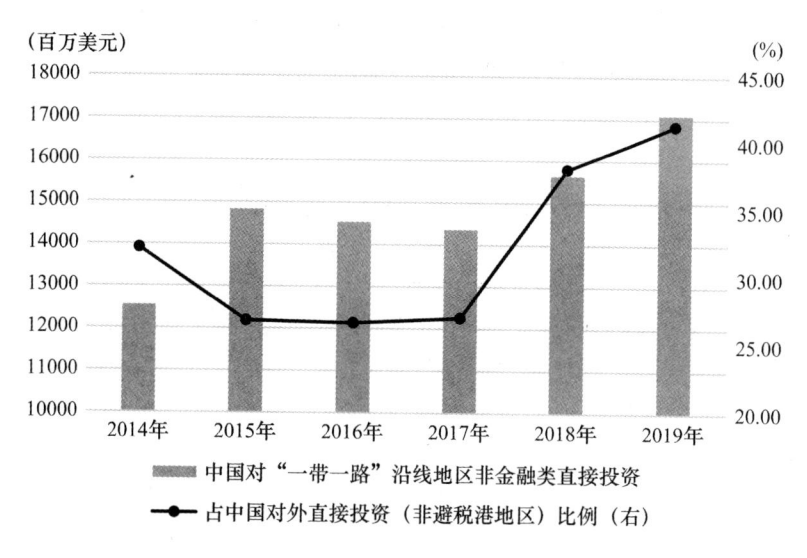

图16 中国对"一带一路"沿线国家投资概况

资料来源：CEIC．

但是，"一带一路"沿线地区多为发展中国家，经济基础整体较为薄弱，经济结构较为单一，经济稳定性较差；部分国家地缘政治复杂，政权更迭频繁，政治风险较高，而且内部社会弹性和偿债能力也比较低，投资具有较大不确定性。因此，做好风险预警，对风险进行正确识别和有效应对，对中国企业海外投资具有重要的政策和现实指导意义。

二 "一带一路"沿线国家风险评级样本

2021年评级报告对50个"一带一路"沿线国家进行了风险

评级，包括发达国家8个，发展中国家42个①。从区域分布来看，涉及非洲国家1个，欧洲国家16个（均为中东欧国家），亚太地区国家33个，包括15个西亚国家、10个东亚国家、5个中亚国家和3个南亚国家。具体评级样本及中国对50国的投资存量数据参见表14，东亚国家仍然是中国对外投资的重要目的地，在中国对"一带一路"沿线地区直接投资存量超过50亿美元的10个国家中，除了俄罗斯、阿联酋和哈萨克斯坦外，其余7个均为东亚国家。

表14　　2019年中国在"一带一路"评级样本国家里的直接投资存量　　（单位：亿美元）

国家	"一带一路"地区	发达国家	投资存量	国家	"一带一路"地区	发达国家	投资存量
新加坡	东亚	是	526.37	菲律宾	东亚		6.64
印度尼西亚	东亚		151.33	白俄罗斯	中东欧		6.52
俄罗斯	中东欧		128.04	波兰	中东欧	是	5.56
老挝	东亚		82.50	斯里兰卡	南亚		5.51
马来西亚	东亚		79.24	卡塔尔	西亚		4.59
阿联酋	西亚		76.36	罗马尼亚	中东欧		4.28
哈萨克斯坦	中亚		72.54	匈牙利	中东欧	是	4.27
泰国	东亚		71.86	约旦	西亚		3.12
越南	东亚		70.74	捷克	中东欧	是	2.87
柬埔寨	东亚		64.64	希腊	中东欧	是	2.31
巴基斯坦	南亚		47.98	土库曼斯坦	中亚		2.27
缅甸	东亚		41.34	斯洛文尼亚	中东欧	是	1.90
以色列	西亚	是	37.75	乌克兰	中东欧		1.58
蒙古国	东亚		34.31	保加利亚	中东欧		1.57

---

① 因样本原因和数据可得性原因，选取50个国家。

续表

国家	"一带一路"地区	发达国家	投资存量	国家	"一带一路"地区	发达国家	投资存量
乌兹别克斯坦	中亚		32.46	阿曼	西亚		1.16
伊朗	西亚		30.56	克罗地亚	中东欧		0.98
沙特阿拉伯	西亚		25.28	巴林	西亚		0.71
塔吉克斯坦	中亚		19.46	爱沙尼亚	中东欧		0.63
土耳其	西亚		18.68	亚美尼亚	西亚		0.13
吉尔吉斯斯坦	中亚		15.50	拉脱维亚	中东欧		0.12
伊拉克	西亚		13.78	立陶宛	中东欧		0.10
孟加拉国	南亚		12.48	阿塞拜疆	西亚		0.08
埃及	非洲		10.86	阿尔巴尼亚	中东欧		0.07
塞浦路斯	西亚	是	10.61	摩尔多瓦	中东欧		0.04
科威特	西亚		8.35	黎巴嫩	西亚		0.02

三 "一带一路"沿线国家风险评级结果

本报告的评级方法与主报告保持一致,包括经济基础、偿债能力、政治风险、社会弹性和对华关系五大指标,具体的指标选取及其变化可参见主报告部分。首先,对五大指标之下的具体指标的得分标准化,并对异常值进行截尾处理,分别加权得到每个指标的得分,分值区间为[0,1],分数越高表示风险越低;其次,对五个指标的得分加权平均,权重均为0.2;最后,将所得分数转化为相应的级别,包括AAA、AA、A、BBB、BB、B、CCC、CC、C共9级分类,其中AAA和AA为低风险级别,A和BBB为中等风险级别,BB及以下为高风险级别。

(一) 总体结果分析

从总的评级结果来看(见表15),低风险级别(AAA—AA)

仅有新加坡一个国家；中等风险级别（A—BBB）包括40个国家，在50个国家中占绝大多数；高风险级别（BB—B）包括9个国家。

表15　　"一带一路"沿线国家评级结果

排名	国家	"一带一路"地区	发达国家	排名变化	2021评级结果
1	新加坡	东亚	是	—	AA
2	阿联酋	西亚		—	A
3	卡塔尔	西亚		—	A
4	立陶宛	中东欧		↓	A
5	匈牙利	中东欧	是	↓	A
6	爱沙尼亚	中东欧		↓	A
7	以色列	西亚	是	↓	A
8	波兰	中东欧	是	↓	A
9	捷克	中东欧	是	↑	A
10	斯洛文尼亚	中东欧	是	↑	A
11	罗马尼亚	中东欧		↓	A
12	印度尼西亚	东亚		↓	BBB
13	马来西亚	东亚		↓	BBB
14	柬埔寨	东亚		↓	BBB
15	保加利亚	中东欧		↑	BBB
16	沙特阿拉伯	西亚		↓	BBB
17	老挝	东亚		↑	BBB
18	塞浦路斯	西亚	是	—	BBB
19	亚美尼亚	西亚		—	BBB
20	阿曼	西亚		↑	BBB
21	俄罗斯	中东欧		↓	BBB
22	越南	东亚		↓	BBB
23	哈萨克斯坦	中亚		↑	BBB

续表

排名	国家	"一带一路"地区	发达国家	排名变化	2021评级结果
24	阿尔巴尼亚	中东欧		↑	BBB
25	土库曼斯坦	中亚		↓	BBB
26	希腊	中东欧	是	↓	BBB
27	克罗地亚	中东欧		↑	BBB
28	阿塞拜疆	西亚		↓	BBB
29	巴林	西亚		↑	BBB
30	拉脱维亚	中东欧		↑	BBB
31	蒙古国	东亚		↑	BBB
32	孟加拉国	南亚		↓	BBB
33	科威特	西亚		↑	BBB
34	菲律宾	东亚		↑	BBB
35	泰国	东亚		—	BBB
36	约旦	西亚		↓	BBB
37	乌兹别克斯坦	中亚		↑	BBB
38	缅甸	东亚		↓	BBB
39	埃及	非洲		↑	BBB
40	白俄罗斯	中东欧		↓	BBB
41	巴基斯坦	南亚		—	BBB
42	吉尔吉斯斯坦	中亚		↑	BB
43	塔吉克斯坦	中亚		↑	BB
44	斯里兰卡	南亚		↑	BB
45	黎巴嫩	西亚		↓	BB
46	摩尔多瓦	中东欧		↑	BB
47	土耳其	西亚		—	BB
48	伊朗	西亚		—	BB
49	乌克兰	中东欧		↑	BB
50	伊拉克	西亚		—	B

在中国对"一带一路"沿线地区投资存量的前十大目的地中,对新加坡的投资存量居于首位,其评级也最高,是"一带一路"沿线国家中唯一的AA级别低风险海外投资目的地。此外,其余9个国家的评级均为A,属于较低风险或者中等投资风险国家。在中国对其直接投资存量超过10亿美元的22个国家中,部分国家的评级为BB和B,存在较高的投资风险,如伊朗、塔吉克斯坦、土耳其、吉尔吉斯斯坦和伊拉克,需要引起投资者的充分注意。

和2020年相比,排名第1位的新加坡和最后1名的伊拉克国家排名没有发生变化。变动名次超过5名的国家共有12个。越南、阿尔巴尼亚和沙特阿拉伯的排名提升最快,分别提高了12位、7位、7位,而菲律宾、俄罗斯、哈萨克斯坦、阿塞拜疆的排名下降最快,分别下降了9位、7位、7位和7位。

"一带一路"样本国家中有8个发达经济体,分别是新加坡、以色列、捷克、匈牙利、希腊、塞浦路斯、斯洛文尼亚和波兰。整体来看,发达经济体评级结果普遍好于新兴经济体和发展中国家,发达经济体的平均排名为10.5名,而新兴经济体和发展中国家的平均排名为28.4名。发达经济体的经济基础、偿债能力、政治风险和社会弹性四个指标的表现都好于新兴经济体和发展中国家,尤其是政治风险和经济基础,平均得分分别比新兴经济体和发展中国家高25.1%和23.6%。与2020年相同,新加坡蝉联了"一带一路"样本国家评级排名第一,其经济基础和政治风险得分远高于其他国家,对华关系、社会弹性和偿债能力得分也位于较高水平。发达国家中排名较低的国家是塞浦路斯和希腊,2021年的排名分别是第18名和第26名,和2020年相比基本没有变化。

总体来看,"一带一路"样本国家中多为亚洲的新兴经济体和发展中国家,整体的经济基础较为薄弱,经济结构较为单一,经济稳定性较差,债务结构不合理,偿债能力不足;部分西亚国家的政治风险较高，社会弹性也较差，这主要体现在地缘政治复杂，政权更迭频繁，内部冲突不断，社会安全隐患等方面，如伊朗和伊拉克。但是，新兴经济体和中国之间的双边关系得分高于发达经济体，"一带一路"沿线国家中新兴经济体的双边关系得分比发达经济体高出22.4%。此外，中国与东亚国家之间长期保持着紧密的经济联系，一方面，双方的贸易投资合作密切，RCEP的签订进一步推动了亚太地区贸易投资的自由化和便利化，为东亚地区国家共同应对全球疫情冲击和不确定性提供了更广阔的合作空间；另一方面，近年来，东亚地区货币合作发展迅速，清迈倡议多边化（CMIM）协议的生效和区域性外汇储备库的建立都有助于亚洲金融合作的进一步完善。

分地区来看（见图17），东亚地区是中国对"一带一路"沿线地区直接投资的主要目的地，其投资风险也位于中等或较低水平，仅次于中东欧国家。中东欧大部分国家的风险较低，但是乌克兰、摩尔多瓦和白俄罗斯风险较高。南亚国家的投资风险普遍较高。中亚地区中部分国家风险较高，而其余国家风

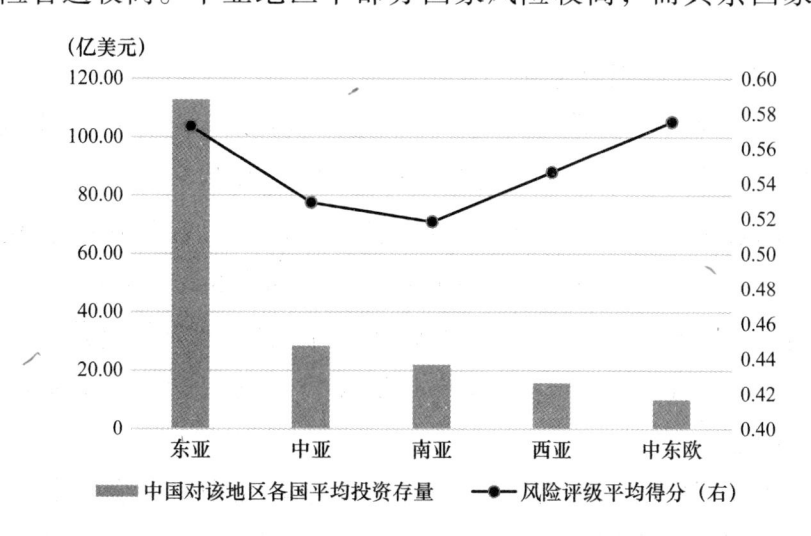

图17 "一带一路"沿线国家各地区平均评分结果和投资存量

注：（1）投资存量数据截止到2019年。（2）风险评级平均得分越高，反映出其投资风险越低。

险水平中等,具体而言,中亚地区的乌兹别克斯坦和塔吉克斯坦的投资风险较高。西亚地区各国风险差异较大,伊拉克、伊朗和土耳其的投资风险较高,而阿联酋、卡塔尔、以色列、沙特阿拉伯、塞浦路斯、亚美尼亚和阿曼的投资风险较低。

为更准确评价"一带一路"沿线国家在各方面的表现,仍需要将其还原到整体样本中去。从本评级结果来看,相对于整体水平而言,"一带一路"沿线国家的低风险和高风险国家占比都较少,而中等风险国家占比较多。从表16可看出,"一带一路"沿线国家和整体样本的风险评分基本持平,其中"一带一路"沿线国家的对华关系得分比整体样本的对华关系得分高出13.9%,但是政治风险、经济基础和偿债能力略逊于整体得分。

表16　　　　"一带一路"沿线国家和总体的评分比较

国家	总分	经济基础	偿债能力	政治风险	社会弹性	对华关系
"一带一路"	0.557	0.542	0.538	0.577	0.614	0.516
整体	0.554	0.551	0.546	0.609	0.609	0.453

(二) 分项指标分析

从分项指标来看(见表17),政治风险、经济基础与社会弹性是"一带一路"沿线国家中分化程度最高的三个指标,发达国家的表现远高于新兴经济体和发展中国家,政治风险、经济基础、社会弹性排名前10的国家中,分别有6个、5个、5个是发达国家(样本中发达国家共8个)。而偿债能力虽仍是发达国家表现好于新兴经济体和发展中国家,但是二者之间的差异相对不明显。

比较特殊的指标是对华关系,发达国家中对华关系排名最高的新加坡位于第27位。本报告通过对华经济关系和对华政治关系两个角度衡量对华关系指标。"一带一路"沿线国家对华的政治和经济关系分化较大,既有与中国政治关系密切,经济依存度高的国家；也有对中国怀有警惕心理，投资阻力较大，经济依存度较低的国家；还有由于国内稳定性和开放度原因，投资阻力较大，双方经贸往来难度较高的国家。此外，一些国家虽然与中国政治关系友好，但是，经济依存度较低，因此对华关系得分较低，如捷克、拉脱维亚、希腊等国家。

表17　　　　　"一路一带"沿线国家分指标排名

排名	经济基础	偿债能力	政治风险	社会弹性	对华关系
1	新加坡	波兰	匈牙利	新加坡	老挝
2	以色列	立陶宛	立陶宛	阿联酋	巴基斯坦
3	爱沙尼亚	匈牙利	塞浦路斯	以色列	塔吉克斯坦
4	匈牙利	爱沙尼亚	斯洛文尼亚	卡塔尔	柬埔寨
5	捷克	斯洛文尼亚	新加坡	波兰	印度尼西亚
6	塞浦路斯	拉脱维亚	罗马尼亚	捷克	缅甸
7	阿联酋	保加利亚	爱沙尼亚	爱沙尼亚	乌兹别克斯坦
8	柬埔寨	土库曼斯坦	希腊	马来西亚	俄罗斯
9	罗马尼亚	捷克	马来西亚	塞浦路斯	卡塔尔
10	巴林	罗马尼亚	捷克	克罗地亚	阿联酋
11	立陶宛	俄罗斯	阿曼	立陶宛	亚美尼亚
12	卡塔尔	卡塔尔	阿联酋	阿曼	吉尔吉斯斯坦
13	斯洛文尼亚	阿塞拜疆	保加利亚	罗马尼亚	伊朗
14	波兰	缅甸	卡塔尔	约旦	孟加拉国
15	沙特阿拉伯	乌兹别克斯坦	沙特阿拉伯	希腊	土库曼斯坦
16	阿塞拜疆	越南	约旦	亚美尼亚	马来西亚
17	拉脱维亚	以色列	科威特	保加利亚	越南
18	越南	哈萨克斯坦	印度尼西亚	斯洛文尼亚	白俄罗斯
19	菲律宾	阿联酋	巴林	匈牙利	泰国
20	约旦	泰国	拉脱维亚	巴林	阿尔巴尼亚
21	保加利亚	沙特阿拉伯	以色列	拉脱维亚	蒙古国
22	印度尼西亚	印度尼西亚	波兰	阿尔巴尼亚	埃及

续表

排名	经济基础	偿债能力	政治风险	社会弹性	对华关系
23	阿曼	白俄罗斯	乌克兰	沙特阿拉伯	阿塞拜疆
24	蒙古国	柬埔寨	哈萨克斯坦	印度尼西亚	黎巴嫩
25	马来西亚	亚美尼亚	蒙古国	科威特	巴林
26	孟加拉国	新加坡	克罗地亚	柬埔寨	阿曼
27	埃及	土耳其	阿尔巴尼亚	黎巴嫩	新加坡
28	俄罗斯	老挝	摩尔多瓦	阿塞拜疆	哈萨克斯坦
29	克罗地亚	克罗地亚	菲律宾	蒙古国	斯里兰卡
30	土库曼斯坦	菲律宾	孟加拉国	老挝	乌克兰
31	科威特	孟加拉国	土耳其	白俄罗斯	菲律宾
32	哈萨克斯坦	阿尔巴尼亚	埃及	哈萨克斯坦	科威特
33	亚美尼亚	马来西亚	白俄罗斯	越南	土耳其
34	希腊	伊朗	亚美尼亚	土耳其	沙特阿拉伯
35	泰国	伊拉克	斯里兰卡	斯里兰卡	希腊
36	老挝	摩尔多瓦	土库曼斯坦	泰国	以色列
37	吉尔吉斯斯坦	巴基斯坦	巴基斯坦	土库曼斯坦	斯洛文尼亚
38	阿尔巴尼亚	希腊	俄罗斯	埃及	克罗地亚
39	摩尔多瓦	蒙古国	柬埔寨	乌兹别克斯坦	爱沙尼亚
40	塔吉克斯坦	斯里兰卡	老挝	摩尔多瓦	塞浦路斯
41	黎巴嫩	吉尔吉斯斯坦	越南	俄罗斯	立陶宛
42	斯里兰卡	乌克兰	泰国	吉尔吉斯斯坦	匈牙利
43	缅甸	科威特	伊朗	菲律宾	摩尔多瓦
44	乌兹别克斯坦	黎巴嫩	黎巴嫩	伊朗	捷克
45	伊拉克	阿曼	阿塞拜疆	塔吉克斯坦	波兰
46	巴基斯坦	埃及	吉尔吉斯斯坦	孟加拉国	罗马尼亚
47	伊朗	塔吉克斯坦	乌兹别克斯坦	缅甸	保加利亚
48	乌克兰	约旦	缅甸	乌克兰	约旦
49	白俄罗斯	塞浦路斯	塔吉克斯坦	巴基斯坦	伊拉克
50	土耳其	巴林	伊拉克	伊拉克	拉脱维亚

从区域上看，经济基础和政治风险方面的表现比较类似，欧洲国家的得分最高，其次是西亚地区和东亚地区，而中亚地区和南亚地区的经济基础较为薄弱，政治风险相对较高。偿债能力方面，同样是欧洲地区和东亚地区的表现较好，而南亚地区的得分最低。社会弹性方面，各地区之间差异相对较小，欧洲、西亚和东亚的社会弹性相对较高，而南亚、中亚地区相对较低。对华关系方面，东亚和中亚地区的对华关系相对较高，其次是南亚和西亚地区，而中东欧地区的对华关系得分最低，主要原因之一是双方的投资和贸易依存度较低。

附录1　RCEP成员国风险评级结果分析*

本部分重点分析了区域全面经济伙伴关系协定（Regional Comprehensive Economic Partnership，RCEP）成员国的国家风险评级结果。首先，介绍了RCEP的背景，及2019年中国对RCEP成员国的直接投资情况。其次，分析RCEP成员国的具体评级情况。除韩国、新西兰、新加坡和澳大利亚以外，RCEP成员国的评级结果大多位于中等风险级别（A级到BBB级，简写为A—BBB）。最后，根据风险评级总指标和分项指标的得分情况，将RCEP成员国风险评级得分均值与总体国家风险评级得分均值进行对比。从分析结果来看，企业对RCEP成员国进行直接投资时，需要重点关注偿债能力和政治风险两个指标。

（一）RCEP背景介绍

2020年11月15日，中国、日本、韩国、澳大利亚、新西兰和东盟十国共计15国正式签署《区域全面经济伙伴关系协定》。这是目前全球最大规模的自由贸易协定。截至2019年年底，RCEP的15个成员国的总人口达22.7亿，GDP达26万亿美元，出口总额达5.2万亿美元，均占全球总量的约30%。

---

* 本部分主要参与人：陈胤默、潘松李江、孔大鹏、李曦晨、周学智。

RCEP囊括了东亚地区的主要国家，RCEP自贸区的建成意味着全球约1/3的经济体量将形成一体化大市场，将为区域和全球经济增长注入强劲动力[①]。中国企业到RCEP成员国进行投资，可以获得更多的税收优惠和制度性保障，这将有利于中国企业对外直接投资。

RCEP成员国是中国对外直接投资的重要目的地。截至2019年年底，中国在除印度之外的RCEP成员国的投资存量达1611.9亿美元，同比增长4.3%。截至2019年年底，中国在除印度之外的RCEP成员国的投资流量达158.5亿美元。从投资存量来看，2019年中国企业在RCEP成员国中进行直接投资的前三大目的地分别为新加坡、澳大利亚和印度尼西亚。从投资流量来看，2019年中国在除印度之外的RCEP成员国的投资呈现出了持续增资的趋势，仅缅甸、菲律宾和文莱出现了部分撤资的情况（见表18）。

表18　　　截至2019年年底中国对RCEP成员国
直接投资往来情况　　　　　（单位：万美元）

国家	投资存量	投资流量
新加坡	5263656	482567
澳大利亚	3806838	208667
印度尼西亚	1513255	222308
老挝	824959	114908
马来西亚	792369	110954
泰国	718585	137191
越南	707371	164852

---

① 《商务部国际司负责同志解读〈区域全面经济伙伴关系协定〉（RCEP）之一》，2020年12月4日，中华人民共和国商务部网站，http://www.mofcom.gov.cn/article/i/jyjl/m/202012/20201203020281.shtml.

续表

国家	投资存量	投资流量
韩国	667340	5618
柬埔寨	646370	74625
缅甸	413445	-4194
日本	409805	67378
新西兰	245973	1140
菲律宾	66409	-429
文莱	42696	-405

资料来源：Wind.

(二) RCEP成员国评级结果分析

从具体国家评级结果来分析，本报告包含了13个RCEP成员国，分别是：韩国、新西兰、新加坡、澳大利亚、日本、印度尼西亚、马来西亚、柬埔寨、老挝、越南、菲律宾、泰国和缅甸。从整体评级结果来看，除了韩国、新西兰、新加坡和澳大利亚为低风险国家（AAA—AA），其他国家为中等风险级别（A—BBB）国家。在RCEP区域内，风险评级排名最靠前的3个国家为韩国、新西兰和新加坡。菲律宾、泰国和缅甸的排名最靠后，在总体排名中分别排在第63位、67位和72位（见表19）。

表19　　　　　　RCEP区域内国家风险评级情况

排名	国家	2021年版风险评级	排名变化	2020年版风险评级
4	韩国	AA	↑	AA
5	新西兰	AA	↑	AA
10	新加坡	AA	↑	AA
15	澳大利亚	AA	↓	AA
19	日本	A	—	A
34	印度尼西亚	A	↑	BBB

续表

排名	国家	2021年版风险评级	排名变化	2020年版风险评级
36	马来西亚	A	—	A
38	柬埔寨	A	↓	A
41	老挝	BBB	↑	BBB
48	越南	BBB	↑	BBB
63	菲律宾	BBB	↓	BBB
67	泰国	BBB	↓	BBB
72	缅甸	BBB	↓	BBB

（三）风险评级得分分析

本部分根据韩国、新西兰、新加坡、澳大利亚、日本、印度尼西亚、马来西亚、柬埔寨、老挝、越南、菲律宾、泰国、缅甸13个国家的风险评级得分，计算出RCEP成员国的风险评级得分均值，并与总体风险评级得分均值进行对比分析。

从总体国家风险评级得分来分析，RCEP成员国的国家风险评级得分均值高于总体国家风险评级得分均值。并且，2013—2017年，RCEP成员国的国家风险评级总体得分均值呈上升趋势。2013年，RCEP成员国的风险评级得分均值为0.592，到2017年达到0.613。其后三年，RCEP成员国的风险评级得分均值出现小幅下降，但平均得分仍高于总体国家风险评级得分的均值。2020年，RCEP成员国的风险评级得分均值为0.603。总体而言，相较于其他多数国家和地区，对RCEP成员国进行投资的风险更小（见图18）。

从经济基础得分来分析，RCEP成员国的经济基础好于总体国家经济基础的平均水平。截至2019年年底，东盟十国的经济总量仅次于美国、中国、日本和德国。2013年，RCEP成员国的经济基础得分均值为0.566。2013—2017年，RCEP成员国的经济基础得分均值小幅上升。在2017年，RCEP成员国的经济基础得分均值为0.621。2017年之后，RCEP成员国的经济基础

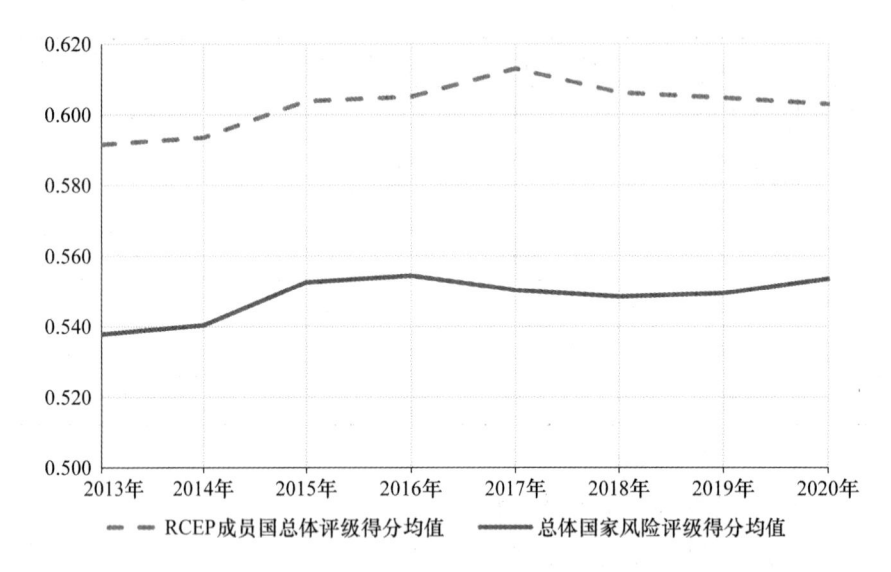

图 18 RCEP成员国总体风险评级分析

得分均值出现小幅波动。2020年，RCEP成员国的经济基础得分均值为0.611。总体而言，RCEP成员国的经济基础较好，可以为中国企业海外投资收益水平和安全性提供一定的经济保障（见图19）。

从偿债能力得分来分析，RCEP成员国的偿债能力得分均值高于总体国家的平均水平。2013年，RCEP成员国偿债能力得分均值为0.591，略高于总体平均水平（0.547）。2013—2015年，RCEP成员国的偿债能力有所提升。在2015年，RCEP成员国偿债能力均值得分为0.620。其后五年，RCEP成员国的偿债能力得分均值出现下降趋势。在2020年，RCEP成员国偿债能力得分均值为0.579。RCEP成员国的偿债能力出现下降，是因为公共债务和短期外债占GDP的比重较总体样本国家增加更多，财政余额减少更多所致。为此，企业对RCEP成员国进行投资时，需要特别关注RCEP成员国的公共部门和私人部门的债务动态和偿债能力（见图20）。

从政治风险得分来分析，RCEP成员国的政治风险得分均值

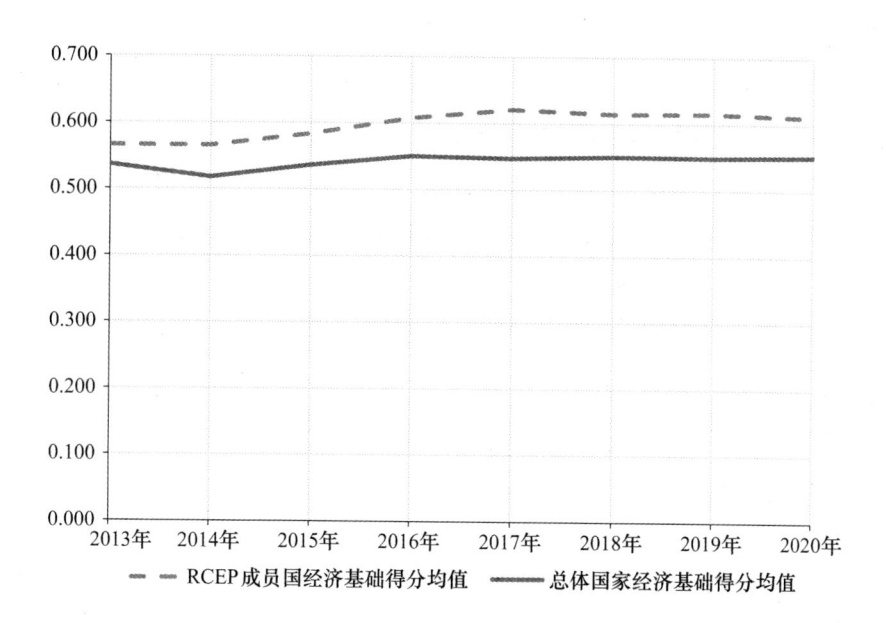

图 19　RCEP 国家经济基础分析

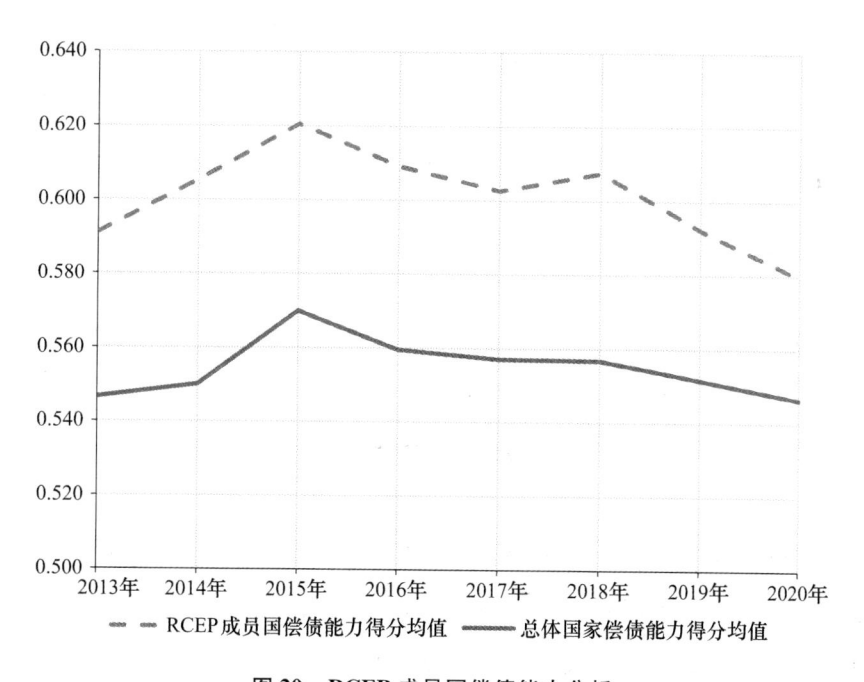

图 20　RCEP 成员国偿债能力分析

波动较大。政治风险是企业对 RCEP 成员国进行海外投资需要重点关注的因素。2013 年，RCEP 成员国的政治风险均值为 0.623。2013—2016 年，RCEP 成员国的政治风险得分均值呈下降趋势。在 2016 年，RCEP 成员国的政治风险得分均值为 0.593。在 2017 年，RCEP 成员国的政治风险得分均值虽有所回升，达到 0.639；但在 2017 年之后的三年里，RCEP 成员国的政治风险得分均值又呈下降趋势。2020 年，RCEP 成员国的政治风险平均得分为 0.608。总体而言，企业对 RCEP 成员国进行海外投资时，需要重点考虑 RCEP 成员国的政府稳定性、法律环境和外部冲突等因素（见图 21）。

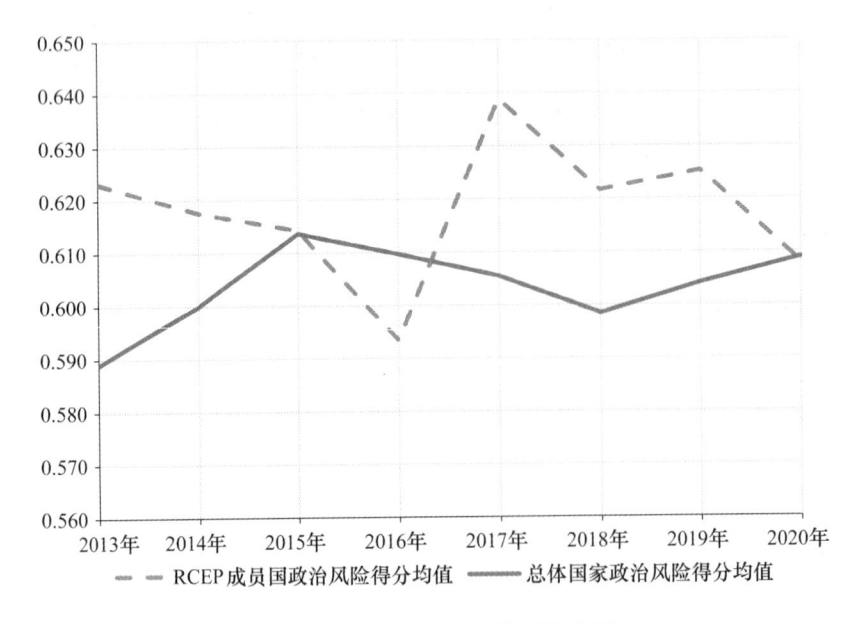

图 21　RCEP 成员国政治风险分析

从对华关系得分来分析，RCEP 成员国的对华关系得分均值整体高于总体国家的平均水平。这表明 RCEP 成员国与中国双边关系较好，对华关系较为稳定。2013 年，RCEP 成员国的对华关系得分均值为 0.544，高于总体平均水平（0.429）；2013—2020 年，RCEP 成员国的对华关系得分均值波动较小；2020 年 RCEP

成员国的对华关系得分均值为0.557。总体而言，RCEP成员国的对华关系得分均值高于总体国家平均水平，而较好的对华关系是降低投资风险的重要缓冲，有利于企业海外投资（见图22）。

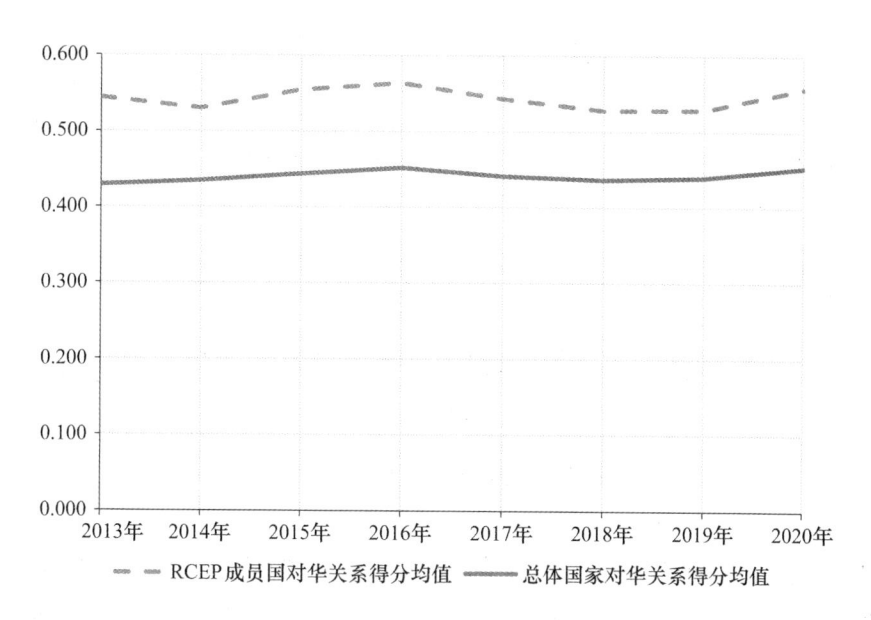

图22　RCEP成员国对华关系分析

从社会弹性得分来分析，RCEP成员国的社会弹性得分均值高于整体国家的平均水平。2013—2020年，RCEP成员国的社会弹性得分均值呈现上升趋势。2013年，RCEP成员国的社会弹性得分均值为0.634。在2017年，RCEP成员国的社会弹性得分均值为0.660。2017—2020年，RCEP成员国的社会弹性得分均值呈现小幅波动。总体而言，RCEP成员国的社会弹性好于总体国家的平均水平。这表明，RCEP成员国能够为企业提供良好的社会运行秩序，确保企业有序的经营（见图23）。

综上所述，RCEP成员国的国家风险评级得分好于总体国家平均水平。细分指标来看，RCEP成员国吸引企业投资的优势在于其拥有较好的经济基础、良好的对华关系和稳定的社会弹性。而且，RCEP的签订可以促进东亚区域产业链、供应链和价值链

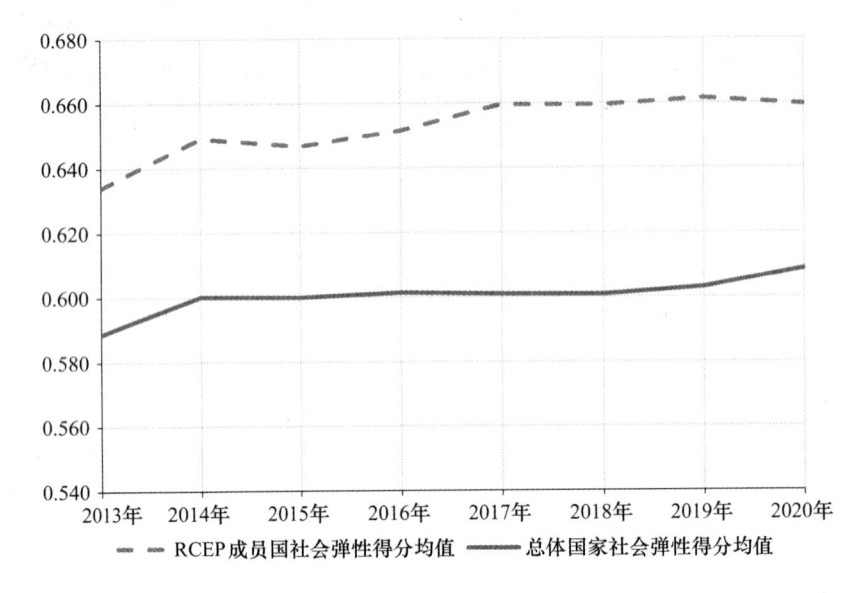

图 23 RCEP 成员国社会弹性分析

的融合，促进东亚区域经济一体化水平的提升，为中国企业"走出去"提供更多的制度性保障。不过，RCEP 成员国的政治风险和偿债能力是企业进行海外投资决策时，需要重点考量的因素。

附录 2　2020 年新冠肺炎疫情与对外直接投资风险[*]

基于 2021 年国家风险评级结果，本部分将从东道国的新冠肺炎疫情感染率与该国的投资风险相关性的角度，分析新冠肺炎疫情这一外部冲击与国际投资之间的相关关系，以期从中获得启示。

2020 年新冠肺炎疫情的暴发，让本已低迷的全球国际直接投资雪上加霜。虽然全球直接投资从 2015 开始就因全球经济低迷，以及国家间的投资摩擦等原因呈现出下降趋势，但不可否认的是，此次新冠肺炎疫情是导致 2020 年全球 FDI 出现悬崖式下跌的最重要的原因。根据联合国贸易和发展会议发布的《2020 年世界投资报告》，2020 年全球国际直接投资流量将比 2019 年下降 40%，2021 年将进一步减少 5%—10%。

本报告将 114 个样本国家的疫情情况进行了梳理。本报告采用截至 2020 年 10 月 30 日的累计确诊人数，与该国 2019 年年底的人口总数进行比较，来衡量一国疫情的严重程度。累计确诊人数占人口总数的比重越高，表明该国的疫情越严重（见表 20）。

---

[*] 本部分主要参与人：周学智、陈胤默、潘松李江、孔大鹏、李曦晨。

表 20　　　　　　　样本国家新冠病毒肺炎感染率　　　　　　（单位:%）

国名	感染率	国名	感染率	国名	感染率
阿尔巴尼亚	0.71	洪都拉斯	0.98	日本	0.08
阿尔及利亚	0.13	吉尔吉斯斯坦	0.92	瑞典	1.22
阿根廷	2.52	几内亚	0.08	瑞士	1.69
阿联酋	1.33	加拿大	0.60	塞内加尔	0.10
阿曼	2.30	加纳	0.16	塞浦路斯	0.34
阿塞拜疆	0.53	柬埔寨	0.00	沙特阿拉伯	1.01
埃及	0.10	捷克	2.91	斯里兰卡	0.04
埃塞俄比亚	0.09	喀麦隆	0.00	斯洛文尼亚	1.47
爱尔兰	1.22	卡塔尔	4.67	苏丹	0.03
爱沙尼亚	0.35	科威特	2.96	塔吉克斯坦	0.12
安哥拉	0.03	克罗地亚	3.11	泰国	0.00
奥地利	1.08	肯尼亚	0.10	坦桑尼亚	0.00
澳大利亚	0.11	拉脱维亚	0.28	突尼斯	0.50
巴基斯坦	0.15	老挝	0.00	土耳其	0.44
巴拉圭	0.87	黎巴嫩	1.13	土库曼斯坦	0.00
巴林	4.29	立陶宛	0.47	危地马拉	0.64
巴拿马	3.09	卢森堡	2.64	委内瑞拉	0.32
巴西	2.59	罗马尼亚	1.18	乌干达	0.03
白俄罗斯	1.02	马达加斯加	0.06	乌克兰	0.89
保加利亚	0.69	马耳他	1.18	乌拉圭	0.09
冰岛	1.31	马来西亚	0.09	乌兹别克斯坦	0.20
波兰	0.84	马里	0.02	西班牙	2.57
玻利维亚	1.23	美国	2.67	希腊	0.33
博茨瓦纳	0.29	蒙古国	0.01	新加坡	1.02
布基纳法索	0.01	孟加拉国	0.05	新西兰	0.03
丹麦	0.76	秘鲁	2.75	匈牙利	0.73

续表

国名	感染率	国名	感染率	国名	感染率
德国	0.60	缅甸	0.09	亚美尼亚	2.96
多哥	0.03	摩尔多瓦	2.79	伊拉克	0.91
俄罗斯	1.11	摩洛哥	0.58	伊朗	0.72
厄瓜多尔	0.96	莫桑比克	0.04	以色列	3.46
法国	1.87	墨西哥	0.71	意大利	1.02
菲律宾	0.35	纳米比亚	0.52	印度	0.59
芬兰	0.28	南非	1.23	印度尼西亚	0.15
哥伦比亚	2.07	尼加拉瓜	0.07	英国	1.44
哥斯达黎加	2.11	尼日尔	0.01	约旦	0.65
哈萨克斯坦	0.81	尼日利亚	0.03	越南	0.00
韩国	0.05	挪威	0.36	赞比亚	0.09
荷兰	1.90	葡萄牙	1.29	智利	2.68

注：感染率根据截止到 2020 年 10 月 30 日的累计感染人数比上 2019 年人口总数得到。

资料来源：世界卫生组织和世界银行。

表 21 显示的是，全体样本国家的投资风险评级排名与新冠病毒肺炎感染率之间的相关关系。例如，风险评级排名与疫情相关性为负且越小，意味着风险评级排名越靠前（投资风险越低）的国家新冠肺炎疫情也较严重，且相关性越明显。风险评级排名变化与疫情相关性为负且越小，意味着排名下降（投资风险上升）的国家新冠肺炎疫情也较严重，且相关性越明显。

表 21　投资风险与新冠病毒肺炎感染率之间的相关关系

	排名	
	投资风险高	投资风险低
疫情严重	+	−
疫情不严重	−	+

续表

	排名变化	
	投资风险变高	投资风险变低
疫情严重	−	+
疫情不严重	+	−

根据表22，从疫情状况与风险排名的相关系数看，全样本国家的排名与新冠病毒肺炎感染率呈现出负相关。即投资风险较低（高）的国家新冠病毒肺炎感染率反而高（低）。经济基础、社会弹性和政治风险三项与总排名结果表现出一致的特点。这一结果与直觉相悖，主要有如下两方面的原因。第一，不少发达国家抗疫确实不力。从本报告的国家分组看，发达国家平均感染率为1.20%，发展中国家则仅为0.82%。不少欧洲国家以及北美洲的美国，是投资风险较低的国家，但疫情控制却并不理想。第二，非洲国家疫情较轻。非洲国家政府采取了一定的有效措施控制疫情，世界卫生组织（WHO）也对此有正面评价。此外，非洲气温湿热，人口密度低、人口平均年龄较低等因素也都在客观上有助于减轻新冠肺炎疫情的扩散。当然，不能排除发展中国家的疫情数据存在问题，例如因疫情检测条件不足，统计工作不全面等，不过我们对这一推断持谨慎态度。

表22　全体样本国家疫情状况与投资风险相关性

	总体	经济基础	偿债能力	对华关系	社会弹性	政治风险
排名	−0.256	−0.276	−0.044	0.084	−0.301	−0.296
排名变化	−0.066	−0.028	−0.193	−0.061	0.024	−0.113

注：排名变化指相较于2020年报告中排名的变化。

从疫情严重程度与排名变动的相关性来看，总排名变化以及所有子项排名变化均与新冠病毒肺炎感染率呈现负相关性，也即疫情越严重（感染率越高）的国家，较在2020年报告中的排名下降（排名下降为负值）也越多。虽然本报告所选用的数据有一定滞后性，但其中仍包含了国际机构对2020年当年的预测数据，而这部分数据也考虑到了疫情的冲击。表22中，新冠肺炎疫情与偿债能力、政治风险两项的相关关系体现的相对明显。新冠肺炎疫情与一国偿债能力风险和政治风险存在负相关关系，政治风险和偿债能力变差的国家，疫情控制也相对不力；或疫情控制不力的国家，其偿债能力风险和政治风险也会升高。

无论是对华关系的绝对排名还是排名变动，都和疫情状况关系不大，甚至可认为不相关。对于全体国家样本而言，各国与中国的双边政治关系好坏，与本国疫情严重与否并没有实质联系。

综上所述，从绝对风险排名和相对风险排名变化两个角度看，二者与新冠肺炎疫情都存在一定相关关系。一些投资风险较低的发达国家，疫情控制不理想；投资风险较高的国家，例如非洲国家，疫情反而相对较轻。排名下降或各子项目排名下降的国家疫情也相对严重，尤其体现在偿债能力、政治风险方面。不过，到目前为止，此次疫情并没有从根本上改变各国投资风险的大体格局。

为进一步详细分析新冠肺炎疫情与投资风险在不同类型国家表现出来的相关关系，本报告拟将样本国家进行分组分析。

从分组情况看，由于发达国家疫情普遍严重，总体排名和疫情之间的关系呈现出一定的正相关关系——排名越靠前即投资风险越低的国家，新冠病毒肺炎感染率越低。其中政治风险和对华关系与疫情的相关关系体现得最为明显。对华关系越差的国家，疫情越严重；虽然二者并不存在直接的因果关系，但也能从一个侧面反映出少数疫情控制不力的国家试图"甩锅"中国对双边政治关系的负面影响。政治风险排名与新冠病毒肺炎感染率之间也呈现出正相关关系，政治风险相对较高的发达国家，同时疫情也相对严重。这表明，政治相对不稳定的国家控制疫情的效果也不佳。同时,相对严重的疫情又可能增大政治风险。经济基础排名与新冠病毒肺炎感染率则呈现出负相关关系——经济基础越好的国家疫情越严重。这极有可能是因为经济基础好的国家多以自由市场经济为准则,而过度的"自由"恰恰不利于控制疫情。

表23　新冠肺炎疫情与发达国家、发展中国家的投资风险

	总体	经济基础	偿债能力	对华关系	社会弹性	政治风险
发达国家(31国)						
排名	0.173	−0.205	−0.028	0.160	0.129	0.248
排名变化	−0.391	−0.027	−0.083	−0.227	−0.209	−0.195
发展中国家(83国)						
排名	−0.267	−0.240	0.035	0.024	−0.335	−0.355
排名变化	−0.002	−0.027	−0.196	0.023	0.044	−0.078

在排名变化方面,总排名以及各子指标均与疫情之间存在负相关性,对华关系、社会弹性和政治风险尤其明显。排名下降较多的发达国家,新冠病毒肺炎感染率也较高。这表明,对华关系本已不佳的发达国家,在疫情恶化的同时,与中国的双边政治关系也在进一步恶化。同时,发达国家社会弹性和政治风险排名的恶化,与新冠肺炎疫情蔓延呈现出同步的关系。

由于发展中国家样本中包含了大量投资风险较高的非洲国家,而非洲国家的新冠肺炎疫情又相对较轻,所以类似于表23,在发展中国家样本中,各国的总排名与新冠病毒肺炎感染率之间也呈现出负相关关系,并在经济基础、社会弹性和政治风险三个方面均有体现。与发达国家不同,发展中国家的对华关系与疫情没有明显的相关关系。在排名变化与新冠病毒肺炎感染率的相关性上,偿债能力恶化与新冠肺炎疫情蔓延呈现出一定的相关性。

截止到2019年年底,在全样本国家中,中国在美国、新加

坡、澳大利亚、荷兰、英国、印度尼西亚、德国、加拿大、卢森堡和俄罗斯的海外直接投资存量最多。中国对以上10个国家的直接投资存量合计占到全样本国家直接投资存量的60%。对重要投资目标国的投资风险与疫情之间的相关关系进行分析，具有较强的现实意义。

表24中的结果显示，中国前十大投资目的地国家中，经济基础和偿债能力的排名均与新冠病毒肺炎感染率呈现负相关关系。这表明，经济基础越好，偿债能力越强的国家，疫情反而越严重。由于中国对外直接投资存量排名靠前的国家多为发达国家，这一结果仍然与新冠肺炎疫情在欧洲和北美尤其是美国未得到有效控制有关。在对华关系方面，疫情与对华关系排名呈现出正相关，即疫情越严重的国家，对华关系排名越靠后。这一结果与之前发达国家组的结果类似，且更明显。

表24 新冠肺炎疫情与中国前十大投资目的地国家的投资风险

	总体	经济基础	偿债能力	对华关系	社会弹性	政治风险
排名	-0.027	-0.364	-0.189	0.397	-0.074	-0.115
排名变化	-0.214	0.469	0.095	-0.345	-0.141	-0.489

注：所选10个国家依据2019年年底的投资存量进行排名选取。

从排名变化看，疫情相对严重的国家，风险评级排名也出现下降。具体而言，新冠病毒肺炎感染率与总排名、对华关系及政治风险的排名变化均呈现一定的负相关性，即疫情恶化和上述分项指标上升较快相伴随产生。但经济基础排名变化与新冠病毒肺炎感染率的相关系数则为正。经过比对，我们发现在中国投资存量前10位的国家中，作为发展中国家的俄罗斯和印度尼西亚的经济基础排名下降严重，而这两个国家的疫情在10个国家中又相对不严重。这表明，在中国海外投资前十大目的地国家中，发达国家的经济基础相对具有韧性。而印度尼西亚和俄罗斯，其经济在全球新冠肺炎疫情中受到较严重的冲击，例如两国的汇率在 2020 年 3 月和 4 月都经历了大幅波动。

综上所述，通过对新冠肺炎疫情的严重程度和投资风险相关性的分析，可以得到如下结论。第一，新冠肺炎疫情没有改变中国海外投资风险国家排名的大体格局。新冠肺炎疫情是一场全球性卫生事件，对世界各国的经济和政治都造成了较大冲击。第二，截止到 2020 年 10 月的新冠肺炎疫情数据表明，投资风险较低国家的疫情反而更严重，投资风险较高的国家疫情相对较轻。全球新冠肺炎疫情尚未得到根本遏制，若疫情继续发酵，疫情防控不佳的国家的投资风险排名是否会发生根本性变化，应值得关注。第三，虽然整体上新冠肺炎疫情与对华关系之间没有显著的相关关系，但个别疫情较为严重的发达国家，对华关系排名下降明显。二者之间未必存在显著的直接因果关系，但却从侧面反映出这类国家消极抗疫、推诿责任等行为对双边政治关系造成的消极影响。第四，新兴市场国家经济脆弱性体现得更加明显。虽然新兴市场国家甚至包括很多非洲国家在疫情控制方面表现较好，但在疫情导致的全球经济动荡的背景之下，经济风险依然较高。例如，汇率大幅波动，债务问题凸显等。

"团结合作是抗击疫情最有力的武器"，习近平主席的这一主张，更是未来全球直接投资恢复的必要条件。从相对排名和相对排名变化的角度，不同类型国家、不同方面的投资风险也与新冠肺炎疫情呈现出了不同的相关关系，这使我们更加深切体会到"人类命运共同体"的意义。因此，世界各国人民只有携起手来，风雨同舟，才能早日驱散疫情的阴霾，建设更加美好的地球家园。

附录 3 CROIC–IWEP 国家风险评级原始指标

表 25　　GDP 总量　　（单位：十亿美元）

国家＼年份	2015	2016	2017	2018	2019	2020	2021
阿尔巴尼亚	11.4	11.9	13.1	15.1	15.3	14.0	14.8
阿尔及利亚	166.0	160.0	167.4	173.8	169.3	147.3	155.3
阿根廷	642.5	556.8	643.9	517.2	444.5	382.8	416.9
阿联酋	358.1	357.0	385.6	422.2	421.1	353.9	373.1
阿曼	68.9	65.5	70.6	79.8	76.3	62.3	65.3
阿塞拜疆	50.8	37.8	41.4	47.1	48.0	41.7	45.0
埃及	332.1	332.5	236.5	250.3	302.3	361.9	374.9
埃塞俄比亚	63.1	70.9	76.8	80.2	92.8	95.6	91.5
爱尔兰	291.6	299.2	337.2	386.6	398.5	399.1	457.5
爱沙尼亚	23.1	24.3	26.9	30.6	31.5	30.5	35.0
安哥拉	116.2	101.1	122.1	105.9	89.4	62.7	68.1
奥地利	382.0	395.4	418.2	455.7	446.3	432.9	490.4
澳大利亚	1234.8	1266.6	1386.5	1421.1	1387.1	1334.7	1480.4
巴基斯坦	270.2	278.0	304.6	313.1	276.1	290.1	288.2
巴拉圭	36.2	36.1	39.0	40.4	37.4	35.6	38.3
巴林	31.1	32.2	35.5	37.7	38.6	34.6	36.6
巴拿马	54.1	57.9	62.2	65.1	66.8	60.3	62.8

续表

年份 国家	2015	2016	2017	2018	2019	2020	2021
巴西	1800.0	1796.6	2062.8	1885.5	1839.1	1363.8	1431.6
白俄罗斯	56.3	47.7	54.7	60.0	63.1	57.7	61.0
保加利亚	50.6	53.8	59.1	66.3	67.9	67.9	78.0
冰岛	17.4	20.6	24.5	25.7	24.2	20.8	21.6
波兰	477.6	471.8	526.7	587.1	592.4	580.9	634.9
玻利维亚	33.2	34.2	37.8	40.6	41.2	38.9	43.0
博茨瓦纳	14.4	15.7	17.4	18.7	18.5	15.9	17.3
布基纳法索	11.8	12.8	14.2	16.2	15.7	16.1	18.3
丹麦	302.7	313.1	329.4	355.7	347.0	339.6	370.6
德国	3357.9	3468.9	3681.3	3965.6	3861.6	3780.6	4318.5
多哥	4.2	4.5	4.8	5.4	5.5	5.7	6.4
俄罗斯	1356.7	1280.6	1575.1	1665.2	1702.5	1464.1	1584.2
厄瓜多尔	99.3	99.9	104.3	107.6	107.4	93.1	99.2
法国	2439.4	2472.3	2594.2	2789.1	2715.8	2551.5	2917.7
菲律宾	306.4	318.6	328.5	346.8	376.8	367.4	398.3
芬兰	234.6	240.7	255.1	276.1	269.3	267.9	303.3
哥伦比亚	293.5	282.7	311.9	333.5	323.6	264.9	280.4
哥斯达黎加	55.4	57.8	59.0	60.9	62.1	59.6	61.2
哈萨克斯坦	184.4	137.3	166.8	179.3	181.7	165.7	180.7
韩国	1465.8	1500.0	1623.9	1724.8	1646.7	1586.8	1674.1
荷兰	765.7	783.8	833.6	914.5	907.2	886.3	1005.7
洪都拉斯	21.0	21.7	23.1	23.8	24.9	24.0	26.2
吉尔吉斯斯坦	6.7	6.8	7.7	8.3	8.5	7.5	8.5
几内亚	8.8	8.6	10.3	12.2	13.8	14.2	15.3
加拿大	1556.5	1528.0	1649.6	1716.2	1736.4	1600.3	1763.0
加纳	48.6	55.0	59.0	65.5	67.0	67.3	71.9
柬埔寨	18.1	20.0	22.2	24.4	26.7	26.3	28.5

续表

年份 国家	2015	2016	2017	2018	2019	2020	2021
捷克	188.0	196.3	218.6	248.9	250.7	242.0	278.9
喀麦隆	30.9	32.6	35.0	38.7	38.9	39.0	44.4
卡塔尔	161.7	151.7	161.1	183.3	175.8	147.8	155.6
科威特	114.6	109.4	120.7	140.7	135.4	108.7	116.1
克罗地亚	49.5	51.6	55.3	61.0	60.4	56.8	65.8
肯尼亚	64.2	69.2	78.9	87.8	95.4	101.0	105.7
拉脱维亚	27.1	27.7	30.3	34.3	34.1	33.0	38.1
老挝	14.4	15.9	17.1	18.1	19.1	18.7	19.3
黎巴嫩	49.9	51.2	53.1	55.0	52.5	18.7	32.5
立陶宛	41.4	43.0	47.7	53.5	54.2	55.1	62.7
卢森堡	57.8	60.7	64.2	71.0	71.1	68.6	80.4
罗马尼亚	177.9	188.5	211.7	241.6	250.1	248.6	289.4
马达加斯加	11.3	11.8	13.2	13.9	14.1	14.2	15.7
马耳他	11.1	11.7	13.1	14.8	15.0	14.3	16.3
马来西亚	301.4	301.3	319.1	358.7	364.7	336.3	380.3
马里	13.1	14.0	15.4	17.0	17.3	17.7	20.1
美国	18238.3	18745.1	19543.0	20611.9	21433.2	20807.3	21921.6
蒙古国	11.8	11.2	11.4	13.1	13.9	13.4	14.1
孟加拉国	195.1	221.4	249.7	274.0	302.5	317.8	338.4
秘鲁	191.3	194.4	214.1	225.2	230.7	195.8	210.7
缅甸	62.7	60.1	61.3	66.7	68.6	70.9	77.2
摩尔多瓦	7.7	8.1	9.7	11.3	12.0	11.2	11.7
摩洛哥	101.2	103.3	109.7	117.9	118.6	112.2	123.8
莫桑比克	16.0	11.9	13.2	14.7	15.2	14.6	14.1
墨西哥	1171.9	1078.5	1158.9	1222.4	1258.2	1040.4	1094.5
纳米比亚	11.6	10.7	12.8	13.5	12.5	10.3	11.5
南非	317.6	296.3	349.4	368.1	351.4	282.6	317.2
尼加拉瓜	12.8	13.3	13.8	13.1	12.5	11.9	12.0

续表

年份 国家	2015	2016	2017	2018	2019	2020	2021
尼日尔	9.7	10.4	11.2	12.9	12.9	13.0	14.3
尼日利亚	492.4	404.6	375.7	398.2	448.1	443.0	466.9
挪威	385.8	368.8	398.4	434.2	403.3	366.4	414.2
葡萄牙	199.4	206.4	221.3	241.4	237.7	221.7	257.1
日本	4389.5	4922.5	4866.9	4952.3	5079.9	4910.6	5103.2
瑞典	505.1	515.7	541.0	555.5	530.9	529.1	612.0
瑞士	679.7	671.4	680.0	705.5	704.8	707.9	790.7
塞内加尔	17.8	19.0	21.0	23.2	23.6	24.4	28.1
塞浦路斯	19.8	20.9	22.6	25.0	24.6	23.2	26.6
沙特阿拉伯	654.3	644.9	688.6	786.5	793.0	680.9	735.5
斯里兰卡	80.6	82.4	87.4	88.4	84.0	81.1	86.7
斯洛文尼亚	43.1	44.7	48.5	54.1	53.7	51.8	59.5
苏丹	65.3	55.6	45.9	35.7	33.4	32.6	32.5
塔吉克斯坦	7.9	7.0	7.1	7.5	8.1	7.9	8.2
泰国	401.3	413.5	456.4	506.4	543.6	509.2	536.8
坦桑尼亚	47.4	49.8	53.2	56.7	60.8	64.1	67.6
突尼斯	43.2	41.8	39.8	39.8	38.8	39.2	40.6
土耳其	864.1	869.3	858.9	779.6	760.9	649.4	652.4
土库曼斯坦	35.8	36.2	37.9	40.8	45.2	48.0	53.3
危地马拉	62.2	66.0	71.6	73.1	76.7	76.2	80.4
委内瑞拉	323.6	279.2	143.8	98.4	64.0	48.6	43.7
乌干达	27.3	29.4	31.2	33.8	36.5	37.7	41.2
乌克兰	90.5	93.3	112.1	130.9	154.7	142.3	149.5
乌拉圭	53.3	52.7	59.5	59.8	56.7	54.1	57.7
乌兹别克斯坦	81.3	81.3	58.1	50.4	57.9	59.8	63.3
西班牙	1195.7	1232.6	1312.1	1420.4	1394.3	1247.5	1450.9
希腊	196.7	195.3	203.5	218.2	209.9	194.4	219.0
新加坡	308.0	318.6	341.9	373.2	372.1	337.5	362.5

续表

国家 \ 年份	2015	2016	2017	2018	2019	2020	2021
新西兰	175.7	185.3	202.7	206.4	205.2	193.5	211.7
匈牙利	124.5	127.5	141.5	157.9	161.0	149.9	171.8
亚美尼亚	10.6	10.5	11.5	12.5	13.7	12.8	13.1
伊拉克	177.7	175.2	195.4	225.7	230.1	178.1	196.3
伊朗	375.4	404.4	430.7	435.6	583.7	610.7	651.7
以色列	300.1	318.6	352.7	370.5	394.7	383.4	408.5
意大利	1836.8	1876.6	1961.1	2086.7	2001.5	1848.2	2111.6
印度	2103.6	2294.1	2652.8	2713.2	2868.9	2592.6	2833.9
印度尼西亚	860.7	932.1	1015.5	1042.7	1120.1	1088.8	1167.2
英国	2929.2	2704.3	2668.5	2864.3	2830.8	2638.3	2855.7
约旦	38.6	39.9	41.5	43.0	44.6	42.6	44.9
越南	236.8	252.1	277.1	304.0	329.5	340.6	369.5
赞比亚	21.2	20.9	25.9	27.0	24.2	18.9	19.6
智利	243.9	250.4	277.0	298.2	282.3	245.4	280.2

资料来源：WEO，CEIC.

表26　　　　　　　　　　　人均GDP　　　　　　　　　（单位：千美元）

国家 \ 年份	2015	2016	2017	2018	2019	2020	2021
阿尔巴尼亚	4.0	4.1	4.5	5.3	5.3	4.9	5.2
阿尔及利亚	4.2	3.9	4.0	4.1	3.9	3.3	3.4
阿根廷	14.9	12.8	14.6	11.6	9.9	8.4	9.1
阿联酋	37.4	36.2	38.0	40.5	39.2	31.9	32.7
阿曼	18.2	16.3	17.0	19.1	18.2	14.4	14.7
阿塞拜疆	5.3	3.9	4.2	4.8	4.8	4.1	4.4
埃及	3.7	3.7	2.5	2.6	3.0	3.6	3.6
埃塞俄比亚	0.7	0.8	0.8	0.9	1.0	1.0	0.9
爱尔兰	61.9	62.7	69.9	79.1	80.5	79.7	90.5
爱沙尼亚	17.5	18.4	20.5	23.2	23.8	23.0	26.4

续表

国家\年份	2015	2016	2017	2018	2019	2020	2021
安哥拉	4.4	3.7	4.3	3.6	3.0	2.0	2.1
奥地利	44.3	45.2	47.4	51.3	50.4	48.6	54.8
澳大利亚	51.5	51.9	56.0	56.5	54.3	51.9	57.2
巴基斯坦	1.4	1.4	1.5	1.6	1.3	1.4	1.4
巴拉圭	5.4	5.3	5.6	5.7	5.2	4.9	5.2
巴林	22.7	22.6	24.4	25.4	26.0	22.9	23.7
巴拿马	13.6	14.3	15.2	15.7	15.8	14.1	14.4
巴西	8.8	8.8	10.0	9.0	8.8	6.5	6.7
白俄罗斯	5.9	5.0	5.8	6.3	6.7	6.1	6.5
保加利亚	7.1	7.6	8.4	9.5	9.8	9.8	11.3
冰岛	52.8	62.0	72.4	73.9	67.9	57.2	58.4
波兰	12.6	12.4	13.9	15.5	15.6	15.3	16.7
玻利维亚	3.1	3.1	3.4	3.6	3.6	3.3	3.6
博茨瓦纳	6.5	7.0	7.6	8.0	7.8	6.6	7.0
布基纳法索	0.7	0.7	0.7	0.8	0.8	0.8	0.9
丹麦	53.5	54.9	57.3	61.5	59.8	58.4	63.6
德国	41.1	42.1	44.5	47.8	46.5	45.5	52.0
多哥	0.6	0.6	0.6	0.7	0.7	0.7	0.8
俄罗斯	9.3	8.7	10.7	11.3	11.6	10.0	10.8
厄瓜多尔	6.1	6.0	6.2	6.3	6.2	5.3	5.6
法国	37.9	38.3	40.1	43.1	41.9	39.3	44.8
菲律宾	3.0	3.1	3.2	3.3	3.5	3.4	3.6
芬兰	42.9	43.9	46.4	50.1	48.8	48.5	54.8
哥伦比亚	6.1	5.8	6.3	6.7	6.4	5.2	5.5
哥斯达黎加	11.4	11.8	11.9	12.1	12.2	11.6	11.8
哈萨克斯坦	10.4	7.7	9.2	9.7	9.8	8.8	9.5
韩国	28.7	29.3	31.6	33.4	31.8	30.6	32.3
荷兰	45.3	46.2	48.8	53.2	52.6	51.3	58.0

续表

国家\年份	2015	2016	2017	2018	2019	2020	2021
洪都拉斯	2.3	2.3	2.4	2.5	2.6	2.4	2.6
吉尔吉斯斯坦	1.1	1.1	1.3	1.3	1.3	1.1	1.3
几内亚	0.7	0.7	0.8	0.9	1.0	1.0	1.1
加拿大	43.6	42.4	45.2	46.4	46.3	42.1	45.9
加纳	1.8	1.9	2.0	2.2	2.2	2.2	2.3
柬埔寨	1.2	1.3	1.4	1.5	1.6	1.6	1.7
捷克	17.8	18.6	20.7	23.5	23.5	22.6	26.0
喀麦隆	1.3	1.4	1.4	1.6	1.5	1.5	1.7
卡塔尔	66.3	58.0	59.1	66.4	62.9	52.8	55.4
科威特	27.4	25.3	27.2	30.4	28.5	22.3	23.1
克罗地亚	11.8	12.4	13.4	14.9	14.9	14.0	16.4
肯尼亚	1.5	1.6	1.7	1.9	2.0	2.1	2.1
拉脱维亚	13.6	14.1	15.5	17.7	17.8	17.2	19.9
老挝	2.1	2.3	2.5	2.6	2.7	2.6	2.6
黎巴嫩	7.6	7.6	7.8	8.0	7.7	2.7	4.7
立陶宛	14.3	15.0	16.9	19.1	19.5	19.9	22.8
卢森堡	102.6	105.4	108.6	117.9	115.8	109.6	125.9
罗马尼亚	9.0	9.5	10.8	12.4	12.9	12.8	14.9
马达加斯加	0.5	0.5	0.5	0.5	0.5	0.5	0.6
马耳他	25.2	25.9	28.6	31.0	30.4	28.5	32.1
马来西亚	9.7	9.5	10.0	11.1	11.2	10.2	11.4
马里	0.8	0.8	0.9	0.9	0.9	0.9	1.0
美国	56.8	58.0	60.1	63.1	65.3	63.1	66.1
蒙古国	3.8	3.6	3.6	4.1	4.2	4.0	4.1
孟加拉国	1.2	1.4	1.5	1.7	1.8	1.9	2.0
秘鲁	6.1	6.2	6.7	7.0	7.0	5.8	6.2
缅甸	1.2	1.2	1.2	1.3	1.3	1.3	1.4
摩尔多瓦	2.7	2.9	3.5	4.1	4.5	4.3	4.5

续表

年份 国家	2015	2016	2017	2018	2019	2020	2021
摩洛哥	3.0	3.0	3.1	3.3	3.3	3.1	3.4
莫桑比克	0.6	0.4	0.4	0.5	0.5	0.5	0.4
墨西哥	9.6	8.7	9.3	9.7	9.9	8.1	8.4
纳米比亚	5.1	4.6	5.4	5.6	5.1	4.1	4.4
南非	5.7	5.3	6.1	6.4	6.0	4.7	5.2
尼加拉瓜	2.0	2.1	2.2	2.0	1.9	1.8	1.8
尼日尔	0.5	0.5	0.5	0.6	0.6	0.5	0.6
尼日利亚	2.7	2.2	2.0	2.0	2.2	2.1	2.2
挪威	74.1	70.2	75.3	81.5	75.3	68.0	76.4
葡萄牙	19.3	20.0	21.5	23.5	23.1	21.6	25.1
日本	34.6	38.8	38.4	39.2	40.3	39.0	40.7
瑞典	51.3	51.6	53.5	54.3	51.4	50.3	57.7
瑞士	82.5	80.6	80.8	83.2	82.5	81.9	90.4
塞内加尔	1.2	1.3	1.4	1.5	1.4	1.5	1.6
塞浦路斯	23.4	24.6	26.5	28.9	28.0	26.2	29.7
沙特阿拉伯	21.1	20.3	21.1	23.5	23.3	19.6	20.7
斯里兰卡	3.8	3.9	4.1	4.1	3.9	3.7	3.9
斯洛文尼亚	20.9	21.6	23.5	26.2	26.0	25.0	28.7
苏丹	1.7	1.4	1.1	0.8	0.8	0.7	0.7
塔吉克斯坦	0.9	0.8	0.8	0.8	0.9	0.8	0.9
泰国	5.8	6.0	6.6	7.3	7.8	7.3	7.7
坦桑尼亚	0.9	1.0	1.0	1.0	1.1	1.1	1.1
突尼斯	3.8	3.7	3.5	3.4	3.3	3.3	3.4
土耳其	11.0	10.9	10.6	9.5	9.2	7.7	7.7
土库曼斯坦	6.4	6.4	6.6	7.1	7.7	8.1	8.9
危地马拉	3.8	4.0	4.2	4.2	4.4	4.2	4.4
委内瑞拉	10.6	9.1	4.7	3.4	2.3	1.7	1.6
乌干达	0.8	0.8	0.8	0.9	0.9	0.9	1.0

续表

国家\年份	2015	2016	2017	2018	2019	2020	2021
乌克兰	2.1	2.2	2.7	3.1	3.7	3.4	3.6
乌拉圭	15.4	15.1	17.0	17.1	16.1	15.3	16.3
乌兹别克斯坦	2.6	2.6	1.8	1.5	1.7	1.8	1.8
西班牙	25.8	26.6	28.3	30.6	30.0	26.8	31.2
希腊	18.1	18.1	18.9	20.3	19.6	18.2	20.5
新加坡	55.6	56.8	60.9	66.2	65.2	58.5	62.1
新西兰	38.3	39.6	42.5	42.6	41.7	38.7	41.8
匈牙利	12.6	13.0	14.4	16.1	16.5	15.4	17.6
亚美尼亚	3.5	3.5	3.9	4.2	4.6	4.3	4.4
伊拉克	5.0	4.8	5.3	5.9	5.9	4.4	4.8
伊朗	4.7	5.0	5.3	5.3	7.0	7.3	7.7
以色列	35.8	37.3	40.5	41.7	43.6	41.6	43.4
意大利	30.2	30.9	32.4	34.5	33.2	30.7	35.1
印度	1.6	1.7	2.0	2.0	2.1	1.9	2.0
印度尼西亚	3.4	3.6	3.9	3.9	4.2	4.0	4.3
英国	45.0	41.2	40.4	43.1	42.4	39.2	42.2
约旦	4.2	4.2	4.3	4.3	4.4	4.2	4.3
越南	2.6	2.7	2.9	3.2	3.4	3.5	3.8
赞比亚	1.3	1.3	1.5	1.5	1.3	1.0	1.0
智利	13.6	13.8	15.0	15.9	14.8	12.6	14.2

资料来源：WEO，CEIC.

表 27　　　　　　　　　　　GDP 增速　　　　　　　　（单位：%）

国家\年份	2013	2014	2015	2016	2017	2018	2019
阿尔巴尼亚	1.00	1.77	2.22	3.31	3.80	4.07	2.21
阿尔及利亚	2.80	3.80	3.70	3.20	1.30	1.40	0.80
阿根廷	2.41	-2.51	2.73	-2.08	2.67	-2.48	-2.16
阿联酋	5.05	4.28	5.11	3.06	2.37	1.19	1.68

续表

国家＼年份	2013	2014	2015	2016	2017	2018	2019
阿曼	4.37	2.75	4.68	4.96	0.35	1.76	0.50
阿塞拜疆	5.84	2.80	1.05	-3.06	0.15	1.50	2.22
埃及	2.19	2.92	4.37	4.35	4.18	5.31	5.56
埃塞俄比亚	10.58	10.26	10.39	9.43	9.56	6.82	8.28
爱尔兰	1.35	8.56	25.16	3.68	8.15	8.17	5.55
爱沙尼亚	1.35	2.99	1.84	2.63	5.75	4.76	4.33
安哥拉	4.95	4.82	0.94	-2.58	-0.15	-2.00	-0.87
奥地利	0.03	0.66	1.01	2.08	2.48	2.42	1.61
澳大利亚	2.58	2.53	2.19	2.77	2.37	2.94	1.90
巴基斯坦	4.40	4.67	4.73	5.53	5.55	5.84	0.99
巴拉圭	8.42	4.86	3.08	4.31	4.96	3.35	-0.03
巴林	5.42	4.35	2.86	3.47	3.81	1.96	1.82
巴拿马	6.90	5.07	5.73	4.95	5.60	3.69	3.01
巴西	3.00	0.50	-3.55	-3.28	1.32	1.32	1.14
白俄罗斯	1.00	1.73	-3.83	-2.53	2.53	3.15	1.22
保加利亚	0.32	1.89	3.99	3.81	3.51	3.08	3.37
冰岛	4.13	2.08	4.75	6.63	4.55	3.81	1.92
波兰	1.39	3.32	3.84	3.06	4.94	5.35	4.15
玻利维亚	6.80	5.46	4.86	4.26	4.20	4.22	2.22
博茨瓦纳	11.34	4.15	-1.70	4.30	2.90	4.48	2.97
布基纳法索	5.79	4.33	3.91	5.96	6.16	6.82	5.69
丹麦	0.93	1.62	2.34	3.25	2.04	2.39	2.37
德国	0.43	2.23	1.74	2.23	2.47	1.53	0.56
多哥	6.11	5.92	5.74	5.56	4.36	4.91	5.31
俄罗斯	1.76	0.74	-1.97	0.19	1.83	2.54	1.34
厄瓜多尔	4.95	3.79	0.10	-1.23	2.37	1.29	0.05
法国	0.58	0.96	1.11	1.10	2.29	1.79	1.51
菲律宾	6.75	6.35	6.35	7.15	6.93	6.34	6.04

续表

年份 国家	2013	2014	2015	2016	2017	2018	2019
芬兰	-0.90	-0.36	0.54	2.71	3.10	1.63	0.98
哥伦比亚	5.13	4.50	2.96	2.09	1.36	2.52	3.32
哥斯达黎加	2.27	3.52	3.63	4.25	3.86	2.66	2.08
哈萨克斯坦	6.00	4.20	1.20	1.10	4.10	4.10	4.50
韩国	3.16	3.20	2.81	2.95	3.16	2.66	2.03
荷兰	-0.13	1.42	1.96	2.19	2.91	2.60	1.81
洪都拉斯	2.79	3.06	3.84	3.89	4.84	3.70	2.65
吉尔吉斯斯坦	10.92	4.02	3.88	4.34	4.74	3.76	4.51
几内亚	3.95	3.70	3.83	10.82	10.34	6.18	5.58
加拿大	2.33	2.87	0.66	1.00	3.17	2.01	1.66
加纳	7.31	2.90	2.18	3.45	8.14	6.26	6.48
柬埔寨	7.36	7.14	7.04	7.03	6.83	7.47	7.05
捷克	-0.48	2.72	5.31	2.45	4.35	2.85	2.57
喀麦隆	5.40	5.88	5.65	4.65	3.55	4.06	4.02
卡塔尔	4.41	3.98	3.66	2.13	1.58	1.49	-0.18
科威特	1.15	0.50	0.59	2.93	-4.71	1.25	0.41
克罗地亚	-0.55	-0.10	2.44	3.48	3.14	2.69	2.94
肯尼亚	5.88	5.36	5.72	5.88	4.81	6.32	5.37
拉脱维亚	2.33	1.92	3.26	1.77	3.79	4.28	2.20
老挝	8.03	7.61	7.27	7.02	6.89	6.25	4.65
黎巴嫩	3.81	2.46	0.21	1.53	0.85	-1.93	-5.64
立陶宛	3.56	3.51	2.03	2.56	4.25	3.64	3.93
卢森堡	3.65	4.30	4.31	4.57	1.80	3.11	2.30
罗马尼亚	3.51	3.41	3.87	4.80	7.11	4.44	4.08
马达加斯加	2.30	3.34	3.13	3.99	3.93	4.56	4.80
马耳他	4.84	8.79	10.86	5.83	6.47	7.31	4.38
马来西亚	4.69	6.01	5.09	4.45	5.74	4.74	4.33
马里	2.30	7.10	6.17	5.76	5.42	4.65	5.04

续表

国家\年份	2013	2014	2015	2016	2017	2018	2019
美国	1.84	2.45	2.88	1.57	2.22	2.93	2.33
蒙古国	11.65	7.89	2.38	1.17	5.34	7.25	5.10
孟加拉国	6.01	6.06	6.55	7.11	7.28	7.86	8.15
秘鲁	5.85	2.38	3.25	3.95	2.52	3.98	2.15
缅甸	8.43	7.99	6.99	5.75	6.40	6.75	2.89
摩尔多瓦	9.04	5.00	-0.34	4.41	4.69	4.30	3.46
摩洛哥	4.54	2.67	4.54	1.06	4.23	2.99	2.30
莫桑比克	6.96	7.40	6.72	3.82	3.74	3.43	2.22
墨西哥	1.35	2.80	3.29	2.91	2.12	2.14	-0.15
纳米比亚	5.61	5.76	4.53	-0.28	-0.26	0.70	-1.13
南非	2.49	1.85	1.19	0.40	1.41	0.79	0.15
尼加拉瓜	4.93	4.79	4.79	4.56	4.63	-3.95	-3.88
尼日尔	5.57	6.56	4.37	5.69	5.00	7.00	5.83
尼日利亚	6.67	6.31	2.65	-1.62	0.81	1.92	2.21
挪威	1.03	1.97	1.97	1.07	2.32	1.29	1.15
葡萄牙	-0.92	0.79	1.79	2.02	3.51	2.64	2.16
日本	2.00	0.37	1.22	0.52	2.17	0.32	0.65
瑞典	1.19	2.66	4.49	2.07	2.57	1.95	1.19
瑞士	1.85	2.45	1.33	1.72	1.80	2.75	0.93
塞内加尔	2.82	6.61	6.37	6.36	7.41	6.38	5.27
塞浦路斯	-6.55	-1.86	3.37	6.75	4.36	4.06	3.23
沙特阿拉伯	2.70	3.65	4.11	1.67	-0.74	2.43	0.33
斯里兰卡	3.40	4.96	5.01	4.49	3.58	3.31	2.28
斯洛文尼亚	-1.03	2.77	2.21	3.12	4.83	4.12	2.44
苏丹	4.39	2.68	4.91	4.70	4.28	-2.32	-2.56
塔吉克斯坦	7.40	6.71	6.01	6.87	7.62	7.30	7.01
泰国	2.69	0.98	3.13	3.43	4.07	4.15	2.37
坦桑尼亚	6.78	6.73	6.16	6.87	6.79	5.44	5.79

续表

国家＼年份	2013	2014	2015	2016	2017	2018	2019
突尼斯	2.88	2.97	1.19	1.16	1.92	2.66	1.04
土耳其	8.49	5.17	6.09	3.18	7.47	2.83	0.88
土库曼斯坦	10.20	10.30	6.50	6.20	6.50	6.20	3.00
危地马拉	3.70	4.44	4.09	2.68	3.02	3.21	3.85
委内瑞拉	1.34	-3.89	-6.22	-17.04	-15.67	-19.62	-36.20
乌干达	3.59	5.11	5.19	4.78	3.90	6.16	6.51
乌克兰	-0.03	-6.55	-9.77	2.24	2.47	3.41	3.23
乌拉圭	4.64	3.24	0.37	1.69	2.59	1.62	0.22
乌兹别克斯坦	7.58	7.18	7.45	6.09	4.46	5.45	5.56
西班牙	-1.44	1.38	3.84	3.03	2.89	2.35	1.98
希腊	-3.24	0.74	-0.44	-0.19	1.51	1.93	1.87
新加坡	4.84	3.94	2.99	3.24	4.34	3.44	0.73
新西兰	2.63	3.63	3.62	3.68	3.16	3.76	2.17
匈牙利	1.96	4.20	3.85	2.20	4.32	5.09	4.93
亚美尼亚	3.30	3.60	3.20	0.20	7.50	5.20	7.60
伊拉克	7.60	0.70	2.48	15.21	-2.49	-0.56	4.40
伊朗	-0.19	4.60	-1.32	13.40	3.76	-6.03	-6.78
以色列	4.15	3.76	2.29	3.98	3.54	3.45	3.51
意大利	-1.84	0.00	0.78	1.29	1.67	0.80	0.30
印度	6.39	7.41	8.00	8.26	7.04	6.12	5.02
印度尼西亚	5.56	5.01	4.88	5.03	5.07	5.17	5.02
英国	2.14	2.61	2.36	1.92	1.89	1.34	1.41
约旦	2.83	3.10	2.39	2.00	2.12	1.94	2.00
越南	5.42	5.98	6.68	6.21	6.81	7.08	7.02
赞比亚	5.06	4.70	2.92	3.78	3.50	4.03	1.71
智利	4.05	1.77	2.30	1.71	1.19	3.95	1.05

资料来源：WDI，CEIC。

表28　　　　　　　　　　　GDP 5年波动系数　　　　　　　　单位：标准差

国家＼年份	2013	2014	2015	2016	2017	2018	2019
阿尔巴尼亚	1.05	0.95	0.55	0.79	1.02	0.89	0.78
阿尔及利亚	0.70	0.39	0.41	0.36	0.90	1.11	1.15
阿根廷	5.54	4.62	3.00	2.23	2.41	2.48	2.42
阿联酋	4.26	1.71	0.93	0.74	1.09	1.38	1.37
阿曼	3.38	3.37	3.37	2.19	1.72	1.75	2.00
阿塞拜疆	3.66	2.56	2.41	2.89	2.94	1.97	1.84
埃及	1.41	1.21	0.92	0.97	0.89	0.77	0.57
埃塞俄比亚	1.47	1.27	0.84	0.72	0.46	1.29	1.24
爱尔兰	2.48	3.11	9.53	9.14	8.35	7.43	7.70
爱沙尼亚	7.52	2.06	2.16	0.68	1.53	1.44	1.43
安哥拉	2.49	1.70	2.46	3.81	2.92	2.63	1.27
奥地利	2.28	1.03	0.98	0.68	0.91	0.75	0.55
澳大利亚	0.70	0.63	0.61	0.59	0.20	0.27	0.38
巴基斯坦	0.92	1.12	0.77	0.65	0.47	0.47	1.81
巴拉圭	4.64	3.97	2.89	2.89	1.78	0.77	1.72
巴林	1.23	1.13	1.18	0.87	0.86	0.82	0.79
巴拿马	3.49	2.38	2.40	1.79	0.69	0.72	1.07
巴西	2.53	2.37	2.63	2.68	2.59	2.21	2.29
白俄罗斯	2.90	2.63	2.94	2.33	2.50	2.83	2.79
保加利亚	1.89	0.85	1.37	1.60	1.40	0.75	0.32
冰岛	3.96	2.50	1.36	1.91	1.45	1.47	1.52
波兰	1.34	1.35	1.37	0.97	1.15	0.90	0.81
玻利维亚	1.16	0.86	0.68	0.84	0.96	0.50	0.90
博茨瓦纳	6.53	2.71	4.17	4.13	4.18	2.33	2.24
布基纳法索	1.78	1.33	1.11	0.99	0.92	1.12	0.97
丹麦	2.46	0.58	0.70	1.05	0.77	0.54	0.41
德国	3.57	1.62	1.30	0.82	0.73	0.35	0.66
多哥	0.34	0.22	0.30	0.34	0.62	0.58	0.50

续表

国家\年份	2013	2014	2015	2016	2017	2018	2019
俄罗斯	4.68	1.53	2.30	1.96	1.39	1.55	1.58
厄瓜多尔	2.42	1.56	2.56	2.72	2.28	1.74	1.22
法国	1.81	0.75	0.65	0.31	0.58	0.51	0.45
菲律宾	2.27	1.23	1.11	0.31	0.32	0.35	0.41
芬兰	4.01	1.88	1.39	1.45	1.61	1.30	0.98
哥伦比亚	1.89	1.05	1.34	1.09	1.42	1.05	0.68
哥斯达黎加	2.24	0.99	0.86	0.85	0.67	0.52	0.80
哈萨克斯坦	2.28	1.29	2.07	1.97	1.90	1.46	1.52
韩国	1.98	1.53	0.43	0.29	0.15	0.20	0.38
荷兰	1.90	1.03	1.14	1.25	1.02	0.51	0.41
洪都拉斯	2.46	0.50	0.51	0.52	0.72	0.57	0.70
吉尔吉斯斯坦	4.23	4.20	3.58	3.54	2.68	0.35	0.37
几内亚	2.57	0.88	0.96	2.71	3.31	3.08	2.75
加拿大	2.26	0.53	0.89	0.82	1.00	0.99	0.88
加纳	3.05	3.59	4.36	2.78	2.44	2.25	2.17
柬埔寨	2.78	0.51	0.13	0.14	0.17	0.21	0.21
捷克	2.51	1.45	2.24	2.26	1.98	1.11	1.13
喀麦隆	1.08	0.88	0.67	0.54	0.85	0.90	0.72
卡塔尔	5.72	6.26	3.69	0.89	1.10	1.05	1.23
科威特	6.02	4.37	3.74	2.30	2.56	2.56	2.56
克罗地亚	2.58	0.81	1.50	2.08	1.68	1.27	0.36
肯尼亚	1.70	1.29	0.54	0.50	0.41	0.51	0.51
拉脱维亚	7.45	3.60	1.55	0.89	0.78	1.00	0.95
老挝	0.32	0.29	0.31	0.40	0.41	0.45	0.94
黎巴嫩	3.49	2.41	1.29	1.20	1.26	1.48	2.59
立陶宛	7.55	1.44	1.28	0.69	0.79	0.80	0.85
卢森堡	3.30	1.85	1.74	1.85	1.01	1.04	1.09
罗马尼亚	3.62	2.74	0.78	0.88	1.38	1.28	1.17

续表

国家＼年份	2013	2014	2015	2016	2017	2018	2019
马达加斯加	2.47	0.98	0.65	0.55	0.62	0.51	0.58
马耳他	2.51	2.53	3.58	2.87	2.18	1.80	2.17
马来西亚	3.04	0.92	0.43	0.56	0.60	0.59	0.51
马里	2.18	2.70	2.84	2.95	1.62	0.81	0.53
美国	1.87	0.38	0.46	0.46	0.46	0.50	0.50
蒙古国	6.31	3.82	4.97	4.60	3.79	2.64	2.19
孟加拉国	0.56	0.34	0.24	0.40	0.52	0.62	0.56
秘鲁	2.39	1.92	1.64	1.46	1.26	0.68	0.74
缅甸	1.74	1.33	0.98	0.92	0.99	0.74	1.49
摩尔多瓦	5.57	3.23	3.73	3.61	2.98	1.99	1.87
摩洛哥	0.74	0.95	0.99	1.30	1.36	1.24	1.28
莫桑比克	0.42	0.35	0.27	1.33	1.60	1.68	1.48
墨西哥	3.69	1.23	0.86	0.78	0.68	0.46	1.19
纳米比亚	2.09	0.38	0.44	2.25	2.76	2.55	1.99
南非	1.76	0.53	0.69	0.75	0.69	0.50	0.47
尼加拉瓜	3.62	0.85	0.77	0.70	0.13	3.46	4.20
尼日尔	3.39	2.77	2.74	2.14	0.73	0.97	0.88
尼日利亚	1.50	1.27	1.46	3.01	3.18	2.59	1.53
挪威	1.42	0.75	0.65	0.63	0.52	0.47	0.49
葡萄牙	2.00	2.02	2.03	2.25	1.47	0.90	0.61
日本	3.23	1.51	0.77	0.61	0.74	0.70	0.67
瑞典	3.48	2.18	1.75	1.67	1.08	0.91	1.11
瑞士	1.77	0.68	0.49	0.49	0.36	0.51	0.61
塞内加尔	1.27	1.79	2.02	1.42	1.59	0.40	0.68
塞浦路斯	2.99	2.99	3.37	4.79	4.80	2.84	1.27
沙特阿拉伯	3.93	2.51	2.56	1.27	1.73	1.72	1.68
斯里兰卡	2.50	2.21	2.21	1.96	0.68	0.70	0.95
斯洛文尼亚	3.20	1.89	2.02	2.30	1.92	0.94	1.00

续表

国家＼年份	2013	2014	2015	2016	2017	2018	2019
苏丹	2.36	2.30	2.28	2.38	0.79	2.70	3.47
塔吉克斯坦	1.37	0.41	0.57	0.53	0.57	0.55	0.54
泰国	3.33	2.95	2.32	2.06	1.04	1.15	0.65
坦桑尼亚	1.12	1.05	1.05	0.89	0.26	0.54	0.55
突尼斯	2.15	2.14	2.08	1.10	0.78	0.74	0.62
土耳其	5.55	2.36	2.37	1.75	1.84	1.75	2.37
土库曼斯坦	2.79	1.90	2.61	2.08	1.89	1.59	1.35
危地马拉	1.25	0.63	0.51	0.66	0.66	0.67	0.52
委内瑞拉	3.32	3.51	4.57	7.70	7.03	6.24	9.74
乌干达	2.13	2.09	2.09	0.66	0.65	0.73	0.94
乌克兰	7.17	4.14	5.40	4.58	4.95	5.43	5.06
乌拉圭	1.46	1.62	1.66	1.50	1.44	0.97	0.89
乌兹别克斯坦	0.23	0.21	0.20	0.54	1.17	1.10	0.98
西班牙	1.42	1.47	2.37	2.59	1.86	0.81	0.63
希腊	2.11	3.42	3.82	2.93	1.61	0.92	1.03
新加坡	4.71	3.93	1.10	0.70	0.68	0.49	1.20
新西兰	1.00	0.67	0.61	0.60	0.40	0.21	0.59
匈牙利	3.22	1.85	2.01	2.01	1.01	0.96	1.04
亚美尼亚	7.57	1.70	1.50	2.22	2.32	2.40	2.79
伊拉克	3.44	4.21	4.63	5.85	6.19	6.29	6.18
伊朗	4.39	4.72	4.12	6.95	5.19	6.50	7.43
以色列	1.71	1.12	1.01	0.84	0.66	0.59	0.56
意大利	2.52	1.71	1.49	1.61	1.24	0.56	0.47
印度	1.29	1.22	1.07	1.04	0.67	0.75	1.20
印度尼西亚	0.59	0.46	0.52	0.43	0.23	0.10	0.09
英国	2.42	0.41	0.45	0.39	0.27	0.43	0.37
约旦	1.16	0.26	0.24	0.37	0.42	0.42	0.16
越南	0.49	0.46	0.53	0.52	0.50	0.40	0.31

续表

国家\年份	2013	2014	2015	2016	2017	2018	2019
赞比亚	2.02	2.08	1.51	1.58	0.78	0.59	0.83
智利	2.85	1.59	1.67	1.42	0.99	0.95	1.05

资料来源：WDI，CEIC.

表29　　　　　　　　　　贸易开放度　　　　　　　　　（单位:%）

国家\年份	2013	2014	2015	2016	2017	2018	2019
阿尔巴尼亚	75.87	75.41	71.80	74.81	78.19	76.80	76.73
阿尔及利亚	63.61	62.15	59.70	55.93	55.88	57.96	52.04
阿根廷	29.33	28.41	22.49	26.09	25.22	30.70	32.39
阿联酋	165.28	168.49	175.22	176.75	175.00	159.73	160.94
阿曼	128.47	116.94	110.91	95.08	101.88	102.78	100.69
阿塞拜疆	74.68	69.48	72.60	90.08	90.40	91.67	86.04
埃及	40.37	36.92	34.85	30.25	45.13	48.28	43.27
埃塞俄比亚	41.47	40.74	39.66	34.90	31.10	31.20	28.74
爱尔兰	188.52	201.99	215.14	226.04	220.00	211.51	239.22
爱沙尼亚	165.38	159.20	149.84	151.00	148.00	145.00	141.15
安哥拉	86.81	79.33	62.89	53.37	52.26	66.38	60.20
奥地利	104.07	103.50	102.43	101.07	104.77	107.79	107.72
澳大利亚	41.21	42.51	41.49	40.78	41.77	43.19	45.69
巴基斯坦	33.33	30.90	27.65	25.31	25.85	29.04	30.44
巴拉圭	70.64	67.63	64.51	65.39	68.68	70.68	69.16
巴林	191.87	175.57	154.56	139.55	143.29	151.40	143.90
巴拿马	137.63	119.09	99.94	87.41	87.67	89.39	85.40
巴西	25.79	24.69	26.95	24.53	24.33	29.40	28.98
白俄罗斯	119.82	110.65	115.91	125.21	133.37	139.39	133.35
保加利亚	130.12	130.63	127.03	123.19	130.27	129.13	123.72
冰岛	99.31	96.99	96.48	89.03	88.07	92.02	85.92
波兰	90.69	93.70	95.90	100.35	104.49	107.48	106.24

续表

年份 国家	2013	2014	2015	2016	2017	2018	2019
玻利维亚	81.23	85.26	67.93	56.40	56.70	57.11	56.40
博茨瓦纳	122.55	113.88	105.93	96.76	75.60	79.51	74.11
布基纳法索	64.04	58.82	59.09	57.94	58.99	59.74	60.18
丹麦	103.05	102.26	104.05	100.17	103.28	105.24	105.00
德国	85.08	84.62	86.14	84.68	87.69	88.67	88.10
多哥	112.76	97.46	93.66	88.67	76.85	73.61	71.24
俄罗斯	46.29	47.80	49.36	46.52	46.88	51.13	49.07
厄瓜多尔	59.61	57.71	45.24	38.52	42.42	46.36	46.74
法国	59.76	60.48	61.75	61.10	62.96	64.48	64.52
菲律宾	55.82	57.47	59.14	61.78	68.17	72.16	68.61
芬兰	77.09	74.11	71.38	70.90	75.24	78.19	79.47
哥伦比亚	37.99	37.49	38.36	36.20	35.28	36.56	38.09
哥斯达黎加	65.62	67.05	62.52	63.93	65.81	66.69	66.10
哈萨克斯坦	65.41	64.97	53.05	60.31	56.83	63.53	64.43
韩国	97.95	90.61	79.13	73.60	77.12	78.66	76.71
荷兰	149.55	150.05	157.82	148.86	156.03	157.65	154.32
洪都拉斯	116.31	112.98	107.26	99.82	102.30	102.56	96.61
吉尔吉斯斯坦	134.03	125.13	110.96	105.82	100.62	98.88	103.08
几内亚	80.43	76.77	72.44	110.05	112.94	121.84	108.72
加拿大	62.23	64.38	66.16	65.36	65.03	66.11	64.98
加纳	61.69	65.17	75.59	69.36	73.65	71.68	71.38
柬埔寨	130.05	129.61	127.86	126.95	124.79	124.90	123.56
捷克	147.98	158.73	156.10	151.39	151.93	150.54	144.88
喀麦隆	55.61	55.06	49.87	43.20	41.19	43.01	40.55
卡塔尔	102.38	99.03	93.71	89.55	88.30	87.99	86.55
科威特	97.61	100.04	98.70	96.16	97.84	100.49	98.70
克罗地亚	83.02	86.98	92.54	94.15	99.44	101.85	102.85
肯尼亚	53.13	51.30	44.18	37.70	37.39	36.15	33.40

续表

年份 国家	2013	2014	2015	2016	2017	2018	2019
拉脱维亚	124.07	124.44	122.35	119.82	124.10	123.19	119.73
老挝	98.18	99.06	85.80	75.09	75.83	76.90	77.00
黎巴嫩	86.12	79.75	71.82	67.65	68.31	68.15	63.61
立陶宛	156.13	142.86	138.64	134.38	144.83	149.30	150.58
卢森堡	349.24	392.80	408.36	390.66	400.08	387.10	381.52
罗马尼亚	80.52	82.77	82.66	83.30	85.06	86.17	84.56
马达加斯加	56.37	61.97	61.22	60.83	65.34	62.50	59.82
马耳他	307.71	285.39	298.84	290.25	278.18	268.77	261.01
马来西亚	142.72	138.31	131.37	126.90	133.22	130.50	123.09
马里	64.82	60.64	63.64	63.79	58.03	59.79	57.19
美国	30.01	29.97	27.74	26.51	27.14	27.56	26.39
蒙古国	100.31	109.32	90.29	95.61	117.22	122.50	125.76
孟加拉国	46.30	44.51	42.09	37.95	35.30	38.24	36.76
秘鲁	49.79	46.85	45.16	45.39	47.51	48.91	47.12
缅甸	38.58	42.26	53.92	61.02	62.45	60.69	41.20
摩尔多瓦	95.69	93.16	89.33	87.64	85.64	85.87	85.77
摩洛哥	80.02	81.77	77.20	80.86	83.97	87.99	87.46
莫桑比克	103.15	111.47	93.91	105.64	99.72	131.99	112.15
墨西哥	63.76	64.96	71.17	76.10	77.19	80.45	78.18
纳米比亚	97.94	103.73	97.56	94.87	82.20	82.75	83.48
南非	64.24	64.43	61.62	60.64	57.97	59.47	59.20
尼加拉瓜	110.98	106.70	98.19	93.81	96.38	93.62	95.08
尼日尔	46.61	45.95	44.16	36.53	39.10	37.59	39.71
尼日利亚	31.05	30.89	21.33	20.72	26.35	33.01	34.02
挪威	67.55	68.66	69.86	68.94	69.16	71.07	72.15
葡萄牙	78.11	80.28	80.49	79.27	84.44	87.00	87.64
日本	34.15	37.55	35.64	31.54	34.57	36.82	34.81
瑞典	80.82	82.93	83.72	82.32	84.93	89.13	90.49

续表

年份 国家	2013	2014	2015	2016	2017	2018	2019
瑞士	131.80	116.86	112.73	119.97	119.51	120.03	119.44
塞内加尔	60.25	58.44	58.11	54.11	57.71	60.52	60.51
塞浦路斯	121.14	131.28	138.03	139.80	146.40	145.34	142.64
沙特阿拉伯	82.71	80.64	72.07	61.86	64.20	66.57	62.16
斯里兰卡	49.26	50.25	49.56	49.64	50.89	53.23	52.37
斯洛文尼亚	143.76	145.55	146.30	147.40	156.93	160.81	159.74
苏丹	23.73	19.46	19.10	22.36	21.51	22.59	26.72
塔吉克斯坦	71.74	54.61	52.73	54.97	56.64	60.50	55.00
泰国	132.46	130.91	124.84	120.56	120.91	120.90	110.30
坦桑尼亚	48.63	45.36	40.76	35.42	32.24	31.92	31.65
突尼斯	103.45	100.83	92.23	92.01	101.35	111.24	110.54
土耳其	50.35	51.41	49.30	46.82	54.06	60.16	61.39
土库曼斯坦	98.59	91.09	81.30	62.03	53.58	35.16	24.80
危地马拉	56.69	55.08	49.89	46.37	46.12	47.16	45.87
委内瑞拉	54.28	48.09	99.74	59.41	67.15	41.80	47.70
乌干达	43.46	36.31	38.00	31.46	36.84	36.87	46.02
乌克兰	95.15	100.69	107.81	105.52	103.72	99.12	90.17
乌拉圭	49.72	49.09	45.33	41.31	39.76	39.99	41.03
乌兹别克斯坦	41.05	35.95	30.44	29.75	45.68	66.63	73.02
西班牙	62.00	63.87	64.21	63.77	66.78	67.52	66.92
希腊	63.52	67.15	63.06	60.84	67.00	72.52	74.38
新加坡	367.04	360.47	329.47	303.95	316.01	326.94	319.15
新西兰	56.03	55.18	54.80	52.21	53.85	55.94	55.21
匈牙利	164.18	168.49	167.97	165.56	167.00	165.50	162.98
亚美尼亚	76.56	75.61	71.59	75.92	86.83	91.11	91.43
伊拉克	75.69	78.29	76.76	72.02	73.59	79.93	76.37
伊朗	50.33	44.60	39.02	43.21	48.78	65.05	56.17
以色列	65.55	62.76	59.39	57.81	56.21	58.46	56.77

续表

国家 \ 年份	2013	2014	2015	2016	2017	2018	2019
意大利	54.87	55.32	56.42	55.37	58.60	60.51	60.14
印度	53.84	48.92	41.92	40.08	40.72	43.40	40.02
印度尼西亚	48.64	48.08	41.94	37.42	39.36	43.00	37.30
英国	61.18	58.40	56.68	58.50	61.95	62.62	64.25
约旦	112.73	111.51	96.72	90.05	91.47	90.20	87.62
越南	165.09	169.53	178.77	184.69	200.38	208.31	210.40
赞比亚	84.60	80.06	84.32	73.96	71.59	72.97	70.04
智利	64.97	65.27	58.97	55.69	55.66	57.35	56.76

资料来源：WDI，UNCTAD.

表30　　投资开放度（存量）　　（单位：%）

国家 \ 年份	2013	2014	2015	2016	2017	2018	2019
阿尔巴尼亚	32.64	34.34	41.29	45.46	55.38	55.75	61.86
阿尔及利亚	12.90	13.35	16.91	18.59	18.50	19.17	19.95
阿根廷	20.03	22.20	18.24	20.56	18.92	22.14	25.01
阿联酋	40.87	45.21	57.94	64.44	67.35	67.57	75.38
阿曼	32.53	41.23	40.26	41.06	43.30	42.43	46.55
阿塞拜疆	30.68	40.43	70.79	120.82	125.72	116.13	118.70
埃及	33.04	31.34	31.89	40.54	60.01	50.24	42.25
埃塞俄比亚	13.87	15.34	17.34	20.90	24.87	27.91	26.18
爱尔兰	398.04	405.72	617.40	564.77	609.19	507.83	570.69
爱沙尼亚	114.13	101.28	108.27	108.21	118.15	106.53	120.74
安哥拉	27.96	20.52	30.93	33.12	29.04	27.18	26.26
奥地利	95.49	89.11	95.58	87.96	102.51	95.35	98.85
澳大利亚	66.54	71.69	78.71	79.81	84.94	82.46	92.40
巴基斯坦	12.12	14.02	13.59	15.82	14.13	12.78	14.21
巴拉圭	12.90	14.17	13.22	14.95	15.82	16.71	18.92
巴林	129.47	127.11	146.81	139.64	131.84	128.00	126.90

续表

年份 国家	2013	2014	2015	2016	2017	2018	2019
巴拿马	75.18	78.91	82.70	85.95	87.21	92.27	117.77
巴西	33.63	33.04	34.11	42.71	42.01	41.59	47.68
白俄罗斯	23.03	23.31	33.08	40.64	26.34	24.21	25.64
保加利亚	96.81	83.19	89.56	84.01	91.08	80.31	81.70
冰岛	105.22	91.81	89.07	77.11	62.87	54.61	60.23
波兰	50.11	43.87	44.70	45.89	50.99	43.22	44.58
玻利维亚	37.82	37.54	36.86	35.93	33.40	31.44	30.00
博茨瓦纳	30.23	29.03	31.24	38.29	36.86	32.71	32.26
布基纳法索	13.42	14.20	17.04	18.49	19.13	17.99	19.70
丹麦	82.11	74.55	84.82	85.95	96.72	83.87	88.75
德国	66.29	58.14	64.00	62.37	71.29	65.47	69.98
多哥	74.55	70.32	83.21	79.48	88.89	73.97	87.87
俄罗斯	37.30	30.19	40.47	57.33	52.47	45.45	50.00
厄瓜多尔	14.50	14.33	16.02	16.67	16.57	17.29	18.17
法国	74.06	69.75	80.00	79.90	86.94	83.26	88.76
菲律宾	28.06	32.48	34.00	35.55	40.88	40.77	38.49
芬兰	86.35	76.43	75.14	78.29	83.37	72.01	77.82
哥伦比亚	43.84	48.51	66.95	76.49	75.39	75.68	84.86
哥斯达黎加	53.45	59.60	61.43	63.67	68.54	71.05	73.51
哈萨克斯坦	62.79	71.21	86.82	121.12	100.08	92.52	92.87
韩国	30.62	29.64	31.76	33.27	36.33	37.34	40.79
荷兰	219.65	394.38	448.21	461.65	506.53	444.77	476.57
洪都拉斯	62.69	65.82	68.90	73.26	75.30	76.97	75.30
吉尔吉斯斯坦	45.27	47.61	69.45	77.00	67.86	65.58	66.38
几内亚	24.90	24.63	25.24	44.56	44.49	40.93	36.28
加拿大	115.44	119.97	126.10	143.34	151.43	129.54	155.18
加纳	31.55	43.53	54.39	54.99	56.82	55.83	59.46
柬埔寨	116.24	123.06	124.30	124.89	125.89	127.64	131.07

续表

国家\年份	2013	2014	2015	2016	2017	2018	2019
捷克	73.88	67.24	72.38	72.42	87.24	83.69	88.14
喀麦隆	18.37	16.85	19.04	19.25	22.95	22.02	23.89
卡塔尔	29.29	35.45	45.79	50.21	45.18	38.78	39.98
科威特	30.57	30.77	40.30	41.31	40.13	33.46	33.34
克罗地亚	61.24	61.85	57.12	51.55	53.26	47.16	51.64
肯尼亚	18.90	18.41	19.02	18.80	18.45	18.57	18.40
拉脱维亚	57.82	52.94	60.11	57.52	64.32	56.39	57.48
老挝	29.40	33.05	38.24	40.83	48.35	52.74	53.18
黎巴嫩	136.49	140.95	141.86	145.33	146.65	144.60	150.68
立陶宛	50.23	41.66	46.82	45.54	49.62	45.17	46.54
卢森堡	504.67	622.36	681.68	681.26	709.30	536.90	493.87
罗马尼亚	44.24	37.87	40.03	39.97	43.33	39.34	40.88
马达加斯加	53.65	59.05	56.08	56.31	58.11	59.12	60.93
马耳他	2600.50	2190.12	2191.58	2083.16	2187.36	1895.98	1825.04
马来西亚	81.74	80.23	83.88	82.34	86.60	76.06	78.40
马里	25.43	21.53	23.89	24.65	29.60	27.94	31.28
美国	66.34	66.80	64.33	69.07	79.87	67.14	79.77
蒙古国	158.40	169.09	179.88	149.58	161.93	159.55	170.90
孟加拉国	5.80	6.10	7.02	6.93	6.25	6.82	5.92
秘鲁	39.94	42.53	48.92	52.72	51.70	51.87	54.58
缅甸	26.88	26.62	32.74	36.33	41.82	43.11	43.02
摩尔多瓦	37.75	36.88	40.81	39.87	40.35	38.74	43.38
摩洛哥	50.90	50.31	53.68	57.38	62.47	58.98	61.64
莫桑比克	117.57	140.70	183.58	299.26	287.78	276.75	287.42
墨西哥	49.70	48.82	55.24	57.49	57.47	54.34	67.91
纳米比亚	31.36	29.86	48.09	62.61	61.70	55.99	61.54
南非	76.59	81.26	88.67	104.98	124.14	104.59	102.04
尼加拉瓜	69.04	71.85	74.71	78.99	81.85	89.69	98.66

续表

年份 国家	2013	2014	2015	2016	2017	2018	2019
尼日尔	50.46	48.99	55.60	53.71	59.77	53.54	58.92
尼日利亚	16.87	16.00	18.81	22.95	25.80	24.63	22.44
挪威	71.94	68.06	86.29	94.34	88.59	79.93	93.09
葡萄牙	101.81	89.21	101.32	95.90	105.95	88.27	93.91
日本	25.00	27.29	31.96	30.69	34.98	35.64	40.07
瑞典	143.19	125.29	133.55	130.48	139.18	130.73	139.78
瑞士	290.58	264.02	294.69	358.91	406.55	400.21	405.37
塞内加尔	16.25	19.05	21.45	22.86	27.05	26.38	30.06
塞浦路斯	3202.27	3365.49	4027.31	3806.83	3926.79	3466.29	3623.72
沙特阿拉伯	33.11	34.46	43.89	47.37	45.31	43.03	46.75
斯里兰卡	12.78	14.09	13.45	13.43	13.78	15.75	17.00
斯洛文尼亚	40.10	37.78	43.26	44.17	49.21	44.95	47.18
苏丹	33.51	29.04	29.08	28.40	21.46	54.77	72.11
塔吉克斯坦	21.70	20.89	29.01	36.47	39.99	39.74	38.52
泰国	56.53	63.67	63.21	67.14	72.94	69.29	72.31
坦桑尼亚	23.21	23.22	25.89	25.16	24.67	24.77	33.92
突尼斯	73.68	66.86	74.27	70.33	74.52	68.27	77.47
土耳其	19.54	23.91	22.64	21.84	28.54	24.91	27.89
土库曼斯坦	58.23	61.24	82.38	88.31	89.74	88.37	83.87
危地马拉	19.92	21.38	21.77	22.45	22.62	22.38	23.10
委内瑞拉	16.02	15.97	15.68	17.21	19.18	23.31	13.74
乌干达	34.32	35.61	42.43	44.34	44.39	43.63	43.81
乌克兰	40.84	43.01	55.43	53.07	45.21	39.57	37.15
乌拉圭	62.34	67.10	69.51	66.16	62.60	60.41	63.84
乌兹别克斯坦	11.88	8.27	8.93	10.81	17.29	18.18	17.38
西班牙	90.55	81.83	89.91	91.57	99.56	92.87	98.29
希腊	25.91	21.50	24.67	21.83	26.28	24.94	28.58
新加坡	498.21	545.66	598.14	618.17	711.59	709.43	775.13

续表

国家＼年份	2013	2014	2015	2016	2017	2018	2019
新西兰	49.13	47.11	47.05	46.14	45.33	44.46	47.81
匈牙利	110.10	100.27	97.80	84.48	87.25	80.22	82.67
亚美尼亚	52.39	39.41	46.20	49.74	46.78	49.72	45.45
伊拉克	5.38	1.18	1.26	1.45	1.30	1.26	1.31
伊朗	8.24	10.49	12.39	12.27	12.43	12.63	10.35
以色列	56.14	54.47	61.37	63.37	64.94	67.15	70.99
意大利	41.98	38.44	43.42	43.13	49.56	47.05	50.35
印度	18.07	18.83	19.64	20.23	20.28	19.89	19.79
印度尼西亚	27.41	27.27	29.25	33.16	29.29	28.64	27.44
英国	118.76	106.49	107.08	112.41	134.25	130.24	142.80
约旦	81.72	82.30	82.37	83.62	85.66	84.60	85.00
越南	51.47	52.89	57.64	60.88	62.37	63.56	65.20
赞比亚	56.32	69.55	86.03	95.47	82.80	80.71	86.86
智利	116.73	129.70	141.17	148.01	144.02	131.64	141.99

资料来源：UNCTAD.

表 31　　Chinn–Ito 指数

国家＼年份	2012	2013	2014	2015	2016	2017	2018
阿尔巴尼亚	0.42	0.42	0.42	0.42	0.42	0.42	0.42
阿尔及利亚	0.16	0.16	0.16	0.16	0.16	0.16	0.16
阿根廷	0.00	0.00	0.00	0.00	0.16	0.76	0.82
阿联酋	1.00	1.00	1.00	1.00	1.00	1.00	1.00
阿曼	1.00	1.00	1.00	1.00	1.00	1.00	1.00
阿塞拜疆	0.47	0.47	0.47	0.47	0.47	0.47	0.47
埃及	0.51	0.16	0.16	0.16	0.16	0.42	0.42
埃塞俄比亚	0.16	0.16	0.16	0.16	0.16	0.16	0.16
爱尔兰	1.00	1.00	1.00	1.00	1.00	1.00	1.00
爱沙尼亚	1.00	1.00	1.00	1.00	1.00	1.00	1.00

续表

年份\国家	2012	2013	2014	2015	2016	2017	2018
安哥拉	0.00	0.00	0.00	0.00	0.00	0.00	0.00
奥地利	1.00	1.00	1.00	1.00	1.00	1.00	1.00
澳大利亚	0.76	0.82	0.88	0.94	1.00	1.00	1.00
巴基斯坦	0.16	0.16	0.16	0.16	0.16	0.16	0.16
巴拉圭	0.45	0.45	0.45	0.45	0.45	0.45	0.45
巴林	1.00	1.00	1.00	1.00	1.00	1.00	1.00
巴拿马	1.00	1.00	1.00	1.00	1.00	1.00	1.00
巴西	0.42	0.42	0.42	0.16	0.16	0.16	0.16
白俄罗斯	0.16	0.16	0.00	0.00	0.16	0.16	0.16
保加利亚	1.00	1.00	1.00	1.00	1.00	1.00	0.75
冰岛	0.16	0.16	0.16	0.16	0.45	0.70	0.70
波兰	0.45	0.45	0.45	0.70	0.70	0.70	0.70
玻利维亚	0.45	0.45	0.45	0.45	0.45	0.45	0.45
博茨瓦纳	1.00	1.00	1.00	1.00	1.00	1.00	1.00
布基纳法索	0.16	0.16	0.16	0.16	0.16	0.16	0.16
丹麦	1.00	1.00	1.00	1.00	1.00	1.00	1.00
德国	1.00	1.00	1.00	1.00	1.00	1.00	1.00
多哥	0.16	0.16	0.16	0.16	0.16	0.16	0.16
俄罗斯	0.66	0.72	0.72	0.72	0.66	0.60	0.54
厄瓜多尔	0.51	0.45	0.45	0.70	0.70	0.70	0.70
法国	1.00	1.00	1.00	1.00	1.00	1.00	1.00
菲律宾	0.16	0.16	0.45	0.45	0.45	0.45	0.45
芬兰	1.00	1.00	1.00	1.00	1.00	1.00	1.00
哥伦比亚	0.42	0.42	0.42	0.42	0.42	0.42	0.42
哥斯达黎加	1.00	1.00	0.72	1.00	1.00	1.00	1.00
哈萨克斯坦	0.16	0.16	0.16	0.16	0.16	0.16	0.16
韩国	0.72	0.72	0.72	0.72	1.00	1.00	1.00
荷兰	1.00	1.00	1.00	1.00	1.00	1.00	1.00

续表

国家\年份	2012	2013	2014	2015	2016	2017	2018
洪都拉斯	0.16	0.16	0.16	0.16	0.16	0.16	0.16
吉尔吉斯斯坦	0.34	0.28	0.28	0.28	0.53	0.53	0.53
几内亚	0.00	0.00	0.00	0.00	0.00	0.00	0.00
加拿大	1.00	1.00	1.00	1.00	1.00	1.00	1.00
加纳	0.00	0.00	0.00	0.00	0.00	0.00	0.00
柬埔寨	0.72	0.72	0.72	1.00	1.00	1.00	1.00
捷克	1.00	1.00	1.00	1.00	1.00	1.00	1.00
喀麦隆	0.16	0.16	0.16	0.16	0.16	0.16	0.16
卡塔尔	1.00	1.00	1.00	1.00	1.00	1.00	1.00
科威特	0.70	0.70	0.70	0.70	0.70	0.70	0.70
克罗地亚	0.70	0.70	0.70	0.70	0.70	0.70	0.70
肯尼亚	0.70	0.70	0.70	0.70	0.70	0.70	0.70
拉脱维亚	1.00	1.00	1.00	1.00	1.00	1.00	1.00
老挝	0.16	0.16	0.16	0.16	0.16	0.16	0.16
黎巴嫩	0.70	0.70	0.70	0.45	0.45	0.45	0.45
立陶宛	0.70	0.70	0.70	0.76	0.82	0.88	0.94
卢森堡	1.00	1.00	1.00	1.00	1.00	1.00	1.00
罗马尼亚	1.00	1.00	1.00	1.00	1.00	1.00	1.00
马达加斯加	0.25	0.42	0.42	0.42	0.16	0.16	0.16
马耳他	1.00	1.00	1.00	1.00	1.00	1.00	1.00
马来西亚	0.16	0.16	0.42	0.42	0.42	0.42	0.42
马里	0.16	0.16	0.16	0.16	0.16	0.16	0.16
美国	1.00	1.00	1.00	1.00	1.00	1.00	1.00
蒙古国	0.84	0.84	0.84	0.84	0.84	0.84	0.84
孟加拉国	0.16	0.16	0.16	0.16	0.16	0.16	0.16
秘鲁	1.00	1.00	1.00	1.00	1.00	1.00	1.00
缅甸	0.00	0.00	0.00	0.00	0.00	0.00	0.00
摩尔多瓦	0.16	0.16	0.16	0.16	0.16	0.16	0.16

续表

年份\国家	2012	2013	2014	2015	2016	2017	2018
摩洛哥	0.16	0.16	0.16	0.16	0.16	0.16	0.16
莫桑比克	0.16	0.16	0.16	0.16	0.16	0.16	0.16
墨西哥	0.70	0.70	0.70	0.70	0.70	0.70	0.70
纳米比亚	0.16	0.16	0.16	0.16	0.16	0.16	0.16
南非	0.16	0.16	0.16	0.16	0.16	0.16	0.16
尼加拉瓜	1.00	1.00	1.00	1.00	1.00	1.00	1.00
尼日尔	0.16	0.16	0.16	0.16	0.16	0.16	0.16
尼日利亚	0.30	0.30	0.30	0.30	0.30	0.30	0.30
挪威	1.00	1.00	1.00	1.00	1.00	1.00	1.00
葡萄牙	1.00	1.00	1.00	1.00	1.00	1.00	1.00
日本	1.00	1.00	1.00	1.00	1.00	1.00	1.00
瑞典	1.00	1.00	1.00	1.00	1.00	1.00	1.00
瑞士	1.00	1.00	1.00	1.00	1.00	1.00	1.00
塞内加尔	0.16	0.16	0.16	0.16	0.16	0.16	0.16
塞浦路斯	0.69	0.63	0.88	0.88	0.88	0.94	1.00
沙特阿拉伯	0.70	0.70	0.70	0.70	0.70	0.70	0.70
斯里兰卡	0.45	0.16	0.16	0.16	0.16	0.16	0.16
斯洛文尼亚	0.70	0.70	0.70	0.70	0.70	0.70	0.70
苏丹	0.18	0.24	0.30	0.30	0.30	0.55	0.55
塔吉克斯坦	0.16	0.16	0.16	0.00	0.00	0.16	0.23
泰国	0.16	0.16	0.16	0.16	0.16	0.16	0.16
坦桑尼亚	0.16	0.16	0.16	0.16	0.16	0.16	0.16
突尼斯	0.16	0.16	0.16	0.16	0.16	0.16	0.16
土耳其	0.45	0.45	0.45	0.45	0.45	0.45	0.16
土库曼斯坦	0.16	0.16	0.16	0.16	0.16	0.16	0.16
危地马拉	1.00	1.00	1.00	1.00	1.00	1.00	1.00
委内瑞拉	0.00	0.00	0.00	0.00	0.00	0.00	0.00
乌干达	1.00	1.00	1.00	1.00	1.00	1.00	1.00

续表

国家＼年份	2012	2013	2014	2015	2016	2017	2018
乌克兰	0.00	0.00	0.00	0.00	0.00	0.00	0.00
乌拉圭	1.00	1.00	1.00	1.00	1.00	1.00	1.00
乌兹别克斯坦	0.00	0.00	0.00	0.00	0.00	0.00	0.16
西班牙	1.00	1.00	1.00	1.00	1.00	1.00	1.00
希腊	1.00	1.00	1.00	0.75	0.75	0.75	0.75
新加坡	1.00	1.00	1.00	1.00	1.00	1.00	1.00
新西兰	1.00	1.00	1.00	1.00	1.00	1.00	1.00
匈牙利	1.00	1.00	1.00	1.00	1.00	1.00	1.00
亚美尼亚	1.00	1.00	1.00	1.00	1.00	1.00	1.00
伊拉克	0.28	0.28	0.28	0.28	0.28	0.00	0.00
伊朗	0.28	0.28	0.28	0.28	0.28	0.00	0.00
以色列	1.00	1.00	1.00	1.00	1.00	1.00	1.00
意大利	1.00	1.00	1.00	1.00	1.00	1.00	1.00
印度	0.16	0.16	0.16	0.16	0.16	0.16	0.16
印度尼西亚	0.42	0.42	0.42	0.42	0.42	0.42	0.42
英国	1.00	1.00	1.00	1.00	1.00	1.00	1.00
约旦	1.00	1.00	1.00	1.00	1.00	1.00	1.00
越南	0.42	0.42	0.42	0.42	0.42	0.42	0.42
赞比亚	1.00	1.00	1.00	1.00	1.00	1.00	1.00
智利	0.70	0.70	0.70	0.70	0.70	0.70	0.70

资料来源：Bloomberg.

表32　　　　　　　　　　　　通货膨胀率　　　　　　　　　　（单位:%）

国家＼年份	2015	2016	2017	2018	2019	2020	2021
阿尔巴尼亚	1.87	1.28	1.99	2.03	1.41	1.41	1.68
阿尔及利亚	4.78	6.40	5.59	4.27	1.95	3.50	3.80
阿根廷	24.62	26.90	25.68	34.28	53.55	51.00	50.09
阿联酋	4.07	1.62	1.97	3.07	-1.93	-1.50	1.50

续表

国家＼年份	2015	2016	2017	2018	2019	2020	2021
阿曼	0.07	1.11	1.60	0.88	0.13	1.00	3.40
阿塞拜疆	4.05	12.44	12.84	2.33	2.71	3.00	3.10
埃及	10.99	10.21	23.53	20.85	13.88	5.68	6.18
埃塞俄比亚	9.57	6.63	10.69	13.83	15.81	20.16	11.47
爱尔兰	-0.03	-0.19	0.25	0.71	0.88	-0.20	0.60
爱沙尼亚	0.07	0.80	3.65	3.41	2.27	0.20	1.40
安哥拉	9.16	30.69	29.84	19.63	17.08	21.02	20.63
奥地利	0.81	0.97	2.23	2.12	1.49	1.24	1.76
澳大利亚	1.49	1.28	2.00	1.91	1.61	0.75	1.34
巴基斯坦	4.53	2.86	4.15	3.93	6.74	10.74	8.84
巴拉圭	3.13	4.09	3.60	3.98	2.76	2.91	3.16
巴林	1.85	2.79	1.39	2.10	1.00	0.00	2.80
巴拿马	0.14	0.74	0.88	0.76	-0.36	-0.83	0.16
巴西	9.03	8.74	3.45	3.67	3.73	2.73	2.91
白俄罗斯	13.52	11.83	6.03	4.87	5.60	5.15	5.07
保加利亚	-1.07	-1.32	1.19	2.63	2.46	1.20	1.72
冰岛	1.63	1.70	1.76	2.68	3.01	2.68	2.80
波兰	-0.93	-0.58	1.98	1.60	2.31	3.32	2.27
玻利维亚	4.06	3.63	2.82	2.27	1.84	1.66	4.12
博茨瓦纳	3.05	2.81	3.30	3.24	2.85	1.62	2.99
布基纳法索	0.91	-0.19	0.35	1.96	-3.23	2.00	2.00
丹麦	0.23	0.02	1.06	0.71	0.73	0.40	0.90
德国	0.67	0.38	1.71	1.95	1.35	0.50	1.08
多哥	1.79	0.86	-0.22	0.93	0.69	1.40	1.55
俄罗斯	15.53	7.04	3.68	2.88	4.47	3.22	3.25
厄瓜多尔	3.97	1.73	0.42	-0.22	0.27	1.24	1.05
法国	0.09	0.31	1.16	2.10	1.30	0.46	0.63
菲律宾	0.67	1.25	2.85	5.21	2.48	2.44	3.03

续表

国家＼年份	2015	2016	2017	2018	2019	2020	2021
芬兰	-0.16	0.39	0.84	1.17	1.14	0.72	1.26
哥伦比亚	4.99	7.51	4.31	3.24	3.52	2.44	2.10
哥斯达黎加	0.80	-0.02	1.63	2.22	2.10	0.78	0.85
哈萨克斯坦	6.65	14.56	7.43	6.03	5.24	6.94	6.18
韩国	0.71	0.97	1.94	1.48	0.38	0.50	0.90
荷兰	0.22	0.11	1.30	1.60	2.67	1.18	1.49
洪都拉斯	3.16	2.73	3.93	4.35	4.37	3.29	3.69
吉尔吉斯斯坦	6.50	0.39	3.18	1.54	1.14	8.04	5.55
几内亚	8.15	8.17	8.91	9.83	9.47	9.10	8.00
加拿大	1.13	1.43	1.60	2.27	1.95	0.62	1.27
加纳	17.15	17.46	12.37	9.84	7.18	10.60	8.73
柬埔寨	1.23	3.03	2.91	2.39	2.01	2.54	2.89
捷克	0.33	0.67	2.45	2.16	2.86	3.32	2.40
喀麦隆	2.70	0.87	0.64	1.07	2.45	2.80	2.25
卡塔尔	0.96	2.66	0.46	0.18	-0.55	-2.17	1.81
科威特	3.68	3.48	1.51	0.58	1.10	1.00	2.30
克罗地亚	-0.46	-1.13	1.13	1.50	0.77	0.28	0.79
肯尼亚	6.58	6.32	7.99	4.69	5.20	5.30	5.00
拉脱维亚	0.21	0.10	2.89	2.55	2.75	0.57	1.84
老挝	1.28	1.76	0.66	2.04	3.32	6.50	4.90
黎巴嫩	-3.70	-0.82	4.48	4.55	2.90	85.45	52.59
立陶宛	-0.68	0.68	3.72	2.53	2.24	1.28	1.74
卢森堡	0.06	0.04	2.11	2.01	1.65	0.41	1.38
罗马尼亚	-0.60	-1.56	1.34	4.63	3.83	2.89	2.50
马达加斯加	7.40	6.06	8.59	8.60	5.62	4.30	5.50
马耳他	1.18	0.90	1.26	1.74	1.52	0.82	1.15
马来西亚	2.10	2.08	3.80	0.97	0.66	-1.13	2.42
马里	1.44	-1.80	1.76	1.73	-2.89	0.50	1.50

续表

年份 国家	2015	2016	2017	2018	2019	2020	2021
美国	0.12	1.26	2.14	2.44	1.81	1.52	2.77
蒙古国	5.74	0.73	4.32	6.83	7.26	5.00	5.54
孟加拉国	6.41	5.92	5.44	5.78	5.48	5.65	5.88
秘鲁	3.55	3.59	2.80	1.32	2.14	1.81	1.87
缅甸	7.26	9.10	4.62	5.94	8.63	6.11	6.21
摩尔多瓦	9.63	6.38	6.58	3.06	4.85	2.78	2.26
摩洛哥	1.41	1.55	0.74	1.57	0.24	0.20	0.80
莫桑比克	3.55	19.85	15.11	3.91	2.79	3.63	5.64
墨西哥	2.72	2.82	6.04	4.90	3.64	3.40	3.26
纳米比亚	3.40	6.73	6.15	4.29	3.72	2.33	3.41
南非	4.58	6.34	5.27	4.62	4.13	3.34	3.88
尼加拉瓜	4.00	3.52	3.85	4.95	5.38	4.37	4.05
尼日尔	0.96	0.18	0.19	2.75	-2.52	4.40	1.70
尼日利亚	9.01	15.70	16.50	12.09	11.40	12.88	12.69
挪威	2.17	3.55	1.88	2.77	2.17	1.40	3.30
葡萄牙	0.51	0.64	1.56	1.17	0.30	0.00	1.06
日本	0.79	-0.12	0.47	0.98	0.48	-0.06	0.30
瑞典	0.70	1.14	1.87	2.04	1.64	0.82	1.43
瑞士	-1.14	-0.43	0.54	0.94	0.36	-0.77	0.01
塞内加尔	0.86	1.19	1.14	0.46	1.02	1.99	2.00
塞浦路斯	-1.54	-1.22	0.68	0.78	0.56	-0.63	1.02
沙特阿拉伯	1.22	2.05	-0.81	2.45	-2.09	3.58	3.70
斯里兰卡	2.24	3.99	6.58	4.27	4.30	4.67	4.65
斯洛文尼亚	-0.52	-0.05	1.43	1.74	1.63	0.50	1.78
苏丹	16.91	17.75	32.35	63.29	50.99	141.60	129.74
塔吉克斯坦	5.78	5.91	7.31	3.84	7.79	8.08	7.00
泰国	-0.90	0.19	0.67	1.06	0.71	-0.43	1.81
坦桑尼亚	5.59	5.17	5.32	3.51	3.45	3.56	3.66

续表

年份 国家	2015	2016	2017	2018	2019	2020	2021
突尼斯	4.44	3.63	5.31	7.31	6.72	5.84	5.26
土耳其	7.67	7.78	11.14	16.33	15.18	11.94	11.93
土库曼斯坦	7.41	3.65	8.04	13.30	5.09	8.00	6.00
危地马拉	2.39	4.45	4.43	3.75	3.70	2.14	2.11
委内瑞拉	121.74	254.95	438.12	65374.08	19906.02	6500.0	6500.0
乌干达	5.41	5.46	5.63	2.62	2.87	4.18	4.77
乌克兰	48.68	13.91	14.44	10.95	7.89	3.17	5.98
乌拉圭	8.67	9.64	6.22	7.61	7.88	9.99	8.24
乌兹别克斯坦	8.46	8.82	13.88	17.52	14.53	13.02	10.74
西班牙	-0.50	-0.20	1.96	1.68	0.70	-0.23	0.79
希腊	-1.09	0.01	1.14	0.77	0.52	-0.57	0.69
新加坡	-0.52	-0.53	0.58	0.44	0.57	-0.41	0.34
新西兰	0.29	0.65	1.85	1.60	1.62	1.71	0.58
匈牙利	-0.07	0.42	2.41	2.85	3.37	3.65	3.39
亚美尼亚	3.73	-1.41	0.97	2.42	1.44	0.91	2.03
伊拉克	1.39	0.53	0.10	0.37	-0.20	0.80	1.00
伊朗	11.92	9.05	9.64	31.18	41.02	30.52	30.00
以色列	-0.63	-0.55	0.24	0.81	0.84	-0.55	0.17
意大利	0.11	-0.05	1.33	1.24	0.63	0.13	0.61
印度	4.90	4.50	3.60	3.43	4.76	4.95	3.75
印度尼西亚	6.36	3.53	3.81	3.29	2.82	2.07	1.61
英国	0.04	0.66	2.68	2.48	1.79	0.77	1.21
约旦	-1.10	-0.62	3.61	4.45	0.68	-0.28	1.41
越南	0.63	2.67	3.52	3.54	2.80	3.77	3.98
赞比亚	10.11	17.87	6.58	6.99	9.80	14.45	13.30
智利	4.35	3.79	2.18	2.32	2.25	2.88	2.67

资料来源：WEO.

表33　　　　　　　　　　　失业率　　　　　　　　　　（单位:%）

国家＼年份	2015	2016	2017	2018	2019	2020	2021
阿尔巴尼亚	17.10	15.20	13.70	12.30	11.50	11.80	11.50
阿尔及利亚	11.21	10.50	11.71	11.73	11.38	14.10	14.30
阿根廷	6.53	8.47	8.35	9.20	9.83	10.98	10.11
阿联酋	1.91	1.64	2.46	2.23	2.35	2.45	2.40
阿曼	3.63	3.27	3.02	2.86	2.67	2.55	2.62
阿塞拜疆	4.96	5.04	4.96	4.94	4.85	6.54	5.76
埃及	12.86	12.71	12.25	10.93	8.61	8.30	9.66
埃塞俄比亚	2.19	2.17	2.12	2.08	2.08	2.08	2.08
爱尔兰	9.93	8.40	6.73	5.78	4.96	5.63	6.15
爱沙尼亚	6.19	6.76	5.76	5.37	4.45	7.80	6.11
安哥拉	7.28	7.22	7.12	7.02	6.89	6.77	6.83
奥地利	5.74	6.04	5.51	4.88	4.50	5.80	5.50
澳大利亚	6.05	5.70	5.58	5.29	5.16	6.91	7.68
巴基斯坦	5.90	5.96	6.02	5.55	4.08	4.50	5.11
巴拉圭	5.35	6.00	6.09	6.24	6.09	6.98	6.14
巴林	3.36	3.70	3.58	3.93	4.00	4.90	3.91
巴拿马	5.05	5.49	6.13	5.96	7.07	10.92	10.06
巴西	8.28	11.26	12.77	12.26	11.93	13.37	14.13
白俄罗斯	0.91	1.02	0.77	0.43	0.30	1.40	1.10
保加利亚	9.23	7.67	6.23	5.20	4.20	5.60	4.50
冰岛	3.99	3.01	2.83	2.74	3.55	7.20	7.00
波兰	7.50	6.16	4.89	3.85	3.28	3.77	5.12
玻利维亚	4.00	4.00	4.00	4.00	4.00	8.00	4.00
博茨瓦纳	17.75	17.66	17.50	17.35	18.19	18.72	18.43
布基纳法索	6.42	6.34	6.22	6.09	6.26	6.41	6.34
丹麦	6.28	6.00	5.81	5.12	5.04	6.20	6.00
德国	4.63	4.16	3.76	3.42	3.13	4.27	4.23
多哥	2.20	2.17	2.13	2.08	2.04	2.01	2.02

续表

年份 国家	2015	2016	2017	2018	2019	2020	2021
俄罗斯	5.58	5.53	5.20	4.80	4.60	5.60	5.20
厄瓜多尔	4.77	5.21	4.62	3.69	3.84	8.07	5.64
法国	10.37	10.04	9.43	9.03	8.47	8.88	10.17
菲律宾	6.28	5.48	5.73	5.33	5.08	10.35	7.40
芬兰	9.58	8.98	8.83	7.43	6.83	8.42	8.56
哥伦比亚	8.91	9.22	9.37	9.68	10.52	17.29	15.84
哥斯达黎加	9.60	9.54	9.29	11.95	12.42	22.00	18.50
哈萨克斯坦	5.11	4.95	4.90	4.85	4.78	7.78	5.78
韩国	3.59	3.68	3.68	3.83	3.78	4.08	4.08
荷兰	6.89	6.02	4.85	3.84	3.39	5.50	4.50
洪都拉斯	4.59	4.67	4.05	4.08	4.11	5.71	4.87
吉尔吉斯斯坦	7.55	7.21	6.89	6.61	6.61	6.61	6.61
几内亚	4.43	4.39	4.32	4.25	4.30	4.33	4.31
加拿大	6.90	6.99	6.34	5.83	5.67	9.75	7.92
加纳	6.81	5.45	4.22	4.16	4.33	4.51	4.42
柬埔寨	0.39	0.72	0.68	0.65	0.68	0.70	0.69
捷克	5.04	3.95	2.89	2.24	2.00	3.10	3.40
喀麦隆	3.51	3.47	3.41	3.36	3.38	3.43	3.41
卡塔尔	0.40	0.70	0.60	0.30	0.20	0.50	0.30
科威特	1.32	1.25	1.28	1.09	2.18	2.30	2.15
克罗地亚	17.07	14.96	12.43	9.86	7.76	9.27	10.32
肯尼亚	2.79	2.76	2.69	2.63	2.64	2.65	2.64
拉脱维亚	9.88	9.64	8.72	7.42	6.31	9.00	8.01
老挝	0.69	0.68	0.66	0.60	0.60	0.60	0.60
黎巴嫩	6.36	6.31	6.22	6.14	6.23	6.28	6.25
立陶宛	9.12	7.86	7.07	6.15	6.25	8.20	7.50
卢森堡	6.64	6.26	5.85	5.11	5.40	6.47	7.00
罗马尼亚	6.81	5.90	4.93	4.19	3.91	7.90	6.00

续表

年份 国家	2015	2016	2017	2018	2019	2020	2021
马达加斯加	1.78	1.76	1.73	1.80	1.80	1.83	1.82
马耳他	5.39	4.70	4.00	3.66	3.63	4.20	4.20
马来西亚	3.15	3.45	3.43	3.33	3.28	4.90	3.40
马里	7.73	7.55	7.33	7.11	7.22	7.34	7.28
美国	5.28	4.88	4.34	3.89	3.67	8.89	7.25
蒙古国	7.50	10.00	8.80	7.80	10.00	12.00	10.80
孟加拉国	4.38	4.35	4.37	4.28	4.20	5.40	4.70
秘鲁	6.49	6.74	6.88	6.70	6.60	12.47	8.77
缅甸	0.80	3.80	3.80	4.00	3.90	8.30	6.00
摩尔多瓦	5.02	4.23	3.94	2.96	5.12	8.00	5.50
摩洛哥	9.71	9.40	10.20	9.80	9.20	12.50	10.50
莫桑比克	3.43	3.38	3.31	3.24	3.24	3.24	3.24
墨西哥	4.35	3.88	3.42	3.33	3.49	5.24	5.80
纳米比亚	20.88	23.35	21.57	19.88	20.27	20.59	20.42
南非	25.35	26.73	27.45	27.13	28.70	36.99	36.50
尼加拉瓜	5.91	4.48	3.67	5.50	6.13	10.60	11.10
尼日尔	0.51	0.50	0.49	0.47	0.47	0.49	0.48
尼日利亚	9.00	13.38	17.46	22.56	8.10	7.96	9.46
挪威	4.53	4.74	4.22	3.85	3.73	4.50	4.30
葡萄牙	12.44	11.07	8.87	6.99	6.46	8.13	7.68
日本	3.38	3.11	2.83	2.44	2.36	3.31	2.78
瑞典	7.40	6.95	6.68	6.33	6.77	8.67	9.28
瑞士	3.18	3.32	3.09	2.55	2.31	3.21	3.55
塞内加尔	6.76	6.71	6.61	6.53	6.60	6.68	6.64
塞浦路斯	14.90	12.95	11.05	8.35	7.08	8.00	7.00
沙特阿拉伯	5.59	5.60	6.00	6.00	5.63	5.86	5.80
斯里兰卡	4.70	4.40	4.20	4.40	4.80	8.35	7.00
斯洛文尼亚	8.99	8.01	6.58	5.13	4.60	8.00	6.00

续表

年份 国家	2015	2016	2017	2018	2019	2020	2021
苏丹	21.60	20.60	19.60	19.50	22.10	25.00	22.00
塔吉克斯坦	11.50	11.42	11.27	11.13	11.02	10.99	11.01
泰国	0.90	1.00	1.20	1.10	1.00	1.00	1.00
坦桑尼亚	2.10	2.08	2.03	1.99	1.98	1.98	1.98
突尼斯	15.39	15.54	15.51	15.53	14.89	16.15	15.71
土耳其	10.28	10.91	10.90	10.96	13.71	14.62	12.45
土库曼斯坦	3.95	3.92	3.86	3.80	3.91	4.07	4.00
危地马拉	2.51	2.58	2.46	2.40	2.46	8.00	6.00
委内瑞拉	7.40	20.86	27.89	35.54	8.80	9.38	11.82
乌干达	1.86	1.83	1.79	1.75	1.84	1.92	1.88
乌克兰	9.14	9.45	9.65	9.00	8.50	11.04	9.62
乌拉圭	7.53	7.87	7.93	8.37	8.93	9.68	8.96
乌兹别克斯坦	5.10	5.00	5.00	5.00	5.50	7.50	6.60
西班牙	22.06	19.64	17.23	15.26	14.11	16.81	16.79
希腊	24.90	23.55	21.45	19.30	17.33	19.88	18.25
新加坡	1.90	2.08	2.18	2.10	2.25	3.00	2.60
新西兰	5.35	5.10	4.73	4.28	4.08	6.03	6.98
匈牙利	6.81	5.12	4.16	3.71	3.42	6.10	4.70
亚美尼亚	18.50	18.00	20.90	20.50	18.90	22.27	21.11
伊拉克	10.71	10.82	13.02	12.86	12.82	12.82	12.83
伊朗	11.00	12.43	12.08	12.03	10.65	12.18	12.42
以色列	5.25	4.83	4.23	4.00	3.80	5.99	5.56
意大利	11.91	11.65	11.28	10.63	9.90	11.00	11.80
印度	6.50	5.40	0.90	1.70	7.60	10.80	9.50
印度尼西亚	6.18	5.61	5.50	5.34	5.28	8.00	6.80
英国	5.38	4.88	4.43	4.08	3.83	5.38	7.40
约旦	13.08	15.28	18.30	18.60	19.08	14.61	16.35
越南	2.33	2.33	2.21	2.21	2.21	3.30	2.70

续表

国家\年份	2015	2016	2017	2018	2019	2020	2021
赞比亚	10.10	10.88	11.63	11.50	11.43	11.41	11.42
智利	6.33	6.69	6.97	7.38	7.22	11.44	10.20

资料来源：WEO，CEIC.

表34　　　　　　　　　　　　基尼系数

国家\年份	2012	2013	2014	2015	2016	2017	2018
阿尔巴尼亚	29.00	29.00	34.60	32.90	33.70	33.20	33.32
阿尔及利亚	35.30	35.30	35.30	35.30	35.30	35.30	35.30
阿根廷	41.40	41.00	41.70	41.90	42.00	41.20	41.40
阿联酋	32.50	32.50	32.50	32.50	32.50	32.50	32.50
阿曼	37.21	37.21	37.21	37.21	37.21	37.21	37.21
阿塞拜疆	26.60	26.60	26.60	26.60	26.60	26.60	26.60
埃及	28.30	28.30	28.30	31.80	31.80	31.50	31.50
埃塞俄比亚	35.00	35.00	35.00	35.00	35.00	35.00	35.00
爱尔兰	33.20	33.50	31.90	31.80	32.80	32.41	32.47
爱沙尼亚	32.90	35.10	34.60	32.70	31.20	30.40	30.87
安哥拉	51.30	51.30	51.30	51.30	51.30	51.30	51.30
奥地利	30.50	30.80	30.50	30.50	30.80	29.70	30.11
澳大利亚	34.40	34.40	34.40	33.00	33.00	33.00	33.00
巴基斯坦	30.70	30.70	30.70	33.30	33.50	33.50	33.50
巴拉圭	47.60	47.90	50.70	47.60	47.90	48.80	46.20
巴林	36.50	36.50	36.50	36.50	36.50	36.50	36.50
巴拿马	51.70	51.50	50.50	50.80	50.40	49.90	49.20
巴西	53.50	52.80	52.10	51.90	53.30	53.30	53.90
白俄罗斯	26.50	26.60	27.20	25.60	25.30	25.40	25.20
保加利亚	36.00	36.60	37.40	38.60	40.60	40.40	40.28
冰岛	26.80	25.40	27.80	26.80	26.96	27.00	26.97
波兰	33.00	33.10	32.80	31.80	31.20	29.70	30.36

续表

国家\年份	2012	2013	2014	2015	2016	2017	2018
玻利维亚	46.60	47.60	47.80	46.70	44.60	44.00	42.20
博茨瓦纳	53.30	53.30	53.30	53.30	60.46	60.46	60.46
布基纳法索	35.30	35.30	35.30	35.30	35.30	35.30	35.30
丹麦	27.80	28.50	28.40	28.20	28.20	28.70	28.50
德国	31.10	31.10	31.70	31.70	31.90	31.90	31.90
多哥	43.10	43.10	43.10	43.10	43.10	43.10	43.10
俄罗斯	40.70	40.90	39.90	37.70	36.80	37.20	37.50
厄瓜多尔	46.10	46.90	45.00	46.00	45.00	44.70	45.40
法国	33.10	32.50	32.30	32.70	31.90	31.60	31.80
菲律宾	46.50	46.50	46.50	44.40	44.40	44.40	44.40
芬兰	27.10	27.20	26.80	27.10	27.10	27.40	27.28
哥伦比亚	52.70	52.80	52.70	51.10	50.80	49.70	50.40
哥斯达黎加	48.60	49.30	48.60	48.40	48.70	48.30	48.00
哈萨克斯坦	28.20	27.10	27.00	26.80	27.20	27.50	27.34
韩国	31.60	31.60	31.60	31.60	31.60	31.60	31.60
荷兰	27.60	28.10	28.60	28.20	28.20	28.50	28.38
洪都拉斯	56.10	52.60	50.40	49.60	51.10	50.50	52.10
吉尔吉斯斯坦	27.40	28.80	26.80	29.00	26.80	27.30	27.70
几内亚	33.70	33.70	33.70	33.70	33.70	33.70	33.70
加拿大	33.80	33.80	33.80	33.80	33.30	33.30	33.30
加纳	42.40	42.40	42.40	42.40	43.50	43.50	43.50
柬埔寨	30.76	30.76	30.76	30.76	30.76	30.76	30.76
捷克	26.10	26.50	25.90	25.90	25.40	24.90	25.15
喀麦隆	46.60	46.60	46.60	46.60	46.60	46.60	46.60
卡塔尔	46.40	46.40	46.40	46.40	46.40	46.40	46.40
科威特	37.21	37.21	37.21	37.21	37.21	37.21	37.21
克罗地亚	32.50	32.00	32.10	31.10	30.90	30.40	30.62
肯尼亚	40.80	40.80	40.80	40.80	42.50	42.50	42.50

续表

国家\年份	2012	2013	2014	2015	2016	2017	2018
拉脱维亚	35.20	35.50	35.10	34.20	34.30	35.60	35.07
老挝	36.40	36.40	36.40	36.40	36.40	36.40	36.40
黎巴嫩	40.20	40.20	41.20	42.90	41.90	41.90	41.90
立陶宛	35.10	35.30	37.70	37.40	38.40	37.30	37.64
卢森堡	34.30	32.00	31.20	33.80	33.00	34.90	34.22
罗马尼亚	36.50	36.90	36.00	35.90	34.40	36.00	35.51
马达加斯加	42.60	42.60	42.60	42.60	42.60	42.60	42.60
马耳他	29.40	28.80	29.00	29.40	29.10	29.20	29.19
马来西亚	41.30	41.30	41.30	41.00	43.00	44.50	44.50
马里	33.04	33.04	33.04	33.04	33.04	33.04	33.04
美国	40.70	40.70	40.70	40.70	41.10	41.10	41.10
蒙古国	33.80	33.80	32.00	32.00	32.30	32.30	32.70
孟加拉国	32.40	32.40	32.40	32.40	32.40	32.40	32.40
秘鲁	44.40	43.90	43.20	43.40	43.60	43.30	42.80
缅甸	38.10	38.10	38.10	38.10	30.70	30.70	30.70
摩尔多瓦	29.20	28.50	26.80	27.00	26.30	25.90	25.70
摩洛哥	39.50	39.50	39.50	39.50	40.72	40.72	40.72
莫桑比克	54.00	54.00	54.00	54.00	54.00	54.00	54.00
墨西哥	48.70	48.70	48.70	48.70	46.30	46.30	45.40
纳米比亚	59.10	59.10	59.10	59.10	60.97	60.97	60.97
南非	63.00	63.00	63.00	63.00	63.00	63.00	63.00
尼加拉瓜	46.20	46.20	46.20	46.20	46.20	46.20	46.20
尼日尔	34.30	34.30	34.30	34.30	34.30	34.30	34.30
尼日利亚	35.10	35.10	35.10	35.10	35.10	35.10	35.10
挪威	25.70	26.40	26.80	27.50	28.50	27.00	27.50
葡萄牙	36.00	36.20	35.60	35.50	35.20	33.80	34.39
日本	32.90	32.90	32.90	32.90	32.90	32.90	32.90
瑞典	27.60	28.80	28.40	29.20	29.60	28.80	29.08

续表

国家＼年份	2012	2013	2014	2015	2016	2017	2018
瑞士	31.60	32.50	32.50	32.30	33.00	32.70	32.75
塞内加尔	40.30	40.30	40.30	40.30	40.30	40.30	40.30
塞浦路斯	34.30	37.00	35.60	34.00	32.90	31.40	32.11
沙特阿拉伯	37.21	37.21	37.21	37.21	37.21	37.21	37.21
斯里兰卡	39.20	39.20	39.20	39.20	39.80	39.80	39.80
斯洛文尼亚	25.60	26.20	25.70	25.40	24.80	24.20	24.50
苏丹	34.20	34.20	34.20	34.20	34.20	34.20	34.20
塔吉克斯坦	34.00	34.00	34.00	34.00	34.00	34.00	34.00
泰国	39.30	37.80	37.00	36.00	36.90	36.50	36.40
坦桑尼亚	40.50	40.50	40.50	40.50	40.50	40.50	40.50
突尼斯	32.80	32.80	32.80	32.80	32.80	32.80	32.80
土耳其	40.20	40.20	41.20	42.90	41.90	41.40	41.90
土库曼斯坦	40.80	40.80	40.80	40.80	40.80	40.80	40.80
危地马拉	48.30	48.30	48.30	48.30	48.30	48.30	48.30
委内瑞拉	39.00	39.00	39.00	39.00	39.00	39.00	39.00
乌干达	41.00	41.00	41.00	41.00	42.80	42.80	42.80
乌克兰	24.70	24.60	24.00	25.50	25.00	26.00	26.10
乌拉圭	39.90	40.40	40.10	40.10	39.70	39.50	39.70
乌兹别克斯坦	36.80	36.80	36.80	36.80	36.80	36.80	36.80
西班牙	35.40	36.20	36.10	36.20	35.80	34.70	35.18
希腊	36.30	36.10	35.80	36.00	35.00	34.40	34.74
新加坡	46.40	46.40	46.40	46.40	46.40	46.40	46.40
新西兰	36.20	36.20	36.20	36.20	36.20	36.20	36.20
匈牙利	30.80	31.50	30.90	30.40	30.30	30.60	30.49
亚美尼亚	29.60	30.60	31.50	32.40	32.50	33.60	34.40
伊拉克	29.50	29.50	29.50	29.50	29.50	29.50	29.50
伊朗	37.40	37.40	38.80	39.50	40.00	40.80	40.43
以色列	41.30	41.30	39.80	39.80	39.00	39.00	39.00

续表

国家\年份	2012	2013	2014	2015	2016	2017	2018
意大利	35.20	34.90	34.70	35.40	35.20	35.90	35.64
印度	33.60	33.60	33.60	33.60	33.60	33.60	33.60
印度尼西亚	39.70	40.00	39.40	39.70	38.60	38.10	37.80
英国	32.30	33.20	34.00	33.20	34.80	34.24	34.30
约旦	33.70	33.70	33.70	33.70	33.70	33.70	33.70
越南	35.60	35.60	34.80	34.80	35.30	35.30	35.70
赞比亚	57.10	57.10	57.10	57.10	57.10	57.10	57.10
智利	45.80	45.80	45.80	44.40	44.40	44.40	44.40

资料来源：WDI，CEIC，CIA.

表35　　　　　　　　　　汇率波动程度　　　　　　　　（单位：变异系数）

国家\年份	2014	2015	2016	2017	2018	2019	2020
阿尔巴尼亚	3.94	2.02	1.62	5.33	1.12	0.90	3.09
阿尔及利亚	3.55	4.96	1.15	2.14	1.63	0.44	3.00
阿根廷	4.69	7.99	3.85	5.35	8.55	5.16	7.48
阿联酋	0.00	0.00	0.00	0.00	0.00	0.00	0.00
阿曼	0.00	0.00	0.00	0.00	0.00	0.00	0.00
阿塞拜疆	0.01	10.37	4.39	2.21	0.00	0.00	0.00
埃及	1.22	2.26	7.91	2.15	0.60	3.40	0.92
埃塞俄比亚	1.59	1.37	1.80	5.43	0.90	2.94	4.36
爱尔兰	4.04	2.24	2.05	4.50	3.00	1.11	3.08
爱沙尼亚	4.04	2.24	2.05	4.50	3.00	1.11	3.08
安哥拉	1.45	10.18	2.23	0.00	8.55	5.16	7.52
奥地利	4.04	2.24	2.05	4.50	3.00	1.11	3.08
澳大利亚	3.83	4.23	2.66	2.12	3.61	1.93	5.21
巴基斯坦	2.43	1.47	0.07	1.07	7.41	5.16	3.05
巴拉圭	2.93	6.83	2.03	1.08	2.60	2.42	2.79
巴林	0.00	0.00	0.00	0.00	0.00	0.00	0.00

续表

年份 国家	2014	2015	2016	2017	2018	2019	2020
巴拿马	0.00	0.00	0.00	0.00	0.00	0.00	0.00
巴西	5.46	10.37	7.91	1.93	7.84	3.79	7.52
白俄罗斯	4.10	8.87	3.26	2.29	3.12	1.85	6.04
保加利亚	4.00	2.19	2.06	4.48	3.01	1.11	3.08
冰岛	3.56	2.14	5.01	3.41	7.18	1.65	4.83
波兰	4.48	2.46	2.76	5.18	4.22	1.43	3.77
玻利维亚	0.00	0.00	0.00	0.00	0.00	0.00	0.00
博茨瓦纳	2.31	4.17	2.76	1.35	4.61	1.51	3.70
布基纳法索	4.04	2.24	2.05	4.50	3.00	1.11	3.08
丹麦	3.99	2.29	2.04	4.51	3.09	1.13	3.21
德国	4.04	2.24	2.05	4.50	3.00	1.11	3.08
多哥	4.04	2.24	2.05	4.50	3.00	1.11	3.08
俄罗斯	5.63	9.39	7.11	1.76	6.30	1.76	6.54
厄瓜多尔	0.00	0.00	0.00	0.00	0.00	0.00	0.00
法国	4.04	2.24	2.05	4.50	3.00	1.11	3.08
菲律宾	1.17	2.36	2.22	1.07	1.81	1.14	1.73
芬兰	4.04	2.24	2.05	4.50	3.00	1.11	3.08
哥伦比亚	5.63	10.37	4.40	1.61	4.66	3.61	5.55
哥斯达黎加	2.41	0.29	1.38	1.15	2.63	2.40	1.77
哈萨克斯坦	4.32	10.37	2.93	2.81	5.74	1.06	4.44
韩国	2.69	3.13	2.92	1.92	2.28	2.41	1.74
荷兰	4.04	2.24	2.05	4.50	3.00	1.11	3.08
洪都拉斯	1.28	0.75	1.24	0.30	1.02	0.41	0.44
吉尔吉斯斯坦	4.41	8.05	3.81	0.81	0.82	0.08	4.78
几内亚	0.57	2.61	1.88	1.32	0.21	0.97	0.97
加拿大	1.92	3.81	2.94	3.05	2.00	0.71	2.55
加纳	5.63	6.59	2.07	1.87	3.67	3.18	2.39
柬埔寨	0.78	0.65	0.75	0.69	0.65	0.73	0.32

续表

国家＼年份	2014	2015	2016	2017	2018	2019	2020
捷克	4.33	1.90	2.05	5.43	3.73	1.24	4.22
喀麦隆	4.04	2.24	2.05	4.50	3.00	1.11	3.08
卡塔尔	0.00	0.00	0.00	0.00	0.00	0.00	0.00
科威特	1.32	1.00	0.47	0.47	0.49	0.09	0.57
克罗地亚	4.24	2.17	2.38	4.47	2.90	1.14	3.23
肯尼亚	1.56	5.00	0.42	0.27	0.75	1.17	2.57
拉脱维亚	4.04	2.24	2.05	4.50	3.00	1.11	3.08
老挝	0.15	0.34	0.32	0.55	1.15	1.28	0.94
黎巴嫩	0.00	0.00	0.00	0.00	0.00	0.00	0.00
立陶宛	4.00	2.24	2.05	4.50	3.00	1.11	3.08
卢森堡	4.04	2.24	2.05	4.50	3.00	1.11	3.08
罗马尼亚	3.89	2.18	2.38	3.73	3.02	1.37	2.85
马达加斯加	4.42	7.56	2.77	3.26	4.33	1.66	1.62
马耳他	4.04	2.24	2.05	4.50	3.00	1.11	3.08
马来西亚	2.42	7.68	3.72	2.67	2.66	0.93	2.09
马里	4.04	2.24	2.05	4.50	3.00	1.11	3.08
美国	0.00	0.00	0.00	0.00	0.00	0.00	0.00
蒙古国	2.77	1.46	7.91	1.30	3.17	1.05	1.37
孟加拉国	0.19	0.40	0.15	1.17	0.49	0.33	0.07
秘鲁	2.02	3.25	1.74	0.80	1.47	0.83	2.16
缅甸	2.18	9.25	4.52	0.28	6.75	1.09	3.04
摩尔多瓦	4.67	5.04	0.90	5.43	1.34	1.81	2.77
摩洛哥	3.33	1.72	1.27	2.77	1.40	0.49	2.76
莫桑比克	2.19	10.37	7.91	5.43	1.76	1.47	4.37
墨西哥	2.93	4.98	4.52	5.43	3.32	0.94	7.52
纳米比亚	2.99	8.65	5.70	2.40	7.93	2.83	7.52
南非	2.53	8.13	5.65	2.37	7.93	2.84	7.51
尼加拉瓜	1.41	1.41	1.40	1.40	1.41	1.36	0.49

续表

年份 国家	2014	2015	2016	2017	2018	2019	2020
尼日尔	4.04	2.24	2.05	4.50	3.00	1.11	3.08
尼日利亚	2.17	5.29	7.91	0.11	0.13	0.02	7.52
挪威	5.63	4.50	2.29	2.99	3.09	2.64	5.58
葡萄牙	4.04	2.24	2.05	4.50	3.00	1.11	3.08
日本	5.35	1.47	5.06	1.24	1.99	1.36	1.23
瑞典	5.63	1.90	3.74	4.01	4.33	2.30	4.61
瑞士	3.44	2.47	1.58	1.67	2.13	0.92	2.49
塞内加尔	4.04	2.24	2.05	4.50	3.00	1.11	3.08
塞浦路斯	4.04	2.24	2.05	4.50	3.00	1.11	3.08
沙特阿拉伯	0.00	0.00	0.00	0.00	0.00	0.00	0.00
斯里兰卡	0.21	2.96	1.06	0.74	5.22	1.31	1.76
斯洛文尼亚	4.04	2.24	2.05	4.50	3.00	1.11	3.08
苏丹	1.49	0.95	3.02	0.00	8.55	2.41	5.22
塔吉克斯坦	2.37	7.47	1.46	4.16	2.91	1.22	2.55
泰国	0.89	4.10	1.13	2.56	2.08	1.96	1.93
坦桑尼亚	1.96	8.27	0.18	0.36	0.65	0.09	0.15
突尼斯	5.62	1.78	4.93	3.04	7.22	2.87	1.93
土耳其	2.75	7.14	5.89	3.41	8.55	3.69	7.40
土库曼斯坦	0.00	0.00	0.00	0.00	0.00	0.00	0.00
危地马拉	0.91	0.34	1.08	0.81	1.86	0.39	0.36
委内瑞拉	0.00	0.00	7.91	0.00	8.55	0.00	0.00
乌干达	3.43	8.82	2.31	0.46	1.61	0.71	1.22
乌克兰	5.63	9.53	2.60	2.00	3.16	4.78	4.68
乌拉圭	3.47	6.71	4.51	1.22	5.67	4.99	5.34
乌兹别克斯坦	2.83	3.92	3.76	5.43	2.04	5.16	3.13
西班牙	4.04	2.24	2.05	4.50	3.00	1.11	3.08
希腊	4.04	2.24	2.05	4.50	3.00	1.11	3.08
新加坡	1.58	2.16	2.24	1.90	1.81	0.73	1.73

续表

国家＼年份	2014	2015	2016	2017	2018	2019	2020
新西兰	3.94	6.43	3.50	2.13	3.85	2.67	4.04
匈牙利	4.38	2.07	2.15	4.61	4.70	2.81	3.09
亚美尼亚	3.55	0.62	1.16	0.60	0.35	0.94	0.74
伊拉克	0.00	0.38	0.00	0.00	0.08	0.00	0.00
伊朗	2.90	3.36	2.28	3.40	5.56	0.00	0.00
以色列	4.47	1.40	1.32	2.59	2.67	1.74	2.00
意大利	4.04	2.24	2.05	4.50	3.00	1.11	3.08
印度	1.65	2.43	0.73	1.86	4.62	1.30	2.27
印度尼西亚	2.60	3.77	1.70	0.69	3.71	0.73	4.38
英国	2.30	1.49	6.13	2.84	3.47	2.44	2.38
约旦	0.00	0.00	0.00	0.00	0.00	0.00	0.00
越南	0.48	0.87	0.39	0.44	0.54	0.43	0.11
赞比亚	4.56	10.37	5.84	3.60	8.55	5.16	7.52
智利	3.78	5.49	2.71	2.25	5.11	5.16	3.42

资料来源：IFS，CEIC.

表36　　　　　　　　　　　　公共债务/GDP　　　　　　　　（单位:%）

国家＼年份	2015	2016	2017	2018	2019	2020	2021
阿尔巴尼亚	73.72	73.32	71.90	69.51	67.75	83.29	83.20
阿尔及利亚	8.75	20.45	27.26	38.17	46.28	57.22	66.57
阿根廷	52.56	53.06	57.03	86.43	90.38	96.69	104.00
阿联酋	16.65	19.37	21.62	20.91	27.27	36.93	38.20
阿曼	15.47	32.71	46.42	53.17	63.06	81.53	88.65
阿塞拜疆	17.98	20.61	22.51	18.69	17.70	20.11	20.04
埃及	88.46	96.84	103.16	92.65	83.80	86.59	90.60
埃塞俄比亚	54.46	55.83	57.72	61.11	57.60	56.07	58.51
爱尔兰	76.73	74.20	67.41	62.92	57.33	63.68	61.25
爱沙尼亚	9.79	9.06	9.12	8.30	8.40	18.69	22.38

续表

年份 国家	2015	2016	2017	2018	2019	2020	2021
安哥拉	57.09	75.66	69.27	89.00	109.21	120.29	107.53
奥地利	84.40	82.62	78.41	73.96	70.35	84.76	84.28
澳大利亚	37.70	40.49	41.08	41.66	46.28	60.41	70.20
巴基斯坦	63.32	67.65	67.06	72.08	85.56	87.20	85.97
巴拉圭	18.64	19.41	19.84	22.24	26.11	35.45	35.70
巴林	66.36	81.33	88.14	95.02	103.36	128.28	130.58
巴拿马	35.50	34.84	34.78	36.78	41.04	54.95	60.14
巴西	72.57	78.29	83.66	87.07	89.47	101.40	102.76
白俄罗斯	53.01	53.48	53.16	47.52	41.86	50.90	48.58
保加利亚	25.43	27.08	23.00	20.12	18.58	24.07	23.68
冰岛	65.03	51.25	43.25	37.38	37.00	51.73	52.53
波兰	51.29	54.27	50.63	48.84	45.97	60.00	60.18
玻利维亚	40.91	46.49	51.26	53.85	59.00	69.45	68.31
博茨瓦纳	17.19	15.61	13.40	14.20	15.10	20.57	24.00
布基纳法索	31.37	33.28	33.50	37.65	42.67	46.62	48.06
丹麦	39.77	37.20	35.82	34.21	29.39	34.54	39.29
德国	72.21	69.19	64.99	61.63	59.53	73.28	72.21
多哥	72.11	81.36	75.95	76.15	70.85	73.46	71.11
俄罗斯	15.29	14.85	14.31	13.52	13.92	18.94	18.98
厄瓜多尔	33.80	43.17	44.62	46.14	51.83	68.92	67.44
法国	95.58	97.96	98.32	98.06	98.12	118.74	118.57
菲律宾	39.64	37.34	38.11	37.13	36.97	48.86	52.51
芬兰	63.64	63.18	61.27	59.63	59.01	67.91	68.59
哥伦比亚	50.42	49.80	49.44	53.69	52.29	68.23	68.07
哥斯达黎加	40.87	44.92	48.34	53.08	58.38	70.05	74.76
哈萨克斯坦	21.88	19.68	19.87	20.26	19.94	23.44	24.11
韩国	40.78	41.22	40.05	40.02	41.92	48.41	52.24
荷兰	64.64	61.89	56.91	52.39	48.38	59.32	61.14

续表

年份 国家	2015	2016	2017	2018	2019	2020	2021
洪都拉斯	37.11	38.17	38.91	40.08	40.29	45.96	50.42
吉尔吉斯斯坦	67.09	59.07	58.79	54.82	54.14	68.08	66.79
几内亚	41.94	42.45	40.48	37.96	34.50	44.88	45.92
加拿大	91.19	91.73	90.55	89.75	88.62	114.65	114.97
加纳	54.83	57.12	58.31	59.13	62.76	76.67	74.65
柬埔寨	31.16	29.12	30.00	28.64	28.61	31.47	31.44
捷克	39.70	36.59	34.24	32.07	30.25	39.13	41.39
喀麦隆	31.98	33.26	37.68	39.47	42.67	44.73	44.97
卡塔尔	35.55	46.71	51.55	46.54	56.18	68.06	60.58
科威特	4.65	10.02	20.49	14.84	11.77	19.26	36.57
克罗地亚	84.31	80.80	77.76	74.72	73.24	87.67	85.46
肯尼亚	48.61	50.53	56.88	60.24	62.10	66.39	70.46
拉脱维亚	36.66	40.25	40.33	36.51	36.76	44.06	45.02
老挝	53.05	54.47	57.20	59.65	62.64	70.94	70.66
黎巴嫩	140.81	146.25	149.67	154.91	174.48	171.67	104.20
立陶宛	42.71	39.92	39.34	34.08	37.67	48.25	47.68
卢森堡	21.99	20.09	22.35	21.00	22.06	26.91	27.49
罗马尼亚	39.35	38.88	36.81	36.43	36.76	44.83	49.59
马达加斯加	44.06	40.28	40.03	39.89	38.42	44.17	44.96
马耳他	55.87	54.47	48.79	45.19	42.57	56.70	57.08
马来西亚	56.97	55.79	54.40	55.54	57.24	67.58	66.03
马里	30.66	35.99	35.99	37.72	40.46	44.80	46.24
美国	104.64	106.60	105.75	106.89	108.68	131.18	133.64
蒙古国	62.10	87.60	84.60	73.30	65.90	67.70	65.60
孟加拉国	33.68	33.33	33.38	34.56	35.82	39.62	41.92
秘鲁	24.07	24.48	25.41	26.16	27.12	39.48	39.13
缅甸	36.26	38.33	38.47	40.42	38.84	42.38	45.21
摩尔多瓦	42.38	39.23	34.30	31.64	28.38	37.85	39.24

续表

国家＼年份	2015	2016	2017	2018	2019	2020	2021
摩洛哥	63.69	64.88	65.11	65.29	65.78	76.89	76.57
莫桑比克	87.43	119.88	102.44	106.25	104.38	121.33	123.51
墨西哥	52.78	56.72	53.96	53.61	53.75	65.54	65.60
纳米比亚	40.96	44.83	43.51	49.81	54.66	67.62	68.17
南非	49.34	51.47	53.02	56.71	62.15	78.82	82.76
尼加拉瓜	28.91	30.92	34.08	37.55	42.14	48.26	50.26
尼日尔	29.87	32.82	39.53	38.94	41.73	48.35	48.65
尼日利亚	20.33	23.41	25.34	27.66	29.14	34.98	35.51
挪威	34.54	38.13	38.64	39.92	41.25	40.00	40.00
葡萄牙	131.18	131.51	126.14	122.00	117.74	137.24	130.05
日本	231.34	236.39	234.46	236.57	237.96	266.18	263.97
瑞典	43.74	42.26	40.70	38.80	34.83	41.86	41.72
瑞士	43.03	41.93	42.70	40.96	42.14	48.75	48.48
塞内加尔	44.51	47.52	61.14	63.20	64.05	65.41	65.42
塞浦路斯	107.50	103.37	93.88	100.56	95.51	118.40	112.42
沙特阿拉伯	5.80	13.09	17.16	18.98	22.79	33.42	34.35
斯里兰卡	78.49	79.02	77.90	83.77	86.78	98.26	98.30
斯洛文尼亚	82.59	78.67	74.12	70.43	66.13	80.96	78.01
苏丹	66.51	58.56	159.18	186.71	201.58	259.39	250.71
塔吉克斯坦	34.69	42.09	50.29	47.82	43.09	47.77	48.86
泰国	42.56	41.74	41.78	41.96	41.10	50.45	56.37
坦桑尼亚	37.14	37.02	37.67	38.70	38.22	38.51	39.25
突尼斯	55.40	62.28	70.60	78.18	72.33	84.77	86.20
土耳其	27.36	28.00	28.03	30.17	32.99	41.67	45.52
土库曼斯坦	22.10	25.13	30.59	31.37	32.78	30.91	26.68
危地马拉	24.80	24.94	25.09	26.49	26.59	32.23	33.89
委内瑞拉	11.05	5.05	26.00	180.79	232.79	351.40	468.00
乌干达	28.80	31.19	33.80	35.12	38.23	46.05	50.93

续表

年份 国家	2015	2016	2017	2018	2019	2020	2021
乌克兰	79.50	81.18	71.62	60.55	50.06	65.69	64.30
乌拉圭	63.17	61.68	60.99	63.40	65.91	69.50	69.03
乌兹别克斯坦	7.08	8.63	20.23	20.43	29.32	36.13	40.12
西班牙	99.30	99.17	98.56	97.60	95.47	123.04	121.31
希腊	177.83	181.07	179.28	184.76	180.92	205.25	200.53
新加坡	102.30	106.52	108.40	110.45	130.02	131.19	132.35
新西兰	34.32	33.47	31.27	28.52	31.54	48.02	60.22
匈牙利	76.15	75.50	72.90	70.23	66.34	77.42	75.87
亚美尼亚	44.13	51.93	53.70	51.23	49.95	60.71	61.75
伊拉克	56.80	64.25	58.89	48.89	46.90	68.27	74.98
伊朗	39.72	46.15	38.19	40.33	44.74	45.37	40.44
以色列	63.83	62.11	60.61	60.88	59.98	76.52	80.00
意大利	135.28	134.78	134.15	134.81	134.80	161.85	158.31
印度	68.78	68.71	69.42	69.58	72.34	89.33	89.86
印度尼西亚	27.01	27.96	29.40	30.07	30.49	38.48	41.83
英国	86.92	86.79	86.25	85.72	85.35	108.03	111.52
约旦	78.42	77.43	76.02	75.06	78.02	88.38	88.84
越南	46.12	47.64	46.31	43.58	43.37	46.62	47.10
赞比亚	65.56	60.57	65.52	77.24	91.90	119.97	119.57
智利	17.28	21.01	23.60	25.56	27.91	32.81	37.51

资料来源：WEO, WDI.

表37　　　　　　　　　　　外债/GDP　　　　　　　　（单位：%）

年份 国家	2013	2014	2015	2016	2017	2018	2019
阿尔巴尼亚	66.49	63.42	73.76	69.97	72.78	63.38	60.88
阿尔及利亚	2.48	2.57	2.83	3.44	3.41	3.28	3.25
阿根廷	22.90	26.61	26.46	32.33	35.72	54.13	63.00
阿联酋	45.74	47.50	55.43	59.61	59.67	55.47	58.37

续表

国家＼年份	2013	2014	2015	2016	2017	2018	2019
阿曼	16.07	16.65	29.17	49.05	76.92	89.40	97.63
阿塞拜疆	14.83	15.95	25.57	39.65	36.25	33.96	32.47
埃及	15.97	13.42	14.45	20.15	35.09	38.76	36.38
埃塞俄比亚	25.78	31.39	31.71	31.04	32.53	33.66	30.17
爱尔兰	881.53	849.08	823.16	735.27	711.84	698.34	727.79
爱沙尼亚	94.94	85.77	91.07	82.41	85.37	75.05	73.07
安哥拉	40.23	39.12	48.20	56.37	43.40	51.93	61.06
奥地利	190.61	167.16	170.15	154.28	162.61	144.83	152.36
澳大利亚	92.20	96.06	113.38	110.53	115.40	105.55	108.14
巴基斯坦	26.45	26.24	25.17	27.34	29.22	31.62	39.84
巴拉圭	6.20	8.19	9.95	11.93	12.82	14.36	14.45
巴林	141.89	128.39	129.05	132.08	180.25	168.63	189.60
巴拿马	171.05	156.25	160.84	155.42	147.86	152.01	149.70
巴西	19.42	28.91	37.22	37.85	32.48	35.53	36.98
白俄罗斯	52.98	50.80	67.46	79.66	73.10	64.99	64.99
保加利亚	93.54	86.14	75.05	68.80	69.41	58.85	57.41
冰岛	686.04	551.86	172.52	121.25	89.86	77.70	78.43
波兰	72.46	66.02	69.10	72.06	72.14	61.31	59.08
玻利维亚	25.90	26.48	29.18	32.17	34.41	29.57	29.62
博茨瓦纳	16.09	15.38	15.23	13.41	9.78	9.11	9.42
布基纳法索	20.08	18.64	22.82	21.84	21.88	20.36	23.50
丹麦	177.54	152.98	155.28	153.30	166.96	137.77	141.20
德国	155.34	141.38	148.90	144.14	154.84	141.22	145.02
多哥	20.82	21.63	26.31	26.85	33.33	33.59	30.77
俄罗斯	31.90	29.28	38.33	39.82	33.01	27.02	28.78
厄瓜多尔	19.97	23.59	28.20	34.02	38.35	40.91	48.40
法国	195.60	192.53	204.97	202.24	223.57	207.95	231.97
菲律宾	20.78	26.22	25.13	23.54	22.22	22.78	22.29

续表

国家\年份	2013	2014	2015	2016	2017	2018	2019
芬兰	210.05	200.05	204.64	191.11	192.05	210.09	237.63
哥伦比亚	24.08	26.23	37.48	42.44	38.48	38.98	43.27
哥斯达黎加	35.77	39.08	43.31	43.23	45.79	47.63	49.89
哈萨克斯坦	63.39	72.26	81.35	116.54	101.91	89.22	88.07
韩国	30.64	28.30	27.29	25.33	25.25	25.51	28.54
荷兰	524.40	515.47	548.55	523.06	539.84	470.22	462.99
洪都拉斯	36.76	36.95	36.22	34.99	38.09	40.75	37.00
吉尔吉斯斯坦	91.34	97.76	115.30	115.95	105.15	97.93	98.17
几内亚	22.69	22.75	23.89	25.57	22.25	21.34	17.90
加拿大	81.23	88.61	102.79	111.26	115.18	110.71	120.94
加纳	25.28	33.85	41.16	38.19	37.30	35.10	33.58
柬埔寨	48.59	48.50	49.22	49.89	49.57	53.18	56.12
捷克	66.14	62.09	69.14	71.33	96.05	76.33	75.79
喀麦隆	16.07	16.57	23.60	22.68	27.15	28.41	33.45
卡塔尔	69.94	69.27	90.58	107.17	106.35	102.21	114.49
科威特	21.61	23.24	34.82	38.66	45.11	41.04	45.56
克罗地亚	115.40	104.09	107.00	91.09	94.00	80.34	76.13
肯尼亚	25.40	27.62	26.47	27.46	31.69	31.89	32.49
拉脱维亚	138.70	130.44	140.20	140.57	148.70	119.43	117.23
老挝	68.48	72.37	83.55	88.02	87.95	88.24	81.33
黎巴嫩	132.17	132.96	136.17	138.66	139.25	143.74	146.03
立陶宛	73.17	63.84	74.86	81.32	90.08	76.67	68.23
卢森堡	5667.28	5588.36	6404.26	6588.05	6702.10	5919.49	5624.85
罗马尼亚	73.32	60.11	55.09	51.99	56.69	45.52	47.99
马达加斯加	20.93	21.56	24.73	23.63	21.25	21.66	22.66
马耳他	1137.33	945.91	892.45	797.46	837.01	677.60	667.07
马来西亚	64.05	61.25	66.37	66.39	68.94	61.33	63.07
马里	25.67	24.36	28.23	27.08	28.65	28.86	26.78

续表

国家＼年份	2013	2014	2015	2016	2017	2018	2019
美国	95.32	96.99	98.69	96.03	97.22	97.03	93.31
蒙古国	151.01	171.75	187.23	224.03	236.30	220.73	223.78
孟加拉国	21.33	20.24	19.47	18.52	20.02	20.44	17.42
秘鲁	28.21	30.15	34.50	36.01	31.75	29.74	27.74
缅甸	23.25	22.17	22.34	23.30	24.48	22.49	21.71
摩尔多瓦	72.66	68.35	78.95	76.81	72.39	66.32	62.73
摩洛哥	37.44	39.97	43.49	45.49	47.40	44.10	46.39
莫桑比克	70.72	73.77	87.77	117.28	114.07	101.97	98.06
墨西哥	31.39	32.69	35.84	38.02	37.97	36.81	36.56
纳米比亚	53.98	53.04	57.10	61.44	64.75	61.30	68.15
南非	38.17	42.75	37.79	47.25	48.65	46.18	54.08
尼加拉瓜	88.32	84.18	86.23	82.79	87.04	91.86	94.93
尼日尔	19.56	18.41	22.72	24.15	27.71	25.67	24.47
尼日利亚	4.08	4.40	5.89	7.66	10.65	11.80	9.66
挪威	139.64	136.43	158.11	165.39	163.16	145.11	161.16
葡萄牙	234.06	217.43	215.63	203.52	221.44	194.71	193.51
日本	54.31	55.67	66.07	69.07	73.97	80.77	82.68
瑞典	187.44	171.83	176.20	166.78	184.84	165.63	167.64
瑞士	246.83	225.52	250.09	253.20	279.39	269.31	255.38
塞内加尔	27.42	28.28	33.19	35.20	42.40	51.62	44.70
塞浦路斯	1004.18	1037.48	1263.84	1101.27	1148.92	961.00	936.18
沙特阿拉伯	17.41	17.19	19.87	20.16	18.88	19.07	22.70
斯里兰卡	53.85	54.22	55.86	55.83	59.48	58.83	66.67
斯洛文尼亚	117.73	113.98	115.98	105.22	107.12	88.79	91.17
苏丹	43.48	36.23	32.18	37.79	47.88	61.66	65.65
塔吉克斯坦	57.61	55.18	61.09	69.03	76.99	79.79	80.08
泰国	33.31	34.37	32.40	31.44	35.06	31.60	31.28
坦桑尼亚	28.46	30.00	31.66	32.15	33.82	33.51	30.26

续表

国家＼年份	2013	2014	2015	2016	2017	2018	2019
突尼斯	58.38	58.78	67.17	69.38	82.90	88.00	97.95
土耳其	40.73	43.69	46.29	47.17	52.39	56.44	57.82
土库曼斯坦	1.30	0.94	1.03	1.41	2.06	2.23	1.84
危地马拉	32.08	32.85	32.16	33.32	32.13	30.09	29.08
委内瑞拉	61.78	78.50	49.44	53.72	104.28	162.60	243.90
乌干达	26.60	26.87	35.87	34.00	38.42	38.51	33.99
乌克兰	77.96	99.56	132.61	117.88	107.02	84.02	77.57
乌拉圭	39.98	48.92	52.56	75.92	68.87	68.53	75.86
乌兹别克斯坦	15.94	16.96	17.21	19.67	29.24	35.73	30.21
西班牙	169.72	153.11	167.26	162.26	175.29	161.93	172.13
希腊	241.73	219.03	244.04	235.53	235.85	215.36	238.24
新加坡	422.66	412.88	422.08	407.98	438.78	401.93	430.03
新西兰	101.58	95.07	96.77	97.12	93.73	92.07	92.58
匈牙利	147.70	135.17	128.48	117.64	106.00	95.01	86.98
亚美尼亚	78.23	73.21	84.34	94.82	95.43	88.30	87.76
伊拉克	25.37	24.92	36.22	38.68	36.11	32.00	32.04
伊朗	1.77	1.37	1.70	1.48	1.58	1.45	1.10
以色列	32.46	30.96	29.65	27.31	25.24	25.37	25.34
意大利	121.38	115.60	125.22	117.24	127.48	115.01	124.91
印度	23.16	22.56	22.82	20.05	19.23	19.17	19.52
印度尼西亚	29.46	32.55	36.02	34.33	34.47	36.44	35.71
英国	337.18	300.12	279.94	277.34	322.28	293.26	310.87
约旦	69.56	67.75	67.28	67.59	69.94	72.10	71.80
越南	30.55	30.92	32.93	34.11	36.09	36.18	31.74
赞比亚	22.82	34.25	56.49	71.63	69.58	70.36	75.76
智利	50.30	57.59	65.60	63.91	64.99	60.36	70.86

资料来源：QEDS，WDI.

表38　　　　　　　　　　短期外债/总外债　　　　　　　　（单位:%）

国家\年份	2013	2014	2015	2016	2017	2018	2019
阿尔巴尼亚	18.82	20.24	19.05	19.28	20.00	19.79	19.35
阿尔及利亚	25.00	36.36	38.30	36.36	36.84	40.35	41.82
阿根廷	26.43	19.33	31.76	20.00	23.48	23.57	23.21
阿联酋	36.16	34.79	31.07	28.45	26.21	23.62	22.13
阿曼	42.71	34.86	22.30	11.18	7.50	5.59	4.63
阿塞拜疆	14.55	16.67	11.54	9.33	4.47	3.56	4.38
埃及	6.09	8.05	9.17	17.91	13.25	10.31	10.00
埃塞俄比亚	0.00	0.00	0.00	0.00	44.00	40.74	39.29
爱尔兰	25.24	21.82	17.08	19.09	21.25	22.22	23.79
爱沙尼亚	45.83	43.48	47.62	46.50	39.13	27.39	32.61
安哥拉	20.00	13.51	14.64	7.72	6.98	4.18	5.37
奥地利	25.61	22.97	23.08	22.95	25.00	25.76	25.00
澳大利亚	22.86	22.86	24.29	24.29	22.50	22.67	22.67
巴基斯坦	7.38	8.59	9.41	9.34	9.78	8.18	8.64
巴拉圭	0.00	0.00	0.00	0.00	0.00	0.00	0.00
巴林	34.12	32.08	22.12	23.24	35.82	29.01	33.24
巴拿马	50.00	50.00	50.57	47.78	41.30	39.39	37.00
巴西	6.88	8.17	7.61	8.24	7.61	10.00	11.62
白俄罗斯	35.00	32.50	28.95	28.95	24.25	24.36	24.39
保加利亚	25.00	24.49	22.63	21.08	22.93	23.59	24.36
冰岛	30.00	27.55	36.67	6.40	6.82	7.00	6.84
波兰	12.11	10.56	11.21	15.29	13.42	14.17	16.00
玻利维亚	3.13	3.30	4.43	4.18	2.08	2.67	2.61
博茨瓦纳	16.67	18.80	17.27	18.10	6.47	14.71	12.70
布基纳法索	0.00	0.00	0.00	0.00	0.00	0.00	0.00
丹麦	42.62	37.04	34.04	33.33	34.55	34.69	30.61
德国	31.03	30.91	32.00	36.00	36.84	37.50	35.71
多哥	9.67	8.99	5.82	4.92	16.88	15.56	15.17

续表

国家＼年份	2013	2014	2015	2016	2017	2018	2019
俄罗斯	11.64	10.33	8.08	8.82	9.81	10.67	11.84
厄瓜多尔	1.53	1.21	1.00	2.76	2.23	0.00	0.00
法国	34.55	36.36	38.00	38.00	39.66	41.38	41.27
菲律宾	18.64	20.51	19.48	20.00	19.18	20.25	20.24
芬兰	40.35	40.00	33.33	30.43	34.69	32.76	31.25
哥伦比亚	11.96	12.00	10.91	9.17	10.83	11.54	11.43
哥斯达黎加	13.33	11.50	10.83	10.40	9.63	11.72	9.03
哈萨克斯坦	6.33	6.06	4.33	4.13	4.41	5.13	5.50
韩国	26.19	26.19	25.00	26.32	29.27	29.55	27.66
荷兰	21.09	21.74	22.86	23.66	22.22	23.26	23.81
洪都拉斯	7.50	6.85	6.45	5.79	5.57	7.22	6.63
吉尔吉斯斯坦	3.88	4.25	4.55	4.56	4.44	5.68	6.27
几内亚	6.32	4.10	5.71	4.09	5.22	5.77	5.47
加拿大	28.67	30.00	30.63	31.76	29.47	31.05	34.29
加纳	23.13	17.22	16.50	13.33	15.00	15.65	15.24
柬埔寨	12.97	13.58	14.61	17.00	16.36	18.46	22.67
捷克	24.29	27.69	30.77	35.71	46.19	50.00	48.42
喀麦隆	8.46	3.10	4.11	4.05	3.16	0.44	1.69
卡塔尔	8.19	8.73	9.11	8.07	7.04	6.92	6.05
科威特	63.25	66.93	68.94	63.13	53.64	53.74	50.57
克罗地亚	11.79	10.83	13.21	14.26	16.35	18.16	17.17
肯尼亚	17.14	11.76	0.00	0.00	0.00	0.00	0.00
拉脱维亚	40.48	46.34	52.63	53.85	55.56	43.90	40.00
老挝	9.76	8.54	5.83	5.14	4.93	2.50	3.45
黎巴嫩	11.61	12.50	12.35	11.13	11.89	6.96	8.77
立陶宛	38.24	32.26	35.48	45.71	44.19	46.34	32.43
卢森堡	31.43	21.89	20.81	19.25	20.00	20.95	22.25
罗马尼亚	11.43	10.00	12.24	12.24	12.50	14.55	13.33

续表

国家\年份	2013	2014	2015	2016	2017	2018	2019
马达加斯加	11.15	8.89	7.14	7.14	0.00	0.00	0.00
马耳他	42.50	45.45	37.37	31.18	30.91	32.00	29.00
马来西亚	38.10	37.62	38.00	41.00	39.09	44.09	41.30
马里	2.06	1.63	2.22	2.11	2.14	2.24	2.20
美国	33.75	32.35	28.89	28.89	28.95	30.50	32.00
蒙古国	8.42	11.43	10.91	10.40	11.85	10.69	9.68
孟加拉国	11.56	10.00	17.37	19.02	22.00	16.07	17.99
秘鲁	11.23	11.48	10.76	11.14	12.79	14.93	13.28
缅甸	6.29	5.93	5.86	5.86	5.80	5.87	5.85
摩尔多瓦	26.09	21.54	18.03	20.97	22.86	26.67	26.67
摩洛哥	13.50	17.27	15.68	18.94	14.23	14.23	15.82
莫桑比克	6.00	3.38	5.71	4.14	7.33	8.00	7.44
墨西哥	23.25	21.40	16.67	12.93	11.82	13.56	13.48
纳米比亚	7.73	7.73	7.73	7.73	8.92	10.24	10.12
南非	19.29	23.33	24.17	21.43	19.41	21.76	17.89
尼加拉瓜	11.34	9.00	6.00	6.91	6.50	5.17	5.73
尼日尔	3.60	3.50	1.18	1.76	2.32	2.12	2.15
尼日利亚	0.00	0.00	0.00	0.00	0.00	0.00	0.00
挪威	35.62	33.82	34.43	36.07	36.92	36.51	36.92
葡萄牙	33.96	32.00	34.88	38.10	38.78	42.55	39.13
日本	78.57	74.07	75.86	73.53	72.22	72.50	71.43
瑞典	31.82	33.00	31.46	31.40	34.00	33.70	32.58
瑞士	64.71	60.00	58.82	58.82	57.89	52.63	53.89
塞内加尔	0.00	0.00	0.00	0.00	0.00	0.00	0.00
塞浦路斯	27.92	25.00	23.20	21.74	19.23	16.67	15.65
沙特阿拉伯	21.54	21.54	21.54	21.54	21.54	18.67	25.00
斯里兰卡	17.00	16.98	16.89	15.87	15.00	15.38	14.64
斯洛文尼亚	17.02	15.44	16.60	20.21	21.15	22.92	24.49

续表

年份 国家	2013	2014	2015	2016	2017	2018	2019
苏丹	23.48	23.64	24.29	23.81	24.09	24.55	24.34
塔吉克斯坦	22.45	23.53	20.00	16.88	13.45	14.67	21.54
泰国	32.14	32.86	33.08	35.38	36.88	33.75	30.00
坦桑尼亚	13.85	14.00	12.67	12.50	11.67	9.47	10.38
突尼斯	24.44	24.29	22.76	23.10	22.42	23.14	24.21
土耳其	35.90	34.15	27.50	24.39	26.67	27.27	27.27
土库曼斯坦	13.92	0.19	0.21	29.41	53.85	34.07	39.35
危地马拉	5.59	5.00	4.20	4.18	4.35	3.18	3.64
委内瑞拉	18.75	19.38	25.63	28.00	27.33	28.75	28.27
乌干达	5.12	5.73	5.41	4.80	3.75	3.54	3.70
乌克兰	21.43	15.38	14.17	14.55	14.17	13.64	13.33
乌拉圭	21.74	22.14	22.50	17.00	15.85	14.88	14.19
乌兹别克斯坦	3.73	3.85	4.79	3.75	4.94	4.00	4.25
西班牙	30.43	33.33	35.00	38.00	40.43	39.57	36.25
希腊	27.59	30.77	35.42	32.61	27.08	19.36	24.00
新加坡	84.62	76.92	74.62	75.38	73.33	73.33	68.75
新西兰	29.47	21.05	21.18	21.67	22.63	23.68	24.74
匈牙利	11.50	10.53	10.00	9.33	9.33	10.00	10.71
亚美尼亚	12.64	10.71	7.42	11.00	8.09	10.00	13.33
伊拉克	1.31	0.74	3.11	4.87	5.95	5.54	5.41
伊朗	11.14	7.41	31.25	55.00	61.76	63.49	62.15
以色列	38.95	36.46	34.83	36.78	37.08	36.17	37.00
意大利	30.00	27.20	27.39	34.09	38.40	41.67	35.60
印度	21.63	18.70	17.08	18.26	19.22	19.23	19.64
印度尼西亚	17.04	15.86	12.26	12.81	13.43	12.63	11.75
英国	69.15	67.39	63.41	64.00	65.12	64.29	63.64
约旦	54.17	48.00	46.15	44.44	41.38	41.94	43.75
越南	18.46	19.44	15.38	15.12	22.00	18.18	19.02

续表

国家\年份	2013	2014	2015	2016	2017	2018	2019
赞比亚	12.34	9.35	6.50	5.40	5.28	3.53	4.20
智利	12.86	11.33	8.13	8.13	9.44	10.00	9.50

资料来源：QEDS，WDI.

表39　　　　　　　　　　　　财政余额/GDP　　　　　　　　　（单位：%）

国家\年份	2015	2016	2017	2018	2019	2020	2021
阿尔巴尼亚	-4.06	-1.76	-1.39	-1.35	-1.96	-8.42	-4.72
阿尔及利亚	-15.27	-13.05	-6.65	-4.47	-5.64	-11.49	-11.38
阿根廷	-6.00	-6.66	-6.69	-5.52	-4.47	-11.42	-6.40
阿联酋	-3.36	-2.82	-1.95	1.93	-0.76	-9.90	-5.05
阿曼	-15.94	-21.31	-13.96	-7.89	-7.06	-18.71	-16.83
阿塞拜疆	-4.81	-1.13	-1.37	5.48	8.10	-6.31	-5.79
埃及	-10.93	-12.47	-10.43	-9.41	-7.41	-7.49	-8.08
埃塞俄比亚	-1.95	-2.34	-3.24	-3.03	-2.53	-3.55	-3.07
爱尔兰	-1.98	-0.69	-0.32	0.12	0.38	-6.00	-2.74
爱沙尼亚	0.07	-0.33	-0.38	-0.46	-0.39	-6.83	-4.87
安哥拉	-2.92	-4.52	-6.30	2.19	0.79	-2.81	-0.13
奥地利	-1.05	-1.57	-0.70	0.20	0.73	-9.90	-3.95
澳大利亚	-2.79	-2.42	-1.72	-1.24	-3.89	-10.06	-10.46
巴基斯坦	-5.25	-4.42	-5.76	-6.42	-8.98	-8.01	-6.71
巴拉圭	-1.82	-0.40	-0.88	-1.66	-3.86	-7.76	-4.86
巴林	-18.44	-17.56	-14.22	-11.94	-10.61	-13.12	-9.23
巴拿马	-2.42	-1.98	-2.16	-3.19	-3.14	-8.98	-7.39
巴西	-10.25	-8.99	-7.86	-7.16	-6.01	-16.78	-6.52
白俄罗斯	-2.96	-1.66	-0.34	1.80	0.63	-4.69	-2.77
保加利亚	-2.78	1.54	0.83	0.12	-0.97	-2.00	-1.06
冰岛	-0.79	12.43	0.58	0.82	-0.99	-10.05	-7.00
波兰	-2.62	-2.37	-1.47	-0.23	-0.74	-10.46	-4.34

续表

年份\国家	2015	2016	2017	2018	2019	2020	2021
玻利维亚	-6.90	-7.24	-7.82	-8.14	-7.22	-8.57	-7.08
博茨瓦纳	-4.56	0.68	-1.05	-4.59	-6.29	-8.83	-8.55
布基纳法索	-2.09	-3.09	-6.88	-4.36	-3.47	-6.08	-4.60
丹麦	-1.33	-0.11	1.52	0.48	3.81	-3.99	-2.99
德国	0.96	1.16	1.36	1.84	1.52	-8.17	-3.20
多哥	-8.83	-9.54	-0.28	-0.77	2.13	-7.12	-3.51
俄罗斯	-3.39	-3.67	-1.47	2.90	1.92	-5.29	-2.57
厄瓜多尔	-6.12	-8.23	-4.46	-3.18	-3.17	-8.92	-2.92
法国	-3.63	-3.61	-2.93	-2.27	-3.00	-10.77	-6.45
菲律宾	0.59	-0.35	-0.37	-1.55	-1.78	-8.06	-7.31
芬兰	-2.36	-1.67	-0.69	-0.86	-0.91	-6.84	-4.14
哥伦比亚	-3.52	-2.27	-2.50	-4.68	-2.51	-9.48	-6.20
哥斯达黎加	-5.65	-5.28	-6.18	-5.90	-7.01	-9.37	-7.63
哈萨克斯坦	-6.26	-4.50	-4.27	2.58	-0.57	-5.28	-3.33
韩国	0.52	1.65	2.19	2.56	0.37	-3.24	-2.33
荷兰	-2.03	0.02	1.26	1.49	1.66	-8.76	-4.90
洪都拉斯	-0.78	-0.40	-0.41	0.20	0.09	-3.09	-2.66
吉尔吉斯斯坦	-2.52	-5.79	-3.73	-0.59	-0.14	-7.28	-5.46
几内亚	-6.89	-0.15	-2.06	-1.06	-0.47	-3.71	-3.08
加拿大	-0.06	-0.45	-0.13	-0.40	-0.35	-19.92	-8.72
加纳	-4.08	-6.89	-4.06	-6.97	-7.34	-16.42	-9.26
柬埔寨	-0.65	-0.30	-0.77	0.68	3.21	-2.40	-2.39
捷克	-0.61	0.71	1.50	0.91	0.27	-7.30	-4.29
喀麦隆	-4.42	-6.09	-4.87	-2.49	-3.31	-4.13	-3.27
卡塔尔	21.71	-4.82	-2.49	5.92	4.93	3.03	3.33
科威特	5.59	0.30	6.27	9.04	5.38	-8.49	-10.69
克罗地亚	-3.32	-0.95	0.80	0.22	0.39	-8.08	-4.15
肯尼亚	-8.09	-8.47	-7.84	-7.38	-7.73	-8.39	-8.53

续表

国家＼年份	2015	2016	2017	2018	2019	2020	2021
拉脱维亚	-1.53	-0.40	-0.83	-0.74	-0.38	-5.43	-3.26
老挝	-5.57	-5.06	-5.49	-4.66	-5.02	-6.42	-5.73
黎巴嫩	-7.48	-8.87	-8.64	-11.29	-10.50	-16.53	-7.70
立陶宛	-0.21	0.26	0.45	0.60	0.27	-6.72	-3.80
卢森堡	1.29	1.81	1.30	3.08	2.15	-6.98	-1.70
罗马尼亚	-1.35	-2.39	-2.83	-2.82	-4.56	-9.59	-8.08
马达加斯加	-2.85	-1.11	-2.10	-1.33	-1.42	-5.52	-5.34
马耳他	-1.04	0.94	3.24	1.90	0.53	-9.40	-3.87
马来西亚	-2.55	-2.60	-2.41	-3.31	-3.70	-6.53	-4.67
马里	-1.82	-3.94	-2.86	-4.77	-1.68	-6.20	-4.50
美国	-3.56	-4.36	-4.59	-5.79	-6.35	-18.72	-8.67
蒙古国	-4.99	-15.29	-3.78	2.97	0.93	-11.48	-4.87
孟加拉国	-3.98	-3.36	-3.34	-4.64	-5.36	-6.80	-6.08
秘鲁	-2.13	-2.25	-2.94	-2.00	-1.37	-9.41	-4.31
缅甸	-2.78	-3.87	-2.86	-3.40	-3.92	-6.02	-6.45
摩尔多瓦	-1.94	-1.55	-0.64	-0.85	-1.44	-8.00	-4.30
摩洛哥	-4.17	-4.48	-3.49	-3.74	-4.13	-7.79	-6.02
莫桑比克	-6.66	-5.48	-2.92	-6.85	-0.15	-7.06	-5.27
墨西哥	-4.00	-2.77	-1.06	-2.20	-2.35	-5.80	-3.40
纳米比亚	-8.08	-9.10	-4.96	-5.27	-5.89	-9.56	-8.35
南非	-4.78	-4.07	-4.38	-4.14	-6.25	-14.04	-11.14
尼加拉瓜	-1.44	-1.70	-1.58	-2.98	-0.45	-4.27	-3.01
尼日尔	-6.75	-4.46	-4.12	-3.00	-3.56	-4.82	-4.74
尼日利亚	-3.17	-4.01	-5.40	-4.31	-4.76	-6.74	-4.97
挪威	6.02	4.06	5.00	7.22	7.78	-1.79	2.05
葡萄牙	-4.35	-1.94	-2.96	-0.44	0.19	-8.35	-2.71
日本	-3.81	-3.70	-3.12	-2.50	-3.30	-14.15	-6.42
瑞典	0.00	0.99	1.43	0.81	0.40	-5.90	-1.97

续表

年份 国家	2015	2016	2017	2018	2019	2020	2021
瑞士	0.56	0.24	1.16	1.32	1.47	-4.21	-1.42
塞内加尔	-3.66	-3.27	-2.97	-3.64	-3.83	-6.23	-4.49
塞浦路斯	0.01	0.09	1.66	-4.23	1.74	-5.58	-2.03
沙特阿拉伯	-15.84	-17.20	-9.24	-5.87	-4.45	-10.56	-5.97
斯里兰卡	-7.01	-5.34	-5.50	-5.30	-8.18	-9.63	-8.09
斯洛文尼亚	-2.85	-1.94	-0.05	0.72	0.54	-8.82	-2.81
苏丹	-3.82	-4.56	-6.45	-7.92	-10.89	-6.83	-4.25
塔吉克斯坦	-1.97	-9.03	-5.97	-2.78	-2.10	-6.00	-4.44
泰国	0.13	0.57	-0.43	0.06	-0.82	-5.21	-4.92
坦桑尼亚	-3.17	-2.08	-1.16	-1.93	-1.72	-1.86	-2.78
突尼斯	-5.25	-6.23	-5.94	-4.58	-3.89	-8.10	-5.10
土耳其	-1.26	-2.34	-2.18	-3.65	-5.65	-7.88	-7.93
土库曼斯坦	-0.70	-2.38	-2.84	-0.22	-0.35	-1.44	-0.72
危地马拉	-1.47	-1.13	-1.39	-1.89	-2.25	-5.55	-3.79
委内瑞拉	-10.65	-10.81	-22.99	-31.00	-10.00	-21.50	-3.70
乌干达	-2.55	-3.56	-2.75	-2.74	-5.02	-6.55	-6.95
乌克兰	-1.16	-2.23	-2.19	-2.15	-2.04	-7.81	-5.25
乌拉圭	-2.03	-2.90	-2.71	-2.03	-3.00	-5.77	-4.02
乌兹别克斯坦	-0.25	0.81	1.29	1.74	-0.26	-4.14	-2.69
西班牙	-5.18	-4.31	-3.02	-2.54	-2.83	-14.09	-7.51
希腊	-2.77	0.55	1.04	0.87	0.57	-8.99	-3.01
新加坡	2.86	3.66	5.34	3.72	3.84	-10.77	1.16
新西兰	0.32	1.02	1.29	1.43	-2.95	-9.25	-8.72
匈牙利	-2.01	-1.81	-2.46	-2.15	-2.05	-8.28	-3.86
亚美尼亚	-4.84	-5.63	-4.79	-1.75	-0.97	-5.82	-3.28
伊拉克	-12.82	-13.89	-1.62	7.84	0.86	-17.53	-13.06
伊朗	-1.76	-2.27	-1.82	-1.93	-5.50	-9.53	-6.85
以色列	-0.91	-1.40	-1.11	-3.62	-3.91	-12.94	-7.05

续表

国家＼年份	2015	2016	2017	2018	2019	2020	2021
意大利	-2.55	-2.40	-2.45	-2.20	-1.64	-12.98	-6.18
印度	-7.20	-7.12	-6.36	-6.27	-8.22	-13.08	-10.93
印度尼西亚	-2.60	-2.49	-2.51	-1.75	-2.23	-6.32	-5.50
英国	-4.59	-3.35	-2.45	-2.26	-2.20	-16.46	-9.19
约旦	-8.39	-3.66	-3.58	-4.66	-5.98	-9.14	-7.37
越南	-4.98	-3.16	-1.96	-1.02	-3.29	-6.02	-5.17
赞比亚	-9.54	-6.10	-7.59	-8.43	-8.14	-6.00	-5.04
智利	-2.08	-2.65	-2.62	-1.47	-2.65	-8.71	-4.01

资料来源：WEO.

表40　　　　　　　　　　外债/外汇储备　　　　　　　　（单位：%）

国家＼年份	2013	2014	2015	2016	2017	2018	2019
阿尔巴尼亚	306.50	315.17	267.64	267.00	264.73	246.56	247.10
阿尔及利亚	2.58	2.95	3.12	4.55	5.44	6.52	7.66
阿根廷	458.51	477.54	666.13	468.57	415.80	422.82	619.25
阿联酋	261.63	244.17	211.34	249.24	241.23	235.38	226.87
阿曼	79.36	82.67	114.57	158.52	337.51	410.21	447.25
阿塞拜疆	72.48	75.87	177.61	228.18	224.53	240.02	221.50
埃及	278.18	274.67	302.67	283.39	228.02	231.84	246.81
埃塞俄比亚	507.72	482.24	521.47	725.85	820.86	677.12	935.60
爱尔兰	128365.79	125758.10	108934.76	61292.73	54390.73	51697.58	50588.38
爱沙尼亚	7633.44	5265.17	5062.70	5679.55	6665.96	3046.34	1612.41
安哥拉	174.60	210.86	235.39	240.79	303.63	356.90	334.25
奥地利	3516.78	2959.82	2922.70	2623.04	3153.21	2845.97	2879.36
澳大利亚	2649.66	2596.91	3062.65	2614.10	2402.48	2783.94	2552.99
巴基斯坦	797.25	447.34	339.53	345.02	482.23	836.35	663.21
巴拉圭	40.87	47.23	60.62	62.49	63.47	75.35	70.10
巴林	835.24	688.16	1129.98	1629.97	2264.91	2720.03	1874.00

续表

国家 \ 年份	2013	2014	2015	2016	2017	2018	2019
巴拿马	2738.77	1934.43	2575.41	2339.64	3403.20	4666.94	2921.01
巴西	133.77	195.29	187.96	186.31	179.17	178.81	190.54
白俄罗斯	601.12	789.31	910.66	774.31	546.80	544.88	436.46
保加利亚	261.53	243.42	171.53	146.96	144.49	135.84	139.78
冰岛	2595.78	2346.14	595.17	345.99	335.05	316.39	280.14
波兰	357.74	358.38	347.72	297.39	335.49	307.81	272.60
玻利维亚	55.44	58.17	74.33	109.41	126.88	134.38	188.99
博茨瓦纳	31.06	30.04	29.15	29.21	22.70	25.54	28.20
布基纳法索	438.52	404.48	291.63	281.14	190.38	210.02	215.91
丹麦	687.89	716.26	721.02	747.48	730.95	690.70	733.14
德国	2921.40	2842.60	2878.01	2716.93	2850.24	2827.90	2499.69
多哥	145.37	186.51	143.53	166.50	167.60	243.04	125.68
俄罗斯	143.22	155.35	141.29	135.26	120.17	96.02	88.26
厄瓜多尔	437.20	608.93	1125.73	806.54	1843.57	2038.27	1768.57
法国	3788.89	3820.05	3617.97	3427.80	3710.28	3483.83	3333.22
菲律宾	70.93	97.95	95.49	92.98	89.67	99.75	93.84
芬兰	5056.62	5150.17	4792.20	4395.45	4663.63	5626.06	5600.96
哥伦比亚	213.17	213.63	237.98	259.89	254.61	271.47	265.89
哥斯达黎加	245.54	277.34	306.36	330.08	377.63	386.62	346.87
哈萨克斯坦	607.49	547.00	538.51	540.48	552.90	516.52	552.53
韩国	121.49	115.76	109.08	102.66	105.45	109.16	114.97
荷兰	9933.23	10684.16	10990.81	11418.78	11712.04	11188.69	9695.28
洪都拉斯	226.04	211.09	202.44	199.29	186.91	203.39	160.51
吉尔吉斯斯坦	299.32	372.93	433.09	401.46	372.07	375.53	341.77
几内亚	222.52	203.26	320.98	273.67	243.95	215.74	174.23
加拿大	2085.16	2141.90	2006.18	2055.17	2192.03	2263.91	2461.98
加纳	286.34	323.53	348.27	357.95	313.61	365.38	297.49
柬埔寨	148.06	132.61	121.80	112.97	93.38	93.62	85.02

续表

国家＼年份	2013	2014	2015	2016	2017	2018	2019
捷克	249.03	238.55	201.58	163.31	141.91	133.32	126.79
喀麦隆	149.77	183.07	206.43	332.48	297.17	317.98	351.99
卡塔尔	330.28	330.54	393.23	509.96	1141.55	617.25	506.88
科威特	116.15	107.47	128.89	124.59	147.58	143.35	141.24
克罗地亚	377.11	389.01	354.11	329.96	276.33	245.11	221.47
肯尼亚	212.16	214.88	225.21	249.98	339.98	341.59	340.07
拉脱维亚	531.96	1270.11	1102.73	1110.50	975.41	938.06	892.93
老挝	756.54	778.32	1122.64	1528.33	1332.77	1631.92	1451.62
黎巴嫩	129.56	126.31	140.12	131.71	133.55	150.82	146.90
立陶宛	421.18	355.12	1826.59	1346.22	966.36	710.45	727.62
卢森堡	363394.36	428411.38	480053.56	411025.11	489704.46	447336.64	379192.04
罗马尼亚	286.72	277.87	253.22	245.29	270.09	261.10	285.67
马达加斯加	334.99	348.92	336.53	236.55	174.98	172.45	189.00
马耳他	20102.75	17759.89	17316.85	13736.28	13205.41	9759.78	10665.35
马来西亚	155.72	181.10	209.90	211.68	214.75	216.85	221.94
马里	262.67	335.31	461.06	960.32	685.96	538.18	395.55
美国	3567.38	3913.30	4690.82	4434.13	4210.20	4445.36	3870.71
蒙古国	845.25	1271.35	1663.52	1917.00	895.02	816.98	710.41
孟加拉国	176.92	156.81	138.22	127.00	149.56	174.84	161.18
秘鲁	86.67	97.55	107.15	113.27	106.55	111.05	94.52
缅甸	158.45	310.46	304.44	286.51	287.69	265.66	255.83
摩尔多瓦	244.63	301.39	347.23	281.06	249.71	250.40	245.13
摩洛哥	212.79	217.05	193.41	187.28	198.55	212.58	208.23
莫桑比克	357.85	403.57	542.38	641.26	446.29	460.45	383.24
墨西哥	221.98	219.74	236.49	230.37	250.76	255.12	251.29
纳米比亚	436.75	560.65	390.95	359.93	341.25	386.06	414.79
南非	281.64	305.36	261.51	296.74	335.15	329.19	345.10
尼加拉瓜	486.71	439.33	441.37	449.39	435.13	530.70	496.36

续表

年份 国家	2013	2014	2015	2016	2017	2018	2019
尼日尔	168.35	147.82	197.17	210.74	238.70	306.32	200.83
尼日利亚	45.40	66.67	99.96	110.63	98.77	109.71	112.19
挪威	1252.51	1049.37	1061.68	1009.18	985.99	997.70	970.93
葡萄牙	3013.20	2537.98	2216.20	1680.69	1877.63	1886.01	1839.79
日本	221.02	214.17	235.18	279.49	284.78	314.84	317.59
瑞典	1682.90	1597.98	1531.88	1448.75	1607.94	1519.00	1603.33
瑞士	317.03	293.15	282.20	250.40	234.27	241.42	210.54
塞内加尔	247.70	274.20	296.72	431.09	457.52	498.69	362.30
塞浦路斯	26193.39	26848.93	30945.62	28308.09	29289.42	25968.36	22255.26
沙特阿拉伯	17.62	17.46	20.73	23.75	25.52	29.44	34.95
斯里兰卡	533.33	523.70	616.26	765.62	653.34	751.36	732.19
斯洛文尼亚	6181.17	5608.20	5839.66	6333.72	5844.09	5144.18	4825.56
苏丹	11919.76	12124.07	12102.60	12478.88	12364.15	14463.69	13272.73
塔吉克斯坦	740.95	994.84	972.86	744.46	425.71	467.26	443.29
泰国	83.72	89.08	83.09	75.68	79.00	77.81	75.77
坦桑尼亚	278.15	341.65	367.58	367.76	305.71	376.26	330.48
突尼斯	357.61	373.43	383.64	472.54	537.11	618.22	479.80
土耳其	297.59	321.77	362.02	386.99	417.99	473.21	422.46
土库曼斯坦	2.06	1.51	1.39	2.04	3.13	3.42	2.74
危地马拉	233.86	259.18	258.20	240.37	195.49	174.84	150.84
委内瑞拉	789.14	745.75	1023.98	1477.83	1531.54	3846.09	5667.73
乌干达	257.67	268.37	336.90	322.80	322.51	387.08	382.60
乌克兰	685.82	1724.41	902.20	707.98	637.93	528.39	473.99
乌拉圭	141.27	159.50	179.10	296.92	256.90	263.56	296.47
乌兹别克斯坦	48.88	53.73	57.64	60.87	60.56	66.48	59.74
西班牙	4963.80	4165.69	3705.50	3172.59	3314.11	3256.26	3211.50
希腊	10064.08	8338.30	7963.36	6714.11	6150.91	6201.75	5877.20
新加坡	467.97	496.97	516.13	517.81	526.32	512.44	560.46

续表

国家＼年份	2013	2014	2015	2016	2017	2018	2019
新西兰	1164.38	1197.90	1156.48	1010.76	918.60	1076.09	1066.61
匈牙利	430.03	452.17	483.03	580.85	535.66	478.22	439.82
亚美尼亚	386.39	570.68	501.33	453.70	475.34	486.87	421.11
伊拉克	76.58	88.22	119.22	149.57	143.10	111.57	116.49
伊朗	6.50	5.24	5.53	5.76	6.43	6.23	7.46
以色列	116.16	111.50	98.26	91.15	78.75	81.55	79.36
意大利	1784.19	1751.23	1761.20	1628.02	1654.31	1575.20	1425.33
印度	144.25	141.50	135.85	127.18	123.60	130.27	120.83
印度尼西亚	271.67	259.25	292.65	274.99	268.79	314.93	309.63
英国	7915.78	7390.30	5536.45	5558.36	5700.74	4865.12	5070.02
约旦	173.59	155.79	156.89	173.71	215.08	243.68	241.69
越南	251.03	210.59	276.10	235.44	203.77	198.37	133.53
赞比亚	238.47	302.11	404.36	637.56	864.52	1210.78	1263.27
智利	340.69	370.85	414.07	395.13	461.76	451.59	491.94

资料来源：WDI，QEDS.

表41　　　　　　　　　　　　经常账户余额/GDP　　　　　　　　　（单位:%）

国家＼年份	2015	2016	2017	2018	2019	2020	2021
阿尔巴尼亚	-8.61	-7.57	-7.49	-6.76	-7.63	-11.70	-8.50
阿尔及利亚	-16.44	-16.54	-13.19	-9.62	-10.11	-10.80	-16.62
阿根廷	-2.74	-2.71	-4.83	-5.23	-0.90	0.68	1.24
阿联酋	4.90	3.70	7.13	9.59	8.40	3.55	7.49
阿曼	-15.87	-19.15	-15.56	-5.45	-4.55	-14.57	-12.90
阿塞拜疆	-0.44	-3.60	4.07	12.84	9.08	-3.62	-4.42
埃及	-3.66	-5.97	-6.09	-2.38	-3.60	-3.20	-4.18
埃塞俄比亚	-11.73	-9.40	-8.51	-6.52	-5.32	-4.46	-4.65
爱尔兰	4.40	-4.21	0.49	5.99	-11.35	4.97	5.46
爱沙尼亚	1.76	1.64	2.66	1.99	2.64	4.00	2.00

续表

国家 \ 年份	2015	2016	2017	2018	2019	2020	2021
安哥拉	-8.84	-4.79	-0.52	6.99	5.74	-1.30	0.11
奥地利	1.73	2.73	1.55	2.33	2.62	2.44	2.50
澳大利亚	-4.62	-3.27	-2.57	-2.09	0.60	1.85	-0.09
巴基斯坦	-1.00	-1.75	-4.14	-6.36	-4.87	-1.13	-2.51
巴拉圭	-0.40	3.62	3.11	0.02	-1.00	-0.71	0.01
巴林	-2.42	-4.63	-4.09	-6.47	-2.06	-7.99	-5.66
巴拿马	-8.96	-7.78	-5.93	-8.22	-5.24	-7.05	-6.22
巴西	-3.03	-1.35	-0.73	-2.20	-2.77	0.27	0.02
白俄罗斯	-3.25	-3.38	-1.74	0.04	-1.85	-3.27	-2.21
保加利亚	0.12	3.19	3.49	1.38	4.04	1.89	2.28
冰岛	5.14	7.56	3.79	3.16	6.18	0.03	0.21
波兰	-0.55	-0.53	0.00	-0.99	0.41	3.03	1.77
玻利维亚	-5.83	-5.58	-4.81	-4.64	-3.31	-2.60	-3.54
博茨瓦纳	7.76	7.69	5.33	0.63	-7.60	-2.51	-3.11
布基纳法索	-7.57	-6.09	-5.01	-4.10	-4.77	-3.46	-3.49
丹麦	8.25	7.77	7.76	7.03	7.81	6.37	6.56
德国	8.60	8.51	7.79	7.37	7.07	5.75	6.83
多哥	-11.03	-9.77	-2.01	-3.45	-4.26	-6.28	-4.39
俄罗斯	5.00	1.91	2.04	6.95	3.84	1.17	1.83
厄瓜多尔	-2.24	1.12	-0.14	-1.24	-0.10	-2.00	-0.14
法国	-0.37	-0.49	-0.77	-0.56	-0.67	-1.92	-1.77
菲律宾	2.37	-0.38	-0.65	-2.53	-0.12	1.61	-1.51
芬兰	-0.94	-2.03	-0.93	-1.73	-0.46	-1.83	-0.69
哥伦比亚	-6.33	-4.26	-3.28	-3.93	-4.25	-3.97	-3.92
哥斯达黎加	-3.47	-2.17	-3.33	-3.28	-2.37	-4.45	-4.14
哈萨克斯坦	-3.26	-5.92	-3.06	-0.13	-3.58	-3.31	-2.82
韩国	7.17	6.53	4.63	4.49	3.64	3.31	3.45
荷兰	6.30	8.06	10.82	10.84	9.95	7.56	8.96

续表

国家＼年份	2015	2016	2017	2018	2019	2020	2021
洪都拉斯	-4.67	-2.61	-0.76	-5.39	-1.38	-2.23	-2.82
吉尔吉斯斯坦	-15.85	-11.63	-6.20	-12.05	-5.63	-13.40	-12.84
几内亚	-12.95	-31.91	-6.72	-18.74	-13.70	-20.45	-15.68
加拿大	-3.50	-3.09	-2.81	-2.50	-2.04	-1.99	-2.43
加纳	-5.84	-5.21	-3.41	-3.12	-2.74	-3.42	-2.92
柬埔寨	-8.74	-8.48	-7.92	-12.25	-15.83	-25.44	-16.27
捷克	0.24	1.55	1.63	0.42	-0.37	-0.68	-0.53
喀麦隆	-3.79	-3.18	-2.71	-3.64	-4.36	-5.44	-4.52
卡塔尔	8.50	-5.45	3.99	9.08	2.41	-0.60	2.57
科威特	3.50	-4.62	7.96	14.50	9.45	-6.83	-2.75
克罗地亚	3.26	2.13	3.47	1.84	2.78	-3.22	-3.09
肯尼亚	-6.87	-5.83	-7.21	-5.75	-5.82	-4.90	-5.39
拉脱维亚	-0.88	1.44	1.02	-0.68	-0.54	2.01	-0.78
老挝	-22.42	-11.02	-10.65	-11.96	-6.44	-8.74	-7.74
黎巴嫩	-19.86	-23.48	-26.30	-28.22	-27.45	-16.33	-3.80
立陶宛	-2.81	-0.82	0.59	0.29	4.27	7.22	4.52
卢森堡	5.07	4.95	4.90	4.76	4.48	3.77	4.28
罗马尼亚	-0.59	-1.38	-2.78	-4.38	-4.56	-5.27	-4.51
马达加斯加	-1.63	0.48	-0.42	0.71	-2.29	-4.17	-2.89
马耳他	2.70	3.74	10.20	10.97	9.61	7.64	8.29
马来西亚	2.99	2.39	2.79	2.23	3.37	0.94	1.76
马里	-5.32	-7.24	-7.29	-4.93	-4.20	-1.99	-1.16
美国	-2.23	-2.11	-1.87	-2.18	-2.24	-2.12	-2.11
蒙古国	-3.99	-6.27	-10.11	-16.80	-15.61	-12.27	-13.45
孟加拉国	1.79	1.93	-0.53	-3.49	-1.69	-1.53	-2.76
秘鲁	-4.98	-2.60	-1.30	-1.70	-1.36	-1.06	-0.28
缅甸	-3.47	-4.18	-6.80	-4.71	-2.56	-3.51	-4.43
摩尔多瓦	-5.99	-3.50	-5.74	-10.71	-8.85	-8.27	-10.60

续表

国家＼年份	2015	2016	2017	2018	2019	2020	2021
摩洛哥	-2.14	-4.05	-3.42	-5.27	-4.15	-7.28	-5.22
莫桑比克	-37.41	-32.22	-19.66	-29.55	-20.35	-60.02	-68.91
墨西哥	-2.65	-2.26	-1.77	-2.08	-0.35	1.25	-0.09
纳米比亚	-12.63	-15.67	-3.94	-2.75	-2.28	-4.39	-2.15
南非	-4.62	-2.87	-2.54	-3.55	-3.02	-1.62	-1.79
尼加拉瓜	-9.87	-8.48	-7.16	-1.86	6.03	0.52	-0.23
尼日尔	-15.35	-11.42	-11.39	-12.64	-12.59	-16.82	-19.19
尼日利亚	-3.14	0.67	2.77	0.97	-3.80	-3.65	-2.02
挪威	8.03	4.45	4.62	7.15	4.10	2.78	4.42
葡萄牙	0.23	1.17	1.30	0.39	-0.09	-3.14	-3.54
日本	3.11	4.02	4.18	3.57	3.63	2.92	3.25
瑞典	4.07	3.54	3.07	2.52	4.20	3.24	4.17
瑞士	11.26	9.85	6.41	8.21	11.52	8.48	8.97
塞内加尔	-5.72	-4.19	-7.28	-8.76	-7.69	-9.20	-9.94
塞浦路斯	-0.45	-4.22	-5.10	-4.41	-6.72	-10.59	-9.05
沙特阿拉伯	-8.67	-3.70	1.52	9.15	5.92	-2.51	-1.59
斯里兰卡	-2.34	-2.12	-2.64	-3.15	-2.15	-3.63	-3.24
斯洛文尼亚	3.82	4.79	6.22	5.86	5.67	4.52	3.91
苏丹	-8.37	-7.58	-10.04	-13.11	-15.11	-12.73	-10.70
塔吉克斯坦	-6.07	-4.18	2.23	-5.03	-2.28	-7.15	-4.55
泰国	6.92	10.51	9.63	5.62	7.06	4.17	4.61
坦桑尼亚	-7.83	-4.13	-2.60	-3.00	-2.29	-3.23	-4.39
突尼斯	-9.70	-9.31	-10.25	-11.17	-8.47	-8.28	-8.67
土耳其	-3.16	-3.09	-4.73	-2.66	1.17	-3.66	-0.89
土库曼斯坦	-15.59	-20.20	-10.41	5.52	5.08	1.00	1.85
危地马拉	-1.24	0.97	1.12	0.81	2.42	3.85	2.32
委内瑞拉	-4.96	-1.39	6.05	8.75	8.37	-4.14	-4.05
乌干达	-6.12	-2.83	-4.76	-6.81	-6.49	-7.97	-5.94

续表

国家＼年份	2015	2016	2017	2018	2019	2020	2021
乌克兰	1.73	-1.49	-2.18	-3.27	-2.72	4.32	-3.02
乌拉圭	-0.92	0.59	0.71	-0.05	0.62	-1.70	-3.27
乌兹别克斯坦	1.32	0.36	2.54	-7.13	-5.57	-6.44	-7.43
西班牙	2.03	3.18	2.68	1.94	1.97	0.54	0.93
希腊	-1.50	-2.35	-2.53	-3.48	-2.10	-7.74	-4.47
新加坡	18.69	17.64	16.26	17.18	16.97	14.98	14.54
新西兰	-2.89	-2.22	-2.99	-4.28	-3.39	-2.03	-2.38
匈牙利	2.36	4.52	2.34	-0.02	-0.85	-1.57	-0.85
亚美尼亚	-2.72	-2.06	-2.99	-9.35	-8.18	-8.83	-7.30
伊拉克	-6.55	-8.27	1.82	6.71	1.12	-12.65	-12.06
伊朗	0.33	3.82	3.55	6.14	1.12	-0.51	0.30
以色列	5.08	3.31	3.06	2.13	3.40	3.55	3.50
意大利	1.42	2.59	2.58	2.49	2.96	3.23	2.99
印度	-1.05	-0.63	-1.83	-2.11	-0.86	0.33	-0.93
印度尼西亚	-2.04	-1.82	-1.60	-2.94	-2.72	-1.30	-2.40
英国	-4.91	-5.21	-3.49	-3.87	-4.01	-2.05	-3.77
约旦	-8.99	-9.66	-10.61	-6.90	-2.26	-6.80	-5.68
越南	-0.86	0.25	-0.60	1.90	3.42	1.16	1.68
赞比亚	-2.69	-3.27	-1.68	-1.26	0.61	-1.04	0.04
智利	-2.38	-1.99	-2.34	-3.57	-3.85	-1.57	-2.92

资料来源：WEO．

表42　　　　　　　　　　　　　　贸易条件

国家＼年份	2012	2013	2014	2015	2016	2017	2018
阿尔巴尼亚	1.68	1.98	1.94	1.86	1.75	1.81	2.02
阿尔及利亚	0.59	0.49	0.43	0.28	0.27	0.32	0.36
阿根廷	0.97	0.97	0.99	0.90	0.99	0.84	0.90
阿联酋	0.79	0.97	0.87	0.80	0.76	0.82	0.96

续表

国家 \ 年份	2012	2013	2014	2015	2016	2017	2018
阿曼	1.04	0.73	0.78	0.50	0.48	0.56	0.83
阿塞拜疆	1.15	2.07	2.07	1.21	1.04	1.18	1.31
埃及	0.63	1.21	1.11	0.93	1.26	1.15	1.06
埃塞俄比亚	0.87	0.66	0.57	0.47	0.46	0.51	0.48
爱尔兰	0.92	1.07	0.97	1.06	1.06	1.02	1.03
爱沙尼亚	0.71	1.17	1.16	1.17	1.16	1.15	1.17
安哥拉	1.12	0.99	0.79	0.62	0.81	0.92	1.05
奥地利	2.10	1.02	1.05	1.05	1.03	1.02	1.02
澳大利亚	1.00	1.17	1.13	1.01	1.10	1.13	1.22
巴基斯坦	0.67	0.68	0.63	0.61	0.52	0.45	0.47
巴拉圭	1.05	0.80	0.82	0.83	0.89	0.75	0.70
巴林	1.02	1.14	1.13	1.17	1.04	1.06	1.13
巴拿马	0.97	2.40	2.09	1.98	2.10	1.99	1.96
巴西	1.10	1.03	1.00	1.14	1.37	1.47	1.35
白俄罗斯	1.95	1.02	1.05	1.04	1.01	1.01	1.04
保加利亚	0.96	1.16	1.14	1.17	1.24	1.24	1.18
冰岛	0.91	1.36	1.28	1.22	1.07	0.95	0.99
波兰	1.19	1.52	1.52	1.57	1.58	1.55	1.51
玻利维亚	0.58	1.86	1.74	1.35	1.24	1.26	1.34
博茨瓦纳	1.11	0.74	0.82	0.68	0.93	0.86	0.79
布基纳法索	0.53	1.58	2.00	2.07	2.19	2.16	2.17
丹麦	1.17	1.01	0.99	0.99	0.99	0.98	0.95
德国	1.59	1.10	1.12	1.14	1.14	1.12	1.09
多哥	0.92	0.85	0.81	0.67	0.71	0.82	0.81
俄罗斯	1.08	0.65	0.69	0.76	0.63	0.63	0.76
厄瓜多尔	1.17	0.69	0.70	0.64	0.78	0.72	0.70
法国	1.36	0.88	0.89	0.92	0.91	0.90	0.89
菲律宾	0.78	0.84	0.88	0.77	0.62	0.66	0.57

续表

国家\年份	2012	2013	2014	2015	2016	2017	2018
芬兰	1.09	0.72	0.72	0.74	0.71	0.72	0.72
哥伦比亚	1.06	0.88	0.76	0.59	0.63	0.73	0.72
哥斯达黎加	0.96	0.69	0.70	0.63	0.58	0.68	0.76
哈萨克斯坦	1.20	0.99	1.10	0.86	0.83	0.94	1.07
韩国	2.23	1.01	1.02	1.12	1.14	1.12	1.05
荷兰	2.79	1.07	1.07	1.04	1.07	1.06	1.05
洪都拉斯	1.04	0.85	0.88	0.88	0.90	0.91	0.89
吉尔吉斯斯坦	0.92	0.37	0.36	0.39	0.43	0.43	0.39
几内亚	0.66	0.93	0.80	0.75	0.50	1.21	0.99
加拿大	0.90	0.85	0.89	0.84	0.84	0.84	0.85
加纳	1.24	1.39	1.61	1.37	1.54	1.95	2.01
柬埔寨	0.85	0.97	0.89	0.90	0.99	1.09	1.05
捷克	0.70	1.24	1.25	1.23	1.25	1.23	1.21
喀麦隆	0.94	0.55	0.55	0.54	0.51	0.51	0.53
卡塔尔	0.38	1.42	1.21	0.67	0.50	0.61	0.71
科威特	1.33	1.45	1.21	0.64	0.55	0.60	0.72
克罗地亚	1.22	1.02	1.08	1.12	1.12	1.15	1.10
肯尼亚	1.40	0.64	0.60	0.66	0.72	0.62	0.63
拉脱维亚	0.97	1.39	1.41	1.44	1.46	1.42	1.39
老挝	0.65	1.19	1.01	1.04	1.28	1.39	1.34
黎巴嫩	1.10	2.05	1.80	1.83	1.77	1.76	1.64
立陶宛	0.90	1.34	1.35	1.29	1.31	1.33	1.31
卢森堡	1.05	0.93	0.96	0.99	0.98	0.93	0.91
罗马尼亚	0.88	1.13	1.13	1.10	1.08	1.05	1.03
马达加斯加	0.68	0.79	0.91	0.98	1.01	1.03	1.01
马耳他	1.41	0.82	0.60	0.60	0.68	0.60	0.66
马来西亚	0.75	0.93	0.93	0.94	0.94	0.93	0.95
马里	0.74	0.91	1.05	1.06	1.03	1.00	0.88

续表

国家＼年份	2012	2013	2014	2015	2016	2017	2018
美国	1.41	1.09	1.08	1.05	1.04	1.03	1.03
蒙古国	1.02	0.77	1.26	1.41	1.68	1.64	1.37
孟加拉国	1.17	1.09	1.03	1.07	1.08	0.94	0.89
秘鲁	1.16	1.05	1.00	0.97	1.09	1.21	1.21
缅甸	0.83	1.36	1.02	0.99	1.10	1.05	1.26
摩尔多瓦	1.05	0.73	0.72	0.81	0.84	0.83	0.77
摩洛哥	0.94	0.75	0.80	0.91	0.85	0.88	0.88
莫桑比克	1.06	1.27	1.61	1.30	2.03	2.62	2.44
墨西哥	0.71	1.05	1.04	1.01	1.01	1.02	1.02
纳米比亚	0.67	0.72	0.64	0.62	0.73	0.79	0.70
南非	1.26	0.75	0.76	0.77	0.83	0.87	0.82
尼加拉瓜	0.78	1.47	1.51	1.40	1.39	1.45	1.51
尼日尔	1.44	1.10	0.92	0.77	0.84	0.86	0.83
尼日利亚	1.32	0.67	0.74	0.47	0.39	0.59	0.60
挪威	1.21	0.99	0.93	0.78	0.68	0.72	0.80
葡萄牙	0.57	1.36	1.34	1.35	1.34	1.30	1.27
日本	1.61	0.68	0.67	0.76	0.84	0.82	0.78
瑞典	0.99	0.87	0.85	0.85	0.83	0.83	0.82
瑞士	0.83	1.14	1.16	1.17	1.15	1.11	1.08
塞内加尔	1.02	0.69	0.71	0.79	0.81	0.75	0.76
塞浦路斯	1.02	1.29	1.60	1.90	1.53	1.44	1.88
沙特阿拉伯	0.31	0.87	0.77	0.45	0.51	0.64	0.86
斯里兰卡	1.49	0.66	0.67	0.64	0.62	0.63	0.61
斯洛文尼亚	1.02	1.18	1.23	1.24	1.25	1.23	1.21
苏丹	0.78	0.42	0.41	0.29	0.32	0.39	0.38
塔吉克斯坦	1.07	0.24	0.20	0.22	0.26	0.37	0.42
泰国	0.89	0.82	0.90	0.95	1.00	0.96	0.91
坦桑尼亚	1.13	0.78	0.80	0.94	1.15	0.98	0.91

续表

国家＼年份	2012	2013	2014	2015	2016	2017	2018
突尼斯	1.09	1.03	0.99	1.02	1.02	1.01	1.00
土耳其	1.06	1.18	1.28	1.36	1.41	1.32	1.48
土库曼斯坦	1.15	1.20	1.25	1.02	0.99	1.16	2.85
危地马拉	0.74	1.09	1.13	1.15	1.17	1.14	1.07
委内瑞拉	0.65	0.89	0.84	0.54	0.83	1.50	1.49
乌干达	1.78	1.58	1.42	1.56	1.96	1.98	1.79
乌克兰	1.12	0.80	0.96	0.97	0.89	0.84	0.79
乌拉圭	1.41	1.18	1.20	1.22	1.31	1.41	1.27
乌兹别克斯坦	1.06	0.87	0.79	0.79	0.76	0.83	0.62
西班牙	1.19	1.26	1.23	1.23	1.26	1.23	1.21
希腊	1.45	1.65	1.60	1.69	1.64	1.64	1.73
新加坡	0.83	1.07	1.09	1.14	1.13	1.11	1.09
新西兰	1.19	1.04	1.02	0.98	0.98	0.99	0.95
匈牙利	1.23	1.23	1.20	1.22	1.24	1.21	1.18
亚美尼亚	1.10	0.99	1.03	1.37	1.64	1.61	1.46
伊拉克	0.71	0.93	0.95	0.64	0.74	0.80	1.21
伊朗	1.07	0.94	0.84	0.76	0.82	0.91	1.06
以色列	0.67	1.07	1.09	1.18	1.05	1.02	0.78
意大利	0.98	1.07	1.11	1.10	1.13	1.11	1.08
印度	1.01	0.82	0.85	0.83	0.89	0.81	0.78
印度尼西亚	1.02	0.65	0.66	0.70	0.71	0.72	0.64
英国	0.88	1.00	0.89	0.90	0.78	0.84	0.88
约旦	0.38	0.89	0.89	0.93	0.95	0.89	0.93
越南	0.66	1.08	1.10	1.06	1.09	1.09	1.09
赞比亚	0.85	1.04	0.99	0.83	0.87	1.00	0.95
智利	0.71	0.93	0.99	0.96	1.00	1.03	0.98

资料来源：WDI.

表43　　　　　　　　　银行不良贷款/贷款总额　　　　　　　　（单位:%）

国家＼年份	2013	2014	2015	2016	2017	2018	2019
阿尔巴尼亚	23.49	22.80	18.17	18.27	13.23	11.08	8.37
阿尔及利亚	10.56	9.93	9.77	12.09	12.96	12.70	12.71
阿根廷	1.73	1.99	1.74	1.84	1.83	3.11	5.75
阿联酋	6.66	5.64	5.03	5.07	5.30	5.61	6.46
阿曼	3.64	2.89	2.37	2.22	1.95	1.62	1.78
阿塞拜疆	4.49	6.97	7.95	6.72	5.43	4.75	5.51
埃及	12.00	11.27	14.67	17.29	21.59	18.19	19.12
埃塞俄比亚	5.12	6.58	8.58	9.61	11.52	9.93	10.38
爱尔兰	5.77	5.77	5.77	5.46	5.27	5.39	5.36
爱沙尼亚	1.47	1.39	0.98	0.87	0.70	0.45	0.36
安哥拉	7.98	10.19	10.61	11.29	25.84	23.24	22.82
奥地利	2.87	3.47	3.39	2.70	2.37	1.88	1.63
澳大利亚	1.40	1.05	0.92	0.98	0.86	0.90	0.96
巴基斯坦	12.99	12.27	11.36	10.06	8.43	7.97	8.58
巴拉圭	2.13	1.99	2.59	2.94	2.81	2.51	2.56
巴林	3.64	2.89	2.37	2.22	1.95	1.62	1.78
巴拿马	0.75	0.93	1.01	1.26	1.42	1.74	1.96
巴西	2.86	2.85	3.31	3.92	3.59	3.05	3.11
白俄罗斯	4.45	4.37	6.83	12.79	12.85	5.01	4.63
保加利亚	16.88	16.75	14.61	13.17	10.43	7.80	6.62
冰岛	5.85	5.85	5.85	4.12	2.86	2.51	2.93
波兰	4.98	4.82	4.34	4.05	3.94	3.85	3.80
玻利维亚	1.48	1.50	1.50	1.58	1.70	1.73	1.87
博茨瓦纳	3.61	3.55	3.73	4.85	5.28	5.43	4.79
布基纳法索	5.12	6.58	8.58	9.61	11.52	9.93	10.38
丹麦	4.62	4.40	3.69	3.21	2.29	1.71	1.72
德国	2.70	2.34	1.97	1.71	1.50	1.24	1.37
多哥	5.12	6.58	8.58	9.61	11.52	9.93	10.38

续表

国家＼年份	2013	2014	2015	2016	2017	2018	2019
俄罗斯	6.00	6.73	8.35	9.44	10.00	10.12	9.29
厄瓜多尔	3.56	3.58	4.40	3.96	3.31	2.95	3.15
法国	4.50	4.16	3.98	3.64	3.08	2.75	2.47
菲律宾	2.44	2.02	1.89	1.72	1.58	1.67	1.97
芬兰	1.30	1.30	1.34	1.52	1.67	1.43	1.39
哥伦比亚	2.77	2.92	2.85	3.12	4.18	4.40	4.17
哥斯达黎加	1.75	1.55	1.66	1.55	2.05	2.05	2.32
哈萨克斯坦	19.47	12.39	7.95	6.72	9.31	7.39	7.90
韩国	0.57	0.49	0.46	0.47	0.35	0.40	0.39
荷兰	3.23	2.98	2.71	2.54	2.31	1.96	1.86
洪都拉斯	3.39	3.27	3.06	2.92	2.36	2.15	2.26
吉尔吉斯斯坦	5.09	4.18	6.74	8.52	7.37	7.30	7.73
几内亚	6.20	6.06	6.07	9.44	10.68	11.81	10.39
加拿大	0.57	0.52	0.52	0.60	0.45	0.50	0.49
加纳	12.00	11.27	14.67	17.29	21.59	18.19	19.12
柬埔寨	2.30	1.62	1.59	2.13	2.07	1.99	1.55
捷克	5.20	5.61	5.48	4.59	3.74	3.14	2.70
喀麦隆	10.30	9.70	9.32	10.65	10.84	12.39	12.81
卡塔尔	0.87	0.76	0.92	1.22	1.40	1.31	1.31
科威特	3.64	2.89	2.37	2.22	1.95	1.62	1.78
克罗地亚	15.43	16.71	16.33	13.61	11.20	9.71	6.99
肯尼亚	5.04	5.46	5.99	8.59	9.95	11.69	10.86
拉脱维亚	6.41	4.60	4.64	6.26	5.51	5.29	5.00
老挝	3.11	2.94	2.34	2.28	1.82	1.80	1.86
黎巴嫩	3.97	4.01	4.20	4.88	5.67	10.26	15.19
立陶宛	11.59	8.19	4.95	3.66	3.18	2.27	1.04
卢森堡	0.21	0.56	0.90	0.90	0.79	0.90	0.74
罗马尼亚	21.87	13.94	13.51	9.62	6.41	4.96	4.09

续表

国家\年份	2013	2014	2015	2016	2017	2018	2019
马达加斯加	11.63	10.12	9.01	8.36	7.67	7.27	6.76
马耳他	8.95	8.83	7.10	5.29	4.07	3.36	3.21
马来西亚	1.85	1.65	1.61	1.61	1.55	1.48	1.53
马里	5.12	6.58	8.58	9.61	11.52	9.93	10.38
美国	2.45	1.85	1.47	1.32	1.13	0.91	0.86
蒙古国	4.45	4.37	6.83	12.79	12.85	5.01	4.63
孟加拉国	8.64	9.37	8.40	8.86	8.90	9.89	8.90
秘鲁	3.50	3.95	3.93	4.29	4.70	3.27	3.37
缅甸	2.30	1.62	1.59	2.13	2.07	1.99	1.55
摩尔多瓦	11.58	11.73	9.95	16.41	18.38	12.49	8.49
摩洛哥	12.00	11.27	14.67	17.29	21.59	18.19	19.12
莫桑比克	5.76	4.01	5.13	10.40	5.51	3.34	4.75
墨西哥	3.24	3.04	2.52	2.09	2.09	2.05	2.15
纳米比亚	1.29	1.45	1.55	1.54	2.59	3.58	4.56
南非	3.64	3.24	3.12	2.86	2.84	3.73	3.89
尼加拉瓜	0.89	1.00	0.89	0.86	1.04	2.43	3.10
尼日尔	5.76	4.01	5.13	10.40	5.51	3.34	4.75
尼日利亚	3.39	2.96	4.86	12.82	14.81	11.67	6.03
挪威	1.34	1.13	1.05	1.18	1.00	0.75	0.80
葡萄牙	10.62	11.91	17.48	17.18	13.27	9.43	11.36
日本	0.57	0.49	0.46	0.47	0.35	0.40	0.39
瑞典	0.61	1.24	1.17	1.06	1.12	0.49	0.58
瑞士	0.78	0.72	0.75	0.74	0.64	0.66	0.65
塞内加尔	6.96	6.10	7.28	9.66	11.98	10.95	11.13
塞浦路斯	38.56	44.97	47.75	36.70	31.39	19.52	17.09
沙特阿拉伯	1.31	1.08	1.24	1.38	1.61	1.95	1.86
斯里兰卡	5.58	4.23	3.24	2.63	2.50	3.42	4.70
斯洛文尼亚	13.31	11.73	9.96	5.07	3.20	6.01	3.36

续表

年份 国家	2013	2014	2015	2016	2017	2018	2019
苏丹	5.12	6.58	8.58	9.61	11.52	9.93	10.38
塔吉克斯坦	13.18	20.39	17.51	18.66	18.20	18.38	18.31
泰国	2.30	2.31	2.68	2.99	3.07	3.08	3.13
坦桑尼亚	5.12	6.58	8.58	9.61	11.52	9.93	10.38
突尼斯	12.00	11.27	14.67	17.29	21.59	18.19	19.12
土耳其	2.64	2.74	2.99	3.11	2.84	3.69	5.02
土库曼斯坦	19.47	12.39	7.95	6.72	9.31	7.39	7.90
危地马拉	1.19	1.29	1.35	2.05	2.32	2.18	2.20
委内瑞拉	12.00	11.27	14.67	17.29	21.59	18.19	19.12
乌干达	5.76	4.01	5.13	10.40	5.51	3.34	4.75
乌克兰	12.89	18.98	28.03	30.47	54.54	52.85	48.36
乌拉圭	1.28	1.28	1.60	2.32	2.37	2.26	2.30
乌兹别克斯坦	2.82	2.10	1.46	0.74	1.20	1.28	1.50
西班牙	9.38	8.45	6.16	5.64	4.46	3.69	3.16
希腊	31.90	33.78	36.65	36.30	45.57	41.99	36.45
新加坡	0.87	0.76	0.92	1.22	1.40	1.31	1.31
新西兰	1.40	1.05	0.92	0.98	0.86	0.90	0.96
匈牙利	16.83	15.62	11.66	7.42	4.17	2.47	1.51
亚美尼亚	4.49	6.97	7.95	6.72	5.43	4.75	5.51
伊拉克	5.77	5.77	5.77	5.46	5.27	5.39	5.36
伊朗	25.71	20.65	14.93	13.61	11.46	5.73	8.24
以色列	2.86	2.15	1.84	1.61	1.29	1.23	1.39
意大利	16.54	18.03	18.06	17.12	14.38	8.39	6.75
印度	4.03	4.35	5.88	9.19	9.98	9.46	9.23
印度尼西亚	1.69	2.07	2.43	2.90	2.56	2.29	2.43
英国	3.11	1.65	1.01	0.94	0.73	1.07	0.96
约旦	5.77	5.77	5.77	5.46	5.27	5.39	5.36
越南	3.11	2.94	2.34	2.28	1.82	1.80	1.86

续表

国家＼年份	2013	2014	2015	2016	2017	2018	2019
赞比亚	6.96	6.10	7.28	9.66	11.98	10.95	11.13
智利	2.11	2.06	1.87	1.83	1.92	1.87	2.06

资料来源：WDI.

表44　　　　　扮演国际储备货币角色的程度

国家＼年份	2013	2014	2015	2016	2017	2018	2019
阿尔巴尼亚	0.00	0.00	0.00	0.00	0.00	0.00	0.00
阿尔及利亚	0.00	0.00	0.00	0.00	0.00	0.00	0.00
阿根廷	0.00	0.00	0.00	0.00	0.00	0.00	0.00
阿联酋	0.00	0.00	0.00	0.00	0.00	0.00	0.00
阿曼	0.00	0.00	0.00	0.00	0.00	0.00	0.00
阿塞拜疆	0.00	0.00	0.00	0.00	0.00	0.00	0.00
埃及	0.00	0.00	0.00	0.00	0.00	0.00	0.00
埃塞俄比亚	0.00	0.00	0.00	0.00	0.00	0.00	0.00
爱尔兰	0.40	0.40	0.40	0.40	0.40	0.40	0.40
爱沙尼亚	0.20	0.20	0.20	0.20	0.20	0.20	0.20
安哥拉	0.00	0.00	0.00	0.00	0.00	0.00	0.00
奥地利	0.40	0.40	0.40	0.40	0.40	0.40	0.40
澳大利亚	0.60	0.60	0.60	0.60	0.60	0.60	0.60
巴基斯坦	0.00	0.00	0.00	0.00	0.00	0.00	0.00
巴拉圭	0.00	0.00	0.00	0.00	0.00	0.00	0.00
巴林	0.00	0.00	0.00	0.00	0.00	0.00	0.00
巴拿马	0.00	0.00	0.00	0.00	0.00	0.00	0.00
巴西	0.10	0.10	0.10	0.10	0.10	0.10	0.10
白俄罗斯	0.00	0.00	0.00	0.00	0.00	0.00	0.00
保加利亚	0.20	0.20	0.20	0.20	0.20	0.20	0.20
冰岛	0.40	0.40	0.40	0.40	0.40	0.40	0.40
波兰	0.40	0.40	0.40	0.40	0.40	0.40	0.40

续表

国家＼年份	2013	2014	2015	2016	2017	2018	2019
玻利维亚	0.00	0.00	0.00	0.00	0.00	0.00	0.00
博茨瓦纳	0.00	0.00	0.00	0.00	0.00	0.00	0.00
布基纳法索	0.00	0.00	0.00	0.00	0.00	0.00	0.00
丹麦	0.40	0.40	0.40	0.40	0.40	0.40	0.40
德国	0.80	0.80	0.80	0.80	0.80	0.80	0.80
多哥	0.00	0.00	0.00	0.00	0.00	0.00	0.00
俄罗斯	0.10	0.10	0.10	0.10	0.10	0.10	0.10
厄瓜多尔	0.00	0.00	0.00	0.00	0.00	0.00	0.00
法国	0.80	0.80	0.80	0.80	0.80	0.80	0.80
菲律宾	0.00	0.00	0.00	0.00	0.00	0.00	0.00
芬兰	0.40	0.40	0.40	0.40	0.40	0.40	0.40
哥伦比亚	0.00	0.00	0.00	0.00	0.00	0.00	0.00
哥斯达黎加	0.00	0.00	0.00	0.00	0.00	0.00	0.00
哈萨克斯坦	0.00	0.00	0.00	0.00	0.00	0.00	0.00
韩国	0.20	0.20	0.20	0.20	0.20	0.20	0.20
荷兰	0.40	0.40	0.40	0.40	0.40	0.40	0.40
洪都拉斯	0.00	0.00	0.00	0.00	0.00	0.00	0.00
吉尔吉斯斯坦	0.00	0.00	0.00	0.00	0.00	0.00	0.00
几内亚	0.00	0.00	0.00	0.00	0.00	0.00	0.00
加拿大	0.60	0.60	0.60	0.60	0.60	0.60	0.60
加纳	0.00	0.00	0.00	0.00	0.00	0.00	0.00
柬埔寨	0.00	0.00	0.00	0.00	0.00	0.00	0.00
捷克	0.20	0.20	0.20	0.20	0.20	0.20	0.20
喀麦隆	0.00	0.00	0.00	0.00	0.00	0.00	0.00
卡塔尔	0.00	0.00	0.00	0.00	0.00	0.00	0.00
科威特	0.00	0.00	0.00	0.00	0.00	0.00	0.00
克罗地亚	0.20	0.20	0.20	0.20	0.20	0.20	0.20
肯尼亚	0.00	0.00	0.00	0.00	0.00	0.00	0.00

续表

国家＼年份	2013	2014	2015	2016	2017	2018	2019
拉脱维亚	0.20	0.20	0.20	0.20	0.20	0.20	0.20
老挝	0.00	0.00	0.00	0.00	0.00	0.00	0.00
黎巴嫩	0.00	0.00	0.00	0.00	0.00	0.00	0.00
立陶宛	0.20	0.20	0.20	0.20	0.20	0.20	0.20
卢森堡	0.40	0.40	0.40	0.40	0.40	0.40	0.40
罗马尼亚	0.20	0.20	0.20	0.20	0.20	0.20	0.20
马达加斯加	0.00	0.00	0.00	0.00	0.00	0.00	0.00
马耳他	0.20	0.20	0.20	0.20	0.20	0.20	0.20
马来西亚	0.00	0.00	0.00	0.00	0.00	0.00	0.00
马里	0.00	0.00	0.00	0.00	0.00	0.00	0.00
美国	1.00	1.00	1.00	1.00	1.00	1.00	1.00
蒙古国	0.00	0.00	0.00	0.00	0.00	0.00	0.00
孟加拉国	0.00	0.00	0.00	0.00	0.00	0.00	0.00
秘鲁	0.00	0.00	0.00	0.00	0.00	0.00	0.00
缅甸	0.00	0.00	0.00	0.00	0.00	0.00	0.00
摩尔多瓦	0.00	0.00	0.00	0.00	0.00	0.00	0.00
摩洛哥	0.00	0.00	0.00	0.00	0.00	0.00	0.00
莫桑比克	0.00	0.00	0.00	0.00	0.00	0.00	0.00
墨西哥	0.00	0.00	0.00	0.00	0.00	0.00	0.00
纳米比亚	0.00	0.00	0.00	0.00	0.00	0.00	0.00
南非	0.10	0.10	0.10	0.10	0.10	0.10	0.10
尼加拉瓜	0.00	0.00	0.00	0.00	0.00	0.00	0.00
尼日尔	0.00	0.00	0.00	0.00	0.00	0.00	0.00
尼日利亚	0.00	0.00	0.00	0.00	0.00	0.00	0.00
挪威	0.40	0.40	0.40	0.40	0.40	0.40	0.40
葡萄牙	0.20	0.20	0.20	0.20	0.20	0.20	0.20
日本	0.60	0.60	0.60	0.60	0.60	0.60	0.60
瑞典	0.40	0.40	0.40	0.40	0.40	0.40	0.40

续表

国家\年份	2013	2014	2015	2016	2017	2018	2019
瑞士	0.60	0.60	0.60	0.60	0.60	0.60	0.60
塞内加尔	0.00	0.00	0.00	0.00	0.00	0.00	0.00
塞浦路斯	0.20	0.20	0.20	0.20	0.20	0.20	0.20
沙特阿拉伯	0.00	0.00	0.00	0.00	0.00	0.00	0.00
斯里兰卡	0.00	0.00	0.00	0.00	0.00	0.00	0.00
斯洛文尼亚	0.20	0.20	0.20	0.20	0.20	0.20	0.20
苏丹	0.00	0.00	0.00	0.00	0.00	0.00	0.00
塔吉克斯坦	0.00	0.00	0.00	0.00	0.00	0.00	0.00
泰国	0.00	0.00	0.00	0.00	0.00	0.00	0.00
坦桑尼亚	0.00	0.00	0.00	0.00	0.00	0.00	0.00
突尼斯	0.00	0.00	0.00	0.00	0.00	0.00	0.00
土耳其	0.10	0.10	0.10	0.10	0.10	0.10	0.10
土库曼斯坦	0.00	0.00	0.00	0.00	0.00	0.00	0.00
危地马拉	0.00	0.00	0.00	0.00	0.00	0.00	0.00
委内瑞拉	0.00	0.00	0.00	0.00	0.00	0.00	0.00
乌干达	0.00	0.00	0.00	0.00	0.00	0.00	0.00
乌克兰	0.00	0.00	0.00	0.00	0.00	0.00	0.00
乌拉圭	0.00	0.00	0.00	0.00	0.00	0.00	0.00
乌兹别克斯坦	0.00	0.00	0.00	0.00	0.00	0.00	0.00
西班牙	0.20	0.20	0.20	0.20	0.20	0.20	0.20
希腊	0.40	0.40	0.40	0.40	0.40	0.40	0.40
新加坡	0.20	0.20	0.20	0.20	0.20	0.20	0.20
新西兰	0.40	0.40	0.40	0.40	0.40	0.40	0.40
匈牙利	0.20	0.20	0.20	0.20	0.20	0.20	0.20
亚美尼亚	0.00	0.00	0.00	0.00	0.00	0.00	0.00
伊拉克	0.00	0.00	0.00	0.00	0.00	0.00	0.00
伊朗	0.00	0.00	0.00	0.00	0.00	0.00	0.00
以色列	0.00	0.00	0.00	0.00	0.00	0.00	0.00

续表

国家＼年份	2013	2014	2015	2016	2017	2018	2019
意大利	0.40	0.40	0.40	0.40	0.40	0.40	0.40
印度	0.10	0.10	0.10	0.10	0.10	0.10	0.10
印度尼西亚	0.00	0.00	0.00	0.00	0.00	0.00	0.00
英国	0.80	0.80	0.80	0.80	0.80	0.80	0.80
约旦	0.00	0.00	0.00	0.00	0.00	0.00	0.00
越南	0.00	0.00	0.00	0.00	0.00	0.00	0.00
赞比亚	0.00	0.00	0.00	0.00	0.00	0.00	0.00
智利	0.00	0.00	0.00	0.00	0.00	0.00	0.00

资料来源：德尔菲法。

表45　　　　　　　　　　　　内部冲突

国家＼年份	2013	2014	2015	2016	2017	2018	2019	2020
阿尔巴尼亚	2.5	3	3	3	3	3	3	3
阿尔及利亚	7	7	7	7	6.5	6	6	6
阿根廷	4	4	4	4	4	4	4	4
阿联酋	2.5	2	1.5	1	1	1	1	1
阿曼	1	1	1	1	1.5	2	2.5	3
阿塞拜疆	4	4	4	4	4	4	4	4
埃及	6	7	7	7	7	7	7	7
埃塞俄比亚	8	8	8	8	8	8	7	6
爱尔兰	2	2	2.5	3	3	3	3	3
爱沙尼亚	3	3	3	3	3	3	3	3
安哥拉	4	4	4	4	4	4	4	4
奥地利	2	2	2.5	3	3	3	3	3
澳大利亚	2	2	2.5	3	3	3	3	3
巴基斯坦	9	9	9	9	9	9	8.5	8
巴拉圭	4.5	5	4.5	4	4	4	4	4
巴林	7	8	7.5	7	7.5	8	7.5	7

续表

国家＼年份	2013	2014	2015	2016	2017	2018	2019	2020
巴拿马	3	3	3	3	3	3	3	3
巴西	3	3	3	3	4	5	5	5
白俄罗斯	3	3	3	3	3	3	3	3
保加利亚	3.5	4	4	4	4	4	4	4
冰岛	2	2	2.5	3	3	3	3	3
波兰	2	2	2	2	2	2	2.5	3
玻利维亚	6	6	5.5	5	5	5	5	5
博茨瓦纳	2	2	2	2	2	2	1.5	1
布基纳法索	3	4	5	6	6	6	6.5	7
丹麦	2	2	2.5	3	3	3	3	3
德国	2	2	2.5	3	3	3	3	3
多哥	4	5	5	5	4.5	4	4.5	5
俄罗斯	4	4	4	4	4	4	4	4
厄瓜多尔	4	4	4	4	4	4	3.5	3
法国	2	2	2.5	3	3	3	3	3
菲律宾	6	6	6	6	6	6	6	6
芬兰	2	2	2.5	3	3	3	3	3
哥伦比亚	7	7	7	7	6.5	6	6	6
哥斯达黎加	1	1	1	1	1	1	1	1
哈萨克斯坦	2.5	3	3	3	3.5	4	4	4
韩国	2	2	2	2	2.5	3	3	3
荷兰	2	2	2.5	3	3	3	3	3
洪都拉斯	4.5	4	4.5	5	5	5	5.5	6
吉尔吉斯斯坦	6	6	6	6	5.5	5	4.5	4
几内亚	6.5	7	7	7	6.5	6	6	6
加拿大	2	2	2.5	3	3	3	3	3
加纳	4	4	4	4	4	4	4	4
柬埔寨	4.5	5	5	5	5	5	5	5

续表

年份 国家	2013	2014	2015	2016	2017	2018	2019	2020
捷克	1	1	1	1	1	1	1	1
喀麦隆	6	6	6.5	7	7	7	7.5	8
卡塔尔	2	2	2	2	2	2	2	2
科威特	4	4	4	4	4.5	5	4.5	4
克罗地亚	2.5	2	2	2	2	2	2	2
肯尼亚	5.5	5	6	7	7	7	6.5	6
拉脱维亚	3.5	4	4	4	4	4	4	4
老挝	3	3	3	3	3	3	3	3
黎巴嫩	7	7	7	7	7	7	6.5	6
立陶宛	1.5	2	1.5	1	1	1	1	1
卢森堡	4	4	4	4	4	4	4	4
罗马尼亚	3	3	3	3	3	3	3	3
马达加斯加	6	6	5.5	5	5	5	5	5
马耳他	4	4	4	4	4.5	5	5	5
马来西亚	5	5	5	5	5	5	5	5
马里	7	9	7.5	6	6	6	6.5	7
美国	2	2	2.5	3	3	3	3	3
蒙古国	3	3	3	3	3	3	2.5	2
孟加拉国	6.5	7	7.5	8	7.5	7	7	7
秘鲁	5	5	5	5	5	5	5	5
缅甸	8.5	8	8	8	8.5	9	9	9
摩尔多瓦	4.5	4	4	4	4	4	4	4
摩洛哥	3.5	4	4	4	4	4	4	4
莫桑比克	4	4	4.5	5	6	7	6	5
墨西哥	6	7	7	7	7	7	7	7
纳米比亚	4	4	4	4	4	4	4	4
南非	5	5	5	5	4.5	4	4	4
尼加拉瓜	4	4	4	4	4	4	5	6

续表

年份 国家	2013	2014	2015	2016	2017	2018	2019	2020
尼日尔	5	5	5	5	5	5	5	5
尼日利亚	8	8	8.5	9	9	9	9	9
挪威	2	2	2.5	3	3	3	3	3
葡萄牙	1	1	1	1	1	1	1	1
日本	2	2	2	2	2.5	3	3	3
瑞典	2	2	2.5	3	3	3	3	3
瑞士	2	2	2.5	3	3	3	3	3
塞内加尔	5.5	5	4.5	4	4	4	4	4
塞浦路斯	4	4	4	4	4.5	5	5	5
沙特阿拉伯	4	4	4	4	4	4	4	4
斯里兰卡	6	6	6.5	7	6	5	5	5
斯洛文尼亚	1.5	2	2	2	2	2	2	2
苏丹	9.5	10	9.5	9	9	9	9.5	10
塔吉克斯坦	5	5	5	5	5	5	5	5
泰国	7.5	7	7	7	7	7	7	7
坦桑尼亚	5	5	5	5	5	5	4.5	4
突尼斯	4.5	6	6	6	5.5	5	5	5
土耳其	5	5	4.5	4	5.5	7	7	7
土库曼斯坦	3	3	3	3	3	3	3	3
危地马拉	6.5	7	6.5	6	6	6	6	6
委内瑞拉	5	5	5.5	6	6	6	7	8
乌干达	5.5	6	6	6	6	6	6	6
乌克兰	3	3	6	9	9	9	9	9
乌拉圭	1	1	1	1	1	1	1	1
乌兹别克斯坦	5	5	5	5	4.5	4	3.5	3
西班牙	1	1	1	1	1	1	1	1
希腊	1	1	1	1	1	1	1	1
新加坡	2	2	2.5	3	3	3	3	3

续表

国家＼年份	2013	2014	2015	2016	2017	2018	2019	2020
新西兰	2	2	2.5	3	3	3	3	3
匈牙利	3	3	3	3	3	3	3.5	4
亚美尼亚	3	3	3	3	3	3	3	3
伊拉克	8.5	9	9.5	10	10	10	9.5	9
伊朗	4.5	5	4.5	4	4.5	5	5	5
以色列	2	2	1.5	1	1	1	1	1
意大利	2	2	2.5	3	3	3	3	3
印度	5	5	5.5	6	6	6	6	6
印度尼西亚	5.5	5	5	5	5.5	6	5.5	5
英国	2	2	2.5	3	3	3	3	3
约旦	5	5	5	5	5	5	5	5
越南	3.5	3	3.5	4	3.5	3	3	3
赞比亚	3.5	4	4	4	4	4	4	4
智利	2.5	3	3	3	3	3	3	3

资料来源：BTI.

表46　　　　　　　　　　　　　环境政策

国家＼年份	2013	2014	2015	2016	2017	2018	2019	2020
阿尔巴尼亚	5	5	5	5	5	5	5	5
阿尔及利亚	5	5	4.5	4	4	5	5.5	6
阿根廷	5	5	5	5	5.5	6	5.5	5
阿联酋	4.5	5	5.5	6	6	6	6	6
阿曼	5	5	5	5	5	5	5	5
阿塞拜疆	6	6	5.5	5	5	5	4.5	4
埃及	4	4	4	4	4	4	4	4
埃塞俄比亚	3.5	4	3.5	3	2.5	2	2.5	3
爱尔兰	8	8	8	8	8	8	7.5	7
爱沙尼亚	8	8	8.5	9	9	9	9	9

续表

国家\年份	2013	2014	2015	2016	2017	2018	2019	2020
安哥拉	3.5	3	3	3	3	3	3	3
奥地利	8	8	8	8	8	8	7.5	7
澳大利亚	8	8	8	8	8	8	7.5	7
巴基斯坦	4.5	4	3.5	3	3	3	3	3
巴拉圭	4.5	4	4	4	4	4	4	4
巴林	5	5	4.5	4	4	4	4.5	5
巴拿马	5.5	5	5.5	6	6	6	5.5	5
巴西	7	7	6.5	6	6	6	5.5	5
白俄罗斯	6	6	6	6	6	6	6	6
保加利亚	8	8	7.5	7	7	7	7	7
冰岛	8	8	8	8	8	8	7.5	7
波兰	8	8	7.5	7	6.5	6	6	6
玻利维亚	5	5	5	5	5	5	5	5
博茨瓦纳	7	7	7	7	7	7	7.5	8
布基纳法索	4	5	5	5	4.5	4	4	4
丹麦	8	8	8	8	8	8	7.5	7
德国	8	8	8	8	8	8	7.5	7
多哥	3	3	3	3	3.5	4	4	4
俄罗斯	3	3	3.5	4	4	4	4	4
厄瓜多尔	5	5	5	5	5	5	5	5
法国	8	8	8	8	8	8	7.5	7
菲律宾	6.5	7	6.5	6	6.5	7	7	7
芬兰	8	8	8	8	8	8	7.5	7
哥伦比亚	5	5	5	5	5	5	5	5
哥斯达黎加	8	8	7.5	7	7.5	8	8	8
哈萨克斯坦	5	5	4.5	4	4	4	4.5	5
韩国	8	8	7.5	7	7	7	7	7
荷兰	8	8	8	8	8	8	7.5	7

续表

国家\年份	2013	2014	2015	2016	2017	2018	2019	2020
洪都拉斯	4	4	4	4	4	4	4	4
吉尔吉斯斯坦	3.5	3	3	3	3	3	3	3
几内亚	4	5	4.5	4	4.5	5	4.5	4
加拿大	8	8	8	8	8	8	7.5	7
加纳	5	5	5	5	5	5	4.5	4
柬埔寨	3	3	2.5	2	2	2	2	2
捷克	9	9	8.5	8	8.5	9	9	9
喀麦隆	3.5	3	3.5	4	4	4	4	4
卡塔尔	5	5	5	5	5.5	6	6	6
科威特	3	3	3.5	4	4	4	4	4
克罗地亚	8	8	7.5	7	7	7	7	7
肯尼亚	4	4	4	4	4	4	4	4
拉脱维亚	8	8	8.5	9	9	9	9	9
老挝	4	4	3.5	3	3	3	3	3
黎巴嫩	4	4	4	4	3	2	2	2
立陶宛	8	8	8.5	9	9	9	9	9
卢森堡	3	3	4	5	5.5	6	6	6
罗马尼亚	8	8	7.5	7	7	7	7	7
马达加斯加	4	4	4.5	5	5	5	5	5
马耳他	3	3	3.5	4	4	4	4	4
马来西亚	6	6	6	6	5.5	5	5	5
马里	4	4	4	4	3.5	3	3	3
美国	8	8	8	8	8	8	7.5	7
蒙古国	4.5	5	5	5	5	5	5	5
孟加拉国	6	6	6	6	5.5	5	5.5	6
秘鲁	6.5	7	7	7	6.5	6	6	6
缅甸	2	3	3	3	3	3	3	3
摩尔多瓦	5	5	5	5	5	5	5	5

续表

国家＼年份	2013	2014	2015	2016	2017	2018	2019	2020
摩洛哥	3.5	3	4	5	5.5	6	6	6
莫桑比克	4	4	4	4	4	4	4.5	5
墨西哥	6	6	5.5	5	5	5	5	5
纳米比亚	6.5	7	6.5	6	6	6	5.5	5
南非	7	7	7	7	7	7	7	7
尼加拉瓜	5	5	4.5	4	4	4	4	4
尼日尔	3	3	3	3	3	3	3	3
尼日利亚	3	3	3	3	3	3	3	3
挪威	8	8	8	8	8	8	7.5	7
葡萄牙	9	9	8.5	8	8.5	9	9	9
日本	8	8	7.5	7	7	7	7	7
瑞典	8	8	8	8	8	8	7.5	7
瑞士	8	8	8	8	8	8	7.5	7
塞内加尔	5	5	5	5	5	5	5	5
塞浦路斯	3	3	3.5	4	4	4	4	4
沙特阿拉伯	4	4	4	4	3.5	3	3	3
斯里兰卡	5	5	4.5	4	4	4	4	4
斯洛文尼亚	9	9	9	9	9.5	10	9.5	9
苏丹	2	2	2	2	2	2	1.5	1
塔吉克斯坦	3	3	3	3	3	3	3	3
泰国	6	6	6	6	6	6	6	6
坦桑尼亚	3	3	3	3	3	3	3.5	4
突尼斯	4.5	4	5	6	6	6	6	6
土耳其	5	5	4.5	4	4	4	4	4
土库曼斯坦	3	3	3	3	3	3	3	3
危地马拉	3.5	3	3	3	3	3	3	3
委内瑞拉	3	3	3	3	3	3	2.5	2
乌干达	5	5	5	5	5	5	5	5

续表

国家＼年份	2013	2014	2015	2016	2017	2018	2019	2020
乌克兰	5	5	4.5	4	4.5	5	5	5
乌拉圭	8	8	8	8	8	8	8	8
乌兹别克斯坦	3	3	4	5	5	5	5	5
西班牙	9	9	8.5	8	8.5	9	9	9
希腊	9	9	8.5	8	8.5	9	9	9
新加坡	8	8	8	8	8	8	7.5	7
新西兰	8	8	8	8	8	8	7.5	7
匈牙利	8	8	7.5	7	6.5	6	5.5	5
亚美尼亚	6	6	5.5	5	5	5	5	5
伊拉克	2	2	2	2	2	2	2	2
伊朗	3.5	3	3	3	3	3	2.5	2
以色列	5	5	5.5	6	6	6	6	6
意大利	8	8	8	8	8	8	7.5	7
印度	5	5	5	5	5	5	4.5	4
印度尼西亚	4	4	4	4	3.5	3	3	3
英国	8	8	8	8	8	8	7.5	7
约旦	4	4	4.5	5	5	5	5	5
越南	6	6	6	6	5	4	4.5	5
赞比亚	3	3	3	3	3	3	3	3
智利	7	7	7.5	8	8	8	8	8

资料来源：BTI.

表47　　　　　　　　　资本和人员流动的限制

国家＼年份	2013	2014	2015	2016	2017	2018	2019	2020
阿尔巴尼亚	5.90	6.21	6.16	6.41	6.66	6.66	6.66	6.66
阿尔及利亚	1.63	1.66	1.49	1.59	1.59	1.59	1.59	1.59
阿根廷	4.08	4.74	4.51	4.70	4.70	4.70	4.70	4.70
阿联酋	6.32	6.18	6.27	6.25	6.10	6.10	6.10	6.10

续表

国家\年份	2013	2014	2015	2016	2017	2018	2019	2020
阿曼	6.42	6.41	5.98	5.98	5.98	5.98	5.98	5.98
阿塞拜疆	3.70	4.35	3.90	4.09	4.09	4.09	4.09	4.09
埃及	4.63	5.50	4.70	4.71	4.71	4.71	4.71	4.71
埃塞俄比亚	1.57	1.79	1.61	1.53	1.53	1.53	1.53	1.53
爱尔兰	8.73	8.51	8.46	8.18	8.18	8.18	8.18	8.18
爱沙尼亚	6.89	6.85	7.00	6.98	6.98	6.98	6.98	6.98
安哥拉	1.79	1.79	2.04	2.04	2.04	2.04	2.04	2.04
奥地利	5.70	6.05	5.95	5.91	5.91	5.91	5.91	5.91
澳大利亚	3.88	4.01	3.92	3.86	3.86	3.86	3.86	3.86
巴基斯坦	2.24	2.52	2.07	2.16	2.16	2.16	2.16	2.16
巴拉圭	5.68	5.24	5.62	5.61	5.61	5.61	5.61	5.61
巴林	4.77	4.99	4.79	4.79	4.79	4.79	4.79	4.79
巴拿马	9.13	9.21	9.31	9.23	9.23	9.23	9.23	9.23
巴西	5.43	5.94	5.24	5.23	5.23	5.23	5.23	5.23
白俄罗斯	1.27	1.27	1.27	1.27	1.27	1.27	1.27	1.27
保加利亚	6.47	6.66	6.55	6.62	6.62	6.62	6.62	6.62
冰岛	3.98	4.34	4.22	4.32	5.09	5.09	5.09	5.09
波兰	5.36	5.54	5.49	5.44	5.44	5.44	5.44	5.44
玻利维亚	6.29	5.77	6.22	6.22	6.22	6.22	6.22	6.22
博茨瓦纳	7.28	7.57	7.35	7.26	7.26	7.26	7.26	7.26
布基纳法索	4.51	4.51	4.51	4.51	4.51	4.51	4.51	4.51
丹麦	7.38	7.33	7.35	7.37	7.37	7.37	7.37	7.37
德国	5.76	5.90	5.77	5.92	5.92	5.92	5.92	5.92
多哥	3.20	2.58	1.21	1.21	1.21	1.21	1.21	1.21
俄罗斯	4.71	4.78	4.66	4.70	4.19	4.19	4.19	4.19
厄瓜多尔	6.44	5.57	5.61	5.50	5.50	5.50	5.50	5.50
法国	6.57	6.74	6.71	6.77	6.77	6.77	6.77	6.77
菲律宾	5.65	5.47	5.44	5.39	5.39	5.39	5.39	5.39

续表

年份 国家	2013	2014	2015	2016	2017	2018	2019	2020
芬兰	5.83	6.22	6.13	6.16	6.16	6.16	6.16	6.16
哥伦比亚	5.67	5.68	5.68	5.57	5.57	5.57	5.57	5.57
哥斯达黎加	7.93	8.03	7.90	7.96	7.71	7.71	7.71	7.71
哈萨克斯坦	3.08	3.07	3.06	3.01	3.01	3.01	3.01	3.01
韩国	7.37	7.09	7.52	7.59	7.59	7.59	7.59	7.59
荷兰	8.12	7.90	7.89	7.88	7.88	7.88	7.88	7.88
洪都拉斯	5.42	5.91	5.91	5.63	5.63	5.63	5.63	5.63
吉尔吉斯斯坦	2.73	2.82	2.61	2.61	2.61	2.61	2.61	2.61
几内亚	2.43	2.43	2.43	3.18	3.18	3.18	3.18	3.18
加拿大	6.42	6.87	6.73	6.75	6.75	6.75	6.75	6.75
加纳	4.01	4.49	4.25	4.27	4.27	4.27	4.27	4.27
柬埔寨	7.73	7.89	7.13	7.05	7.05	7.05	7.05	7.05
捷克	5.60	5.82	5.79	5.86	5.86	5.86	5.86	5.86
喀麦隆	2.70	2.51	2.39	2.36	2.60	2.60	2.60	2.60
卡塔尔	5.21	5.46	4.87	4.85	4.85	4.85	4.85	4.85
科威特	4.61	4.40	4.17	4.14	3.88	3.88	3.88	3.88
克罗地亚	5.44	5.82	5.75	5.88	5.88	5.88	5.88	5.88
肯尼亚	4.46	4.66	4.49	4.56	4.56	4.56	4.56	4.56
拉脱维亚	7.12	7.07	7.13	7.08	7.08	7.08	7.08	7.08
老挝	5.85	5.85	5.65	5.58	5.54	5.54	5.54	5.54
黎巴嫩	5.19	5.19	5.35	5.29	5.29	5.29	5.29	5.29
立陶宛	5.64	5.72	6.84	6.84	6.84	6.84	6.84	6.84
卢森堡	6.69	6.74	6.65	6.62	6.62	6.62	6.62	6.62
罗马尼亚	7.15	7.49	7.46	7.49	7.49	7.49	7.49	7.49
马达加斯加	5.07	5.47	5.29	5.37	5.37	5.37	5.37	5.37
马耳他	7.13	7.35	7.19	7.25	7.25	7.25	7.25	7.25
马来西亚	6.02	5.89	5.87	5.82	5.82	5.82	5.82	5.82
马里	5.09	5.31	5.00	5.06	5.06	5.06	5.06	5.06

续表

国家\年份	2013	2014	2015	2016	2017	2018	2019	2020
美国	3.62	3.75	3.70	3.86	3.86	3.86	3.86	3.86
蒙古国	4.99	4.79	4.42	4.42	4.17	4.17	4.17	4.17
孟加拉国	4.32	4.65	4.29	4.38	4.38	4.38	4.38	4.38
秘鲁	7.95	8.42	8.08	8.00	8.00	8.00	8.00	8.00
缅甸	1.28	1.28	1.54	1.54	1.54	1.54	1.54	1.54
摩尔多瓦	3.74	4.00	4.01	4.05	4.05	4.05	4.05	4.05
摩洛哥	5.12	4.80	4.90	4.97	4.97	4.97	4.97	4.97
莫桑比克	2.40	2.36	2.22	2.15	2.15	2.15	2.15	2.15
墨西哥	5.33	5.39	5.31	5.29	5.29	5.29	5.29	5.29
纳米比亚	4.46	4.54	4.27	4.22	4.22	4.22	4.22	4.22
南非	4.98	5.27	5.22	5.02	5.02	5.02	5.02	5.02
尼加拉瓜	6.94	7.03	7.13	7.22	7.22	7.22	7.22	7.22
尼日尔	2.28	3.25	1.44	1.44	1.44	1.44	1.44	1.44
尼日利亚	4.72	4.55	4.80	4.78	4.63	4.63	4.63	4.63
挪威	6.34	6.37	6.46	6.34	6.34	6.34	6.34	6.34
葡萄牙	6.00	6.39	6.41	6.48	6.48	6.48	6.48	6.48
日本	7.37	7.09	7.52	7.59	7.59	7.59	7.59	7.59
瑞典	5.87	6.36	6.24	6.14	6.14	6.14	6.14	6.14
瑞士	5.84	6.18	6.13	6.19	6.19	6.19	6.19	6.19
塞内加尔	3.78	4.03	3.76	3.79	3.79	3.79	3.79	3.79
塞浦路斯	4.54	7.20	6.77	7.00	7.00	7.00	7.00	7.00
沙特阿拉伯	2.42	2.65	2.18	2.25	2.25	2.25	2.25	2.25
斯里兰卡	2.24	2.33	1.95	1.80	1.80	1.80	1.80	1.80
斯洛文尼亚	4.72	5.43	5.13	5.27	5.27	5.27	5.27	5.27
苏丹	3.52	3.52	3.52	3.52	3.52	3.52	3.52	3.52
塔吉克斯坦	2.73	2.82	2.61	2.61	2.61	2.61	2.61	2.61
泰国	4.66	4.79	4.63	4.69	4.69	4.69	4.69	4.69
坦桑尼亚	5.10	5.51	5.12	4.99	5.51	5.51	5.51	5.51

续表

年份 国家	2013	2014	2015	2016	2017	2018	2019	2020
突尼斯	5.36	5.95	5.17	5.20	5.20	5.20	5.20	5.20
土耳其	5.39	5.80	5.52	5.52	5.52	5.52	5.52	5.52
土库曼斯坦	2.73	2.82	2.61	2.61	2.61	2.61	2.61	2.61
危地马拉	7.68	7.70	7.95	7.87	7.36	7.36	7.36	7.36
委内瑞拉	3.39	3.44	3.72	3.69	3.44	3.44	3.44	3.44
乌干达	8.40	8.80	8.49	8.40	8.40	8.40	8.40	8.40
乌克兰	3.33	3.45	3.19	3.22	3.22	3.22	3.22	3.22
乌拉圭	7.52	7.76	7.83	7.73	7.73	7.73	7.73	7.73
乌兹别克斯坦	2.73	2.82	2.61	2.61	2.61	2.61	2.61	2.61
西班牙	5.60	5.82	5.79	5.86	5.86	5.86	5.86	5.86
希腊	5.39	5.55	4.51	4.51	4.51	4.51	4.51	4.51
新加坡	8.55	8.97	8.47	8.48	8.48	8.48	8.48	8.48
新西兰	7.18	7.36	7.18	7.19	7.19	7.19	7.19	7.19
匈牙利	6.02	6.40	5.96	5.95	5.95	5.95	5.95	5.95
亚美尼亚	6.82	7.08	6.91	6.83	6.83	6.83	6.83	6.83
伊拉克	1.15	1.15	1.15	1.15	1.15	1.15	1.15	1.15
伊朗	1.29	1.31	1.42	1.68	1.68	1.68	1.68	1.68
以色列	7.14	7.49	7.57	7.66	7.66	7.66	7.66	7.66
意大利	6.04	6.49	6.59	6.57	6.57	6.57	6.57	6.57
印度	1.90	2.41	2.06	2.06	2.06	2.06	2.06	2.06
印度尼西亚	5.26	5.69	5.22	5.19	5.19	5.19	5.19	5.19
英国	7.24	7.22	7.38	7.33	7.33	7.33	7.33	7.33
约旦	7.60	7.78	7.31	7.25	7.25	7.25	7.25	7.25
越南	2.41	2.67	2.31	2.24	2.24	2.24	2.24	2.24
赞比亚	8.73	9.00	8.83	8.71	8.71	8.71	8.71	8.71
智利	6.49	6.76	6.52	6.57	6.57	6.57	6.57	6.57

资料来源：EFW.

表48　　　　　　　　　　　　劳动力市场管制

国家\年份	2013	2014	2015	2016	2017	2018	2019	2020
阿尔巴尼亚	6.65	7.20	6.83	6.92	6.94	6.94	6.94	6.94
阿尔及利亚	4.63	5.15	5.28	5.36	5.42	5.42	5.42	5.42
阿根廷	4.93	5.27	4.97	5.15	5.14	5.14	5.14	5.14
阿联酋	8.55	6.83	6.97	6.96	6.70	6.70	6.70	6.70
阿曼	7.50	7.33	5.99	6.21	6.26	6.26	6.26	6.26
阿塞拜疆	6.35	6.57	6.40	6.08	6.20	6.20	6.20	6.20
埃及	5.04	5.07	5.01	4.85	4.97	4.97	4.97	4.97
埃塞俄比亚	7.52	7.58	7.22	7.29	7.29	7.29	7.29	7.29
爱尔兰	7.86	7.26	8.13	7.93	7.91	7.91	7.91	7.91
爱沙尼亚	6.31	5.97	6.29	6.26	6.24	6.24	6.24	6.24
安哥拉	2.64	2.45	4.56	4.56	5.37	5.37	5.37	5.37
奥地利	6.09	5.65	5.55	5.57	5.62	5.62	5.62	5.62
澳大利亚	7.02	8.01	7.66	7.70	7.72	7.72	7.72	7.72
巴基斯坦	5.49	5.22	4.93	4.91	4.97	4.97	4.97	4.97
巴拉圭	4.40	4.11	4.25	4.18	4.12	4.12	4.12	4.12
巴林	8.32	8.09	8.22	6.62	7.79	7.79	7.79	7.79
巴拿马	5.47	5.10	5.08	5.06	5.02	5.02	5.02	5.02
巴西	4.36	4.49	4.18	4.15	4.21	4.21	4.21	4.21
白俄罗斯	7.19	7.19	7.19	7.19	7.19	7.19	7.19	7.19
保加利亚	7.39	7.31	7.05	7.04	7.06	7.06	7.06	7.06
冰岛	7.67	7.85	7.70	7.67	7.63	7.63	7.63	7.63
波兰	7.70	7.73	7.73	7.14	7.12	7.12	7.12	7.12
玻利维亚	4.48	4.06	3.95	3.95	3.84	3.84	3.84	3.84
博茨瓦纳	7.62	7.37	7.52	7.51	7.49	7.49	7.49	7.49
布基纳法索	7.34	7.16	7.16	7.16	6.91	6.91	6.91	6.91
丹麦	7.34	7.47	7.39	7.32	7.27	7.27	7.27	7.27
德国	6.49	5.91	7.18	7.44	7.53	7.53	7.53	7.53
多哥	4.89	4.17	4.17	4.17	4.17	4.17	4.17	4.17

续表

年份 国家	2013	2014	2015	2016	2017	2018	2019	2020
俄罗斯	5.91	5.62	5.69	5.51	5.52	5.52	5.52	5.52
厄瓜多尔	4.70	3.65	5.05	4.94	4.98	4.98	4.98	4.98
法国	5.33	5.68	5.70	5.62	5.61	5.61	5.61	5.61
菲律宾	6.78	6.65	6.79	6.80	6.94	6.94	6.94	6.94
芬兰	5.22	5.52	5.18	5.20	5.22	5.22	5.22	5.22
哥伦比亚	6.09	6.03	5.98	5.84	5.82	5.82	5.82	5.82
哥斯达黎加	6.14	6.42	6.19	6.15	6.14	6.14	6.14	6.14
哈萨克斯坦	7.63	7.72	7.53	7.21	7.24	7.24	7.24	7.24
韩国	8.33	8.03	8.15	8.10	8.13	8.13	8.13	8.13
荷兰	7.05	7.36	7.33	7.45	7.51	7.51	7.51	7.51
洪都拉斯	5.25	5.18	5.18	5.13	5.13	5.13	5.13	5.13
吉尔吉斯斯坦	4.87	5.41	5.48	5.75	5.73	5.73	5.73	5.73
几内亚	5.35	4.79	4.79	5.15	5.34	5.34	5.34	5.34
加拿大	8.35	8.14	8.14	8.18	8.13	8.13	8.13	8.13
加纳	5.92	6.15	6.64	6.64	6.64	6.64	6.64	6.64
柬埔寨	6.75	6.69	6.54	6.55	6.51	6.51	6.51	6.51
捷克	5.41	5.52	6.25	6.17	6.14	6.14	6.14	6.14
喀麦隆	7.29	7.43	7.30	7.34	7.33	7.33	7.33	7.33
卡塔尔	8.05	6.52	6.51	6.47	6.28	6.28	6.28	6.28
科威特	7.03	6.84	6.69	6.58	5.42	5.42	5.42	5.42
克罗地亚	6.61	6.77	6.45	6.37	6.37	6.37	6.37	6.37
肯尼亚	7.81	7.81	7.77	7.72	7.15	7.15	7.15	7.15
拉脱维亚	6.92	7.68	7.64	7.56	7.54	7.54	7.54	7.54
老挝	4.91	4.91	4.92	4.85	4.82	4.82	4.82	4.82
黎巴嫩	7.92	7.59	7.12	7.53	7.50	7.50	7.50	7.50
立陶宛	7.36	7.87	6.57	6.58	6.69	6.69	6.69	6.69
卢森堡	5.89	5.99	6.35	6.33	6.38	6.38	6.38	6.38
罗马尼亚	7.47	7.25	7.27	7.37	7.44	7.44	7.44	7.44

续表

国家＼年份	2013	2014	2015	2016	2017	2018	2019	2020
马达加斯加	4.94	4.74	4.49	4.50	4.36	4.36	4.36	4.36
马耳他	7.48	7.71	7.90	8.02	8.02	8.02	8.02	8.02
马来西亚	8.04	7.77	8.05	8.01	8.04	8.04	8.04	8.04
马里	5.28	5.16	5.04	5.04	5.02	5.02	5.02	5.02
美国	9.03	9.20	9.14	9.14	9.16	9.16	9.16	9.16
蒙古国	6.97	7.06	6.93	6.65	6.81	6.81	6.81	6.81
孟加拉国	7.23	7.28	7.26	7.22	7.17	7.17	7.17	7.17
秘鲁	6.91	7.08	6.90	6.93	6.94	6.94	6.94	6.94
缅甸	6.48	6.15	5.59	5.59	4.95	4.95	4.95	4.95
摩尔多瓦	5.54	5.54	5.43	5.22	5.06	5.06	5.06	5.06
摩洛哥	6.04	5.83	5.91	5.73	5.95	5.95	5.95	5.95
莫桑比克	3.03	3.08	3.17	3.13	3.07	3.07	3.07	3.07
墨西哥	5.81	5.41	5.64	5.58	5.57	5.57	5.57	5.57
纳米比亚	7.96	7.86	8.14	8.19	8.19	8.19	8.19	8.19
南非	6.07	6.37	6.17	6.52	6.61	6.61	6.61	6.61
尼加拉瓜	6.41	6.53	6.46	6.03	5.97	5.97	5.97	5.97
尼日尔	4.00	4.26	4.26	4.26	4.26	4.26	4.26	4.26
尼日利亚	8.22	8.44	8.92	8.95	8.93	8.93	8.93	8.93
挪威	4.40	4.46	5.23	5.14	5.36	5.36	5.36	5.36
葡萄牙	6.46	6.11	5.88	5.87	5.86	5.86	5.86	5.86
日本	8.33	8.03	8.15	8.10	8.13	8.13	8.13	8.13
瑞典	6.85	6.70	6.75	6.87	6.93	6.93	6.93	6.93
瑞士	7.79	7.74	7.88	7.85	7.85	7.85	7.85	7.85
塞内加尔	4.01	3.70	3.59	3.57	3.58	3.58	3.58	3.58
塞浦路斯	6.13	6.05	6.05	6.21	6.25	6.25	6.25	6.25
沙特阿拉伯	7.58	7.14	7.33	6.91	6.93	6.93	6.93	6.93
斯里兰卡	6.44	6.49	6.39	6.43	6.46	6.46	6.46	6.46
斯洛文尼亚	5.94	6.25	6.01	6.08	6.12	6.12	6.12	6.12

续表

国家\年份	2013	2014	2015	2016	2017	2018	2019	2020
苏丹	4.71	4.71	4.71	4.71	4.71	4.71	4.71	4.71
塔吉克斯坦	4.87	5.41	5.48	5.75	5.73	5.73	5.73	5.73
泰国	4.68	4.82	4.70	4.72	4.70	4.70	4.70	4.70
坦桑尼亚	6.41	6.34	6.63	6.51	6.51	6.51	6.51	6.51
突尼斯	6.06	6.37	5.38	5.32	5.36	5.36	5.36	5.36
土耳其	4.86	4.93	4.51	4.69	4.71	4.71	4.71	4.71
土库曼斯坦	4.87	5.41	5.48	5.75	5.73	5.73	5.73	5.73
危地马拉	4.70	4.25	4.06	3.99	3.94	3.94	3.94	3.94
委内瑞拉	2.29	2.52	2.10	2.11	2.11	2.11	2.11	2.11
乌干达	8.86	8.96	8.58	8.61	8.66	8.66	8.66	8.66
乌克兰	5.37	5.69	5.38	5.09	5.13	5.13	5.13	5.13
乌拉圭	5.61	5.58	5.63	6.22	6.13	6.13	6.13	6.13
乌兹别克斯坦	4.87	5.41	5.48	5.75	5.73	5.73	5.73	5.73
西班牙	5.41	5.52	6.25	6.17	6.14	6.14	6.14	6.14
希腊	4.63	4.50	4.85	4.97	4.98	4.98	4.98	4.98
新加坡	7.60	7.80	7.21	7.67	7.67	7.67	7.67	7.67
新西兰	8.66	8.48	8.82	8.83	8.77	8.77	8.77	8.77
匈牙利	6.85	6.57	7.18	6.87	6.83	6.83	6.83	6.83
亚美尼亚	6.38	6.30	6.32	6.24	6.41	6.41	6.41	6.41
伊拉克	6.47	6.47	6.47	6.47	6.20	6.20	6.20	6.20
伊朗	4.60	4.79	4.97	4.84	4.84	4.84	4.84	4.84
以色列	5.39	5.32	5.38	5.42	5.39	5.39	5.39	5.39
意大利	6.55	6.62	6.77	6.77	6.81	6.81	6.81	6.81
印度	6.84	5.98	6.46	6.37	6.74	6.74	6.74	6.74
印度尼西亚	4.54	4.64	4.56	4.63	4.69	4.69	4.69	4.69
英国	8.21	8.08	8.40	8.40	8.38	8.38	8.38	8.38
约旦	8.43	7.78	7.90	7.68	7.68	7.68	7.68	7.68
越南	5.34	5.48	5.31	5.25	5.26	5.26	5.26	5.26

续表

国家\年份	2013	2014	2015	2016	2017	2018	2019	2020
赞比亚	6.23	6.14	5.65	5.55	5.72	5.72	5.72	5.72
智利	5.46	5.31	5.33	5.34	5.32	5.32	5.32	5.32

资料来源：EFW.

表49　　　　　　　　　　商业管制

国家\年份	2013	2014	2015	2016	2017	2018	2019	2020
阿尔巴尼亚	6.24	6.42	6.73	6.71	6.65	6.65	6.65	6.65
阿尔及利亚	4.93	5.16	5.66	5.68	5.72	5.72	5.72	5.72
阿根廷	4.83	4.71	4.92	5.54	5.72	5.72	5.72	5.72
阿联酋	9.11	8.99	9.04	8.49	8.31	8.31	8.31	8.31
阿曼	7.79	7.38	7.34	7.30	7.41	7.41	7.41	7.41
阿塞拜疆	6.88	6.71	6.96	7.08	7.46	7.46	7.46	7.46
埃及	5.67	5.64	5.91	5.60	5.71	5.71	5.71	5.71
埃塞俄比亚	5.35	5.45	5.55	5.58	5.81	5.81	5.81	5.81
爱尔兰	8.45	8.42	8.58	8.30	7.94	7.94	7.94	7.94
爱沙尼亚	8.45	8.23	8.29	8.34	8.41	8.41	8.41	8.41
安哥拉	4.58	4.91	4.90	4.93	4.88	4.88	4.88	4.88
奥地利	7.52	7.29	7.49	7.42	7.50	7.50	7.50	7.50
澳大利亚	8.08	8.05	8.13	8.12	8.05	8.05	8.05	8.05
巴基斯坦	5.18	5.26	5.82	5.87	6.02	6.02	6.02	6.02
巴拉圭	5.82	5.81	5.74	5.70	5.71	5.71	5.71	5.71
巴林	8.11	7.82	8.06	8.02	8.02	8.02	8.02	8.02
巴拿马	6.84	6.69	6.70	6.54	6.47	6.47	6.47	6.47
巴西	3.71	3.48	3.48	3.59	4.04	4.04	4.04	4.04
白俄罗斯	8.09	8.09	8.09	8.09	7.99	7.99	7.99	7.99
保加利亚	6.30	6.19	6.11	6.19	6.16	6.16	6.16	6.16
冰岛	8.07	7.95	8.06	8.02	8.07	8.07	8.07	8.07
波兰	6.62	6.63	6.51	6.79	6.62	6.62	6.62	6.62

续表

年份 国家	2013	2014	2015	2016	2017	2018	2019	2020
玻利维亚	3.76	3.64	3.27	3.35	3.32	3.32	3.32	3.32
博茨瓦纳	6.98	6.84	6.92	6.94	7.01	7.01	7.01	7.01
布基纳法索	5.61	5.71	5.75	6.12	6.01	6.01	6.01	6.01
丹麦	8.00	7.85	7.91	7.88	7.85	7.85	7.85	7.85
德国	7.92	7.92	8.02	8.19	8.13	8.13	8.13	8.13
多哥	6.23	6.37	6.86	7.15	7.40	7.40	7.40	7.40
俄罗斯	6.19	6.07	6.00	6.18	6.06	6.06	6.06	6.06
厄瓜多尔	5.06	5.01	4.70	4.63	4.57	4.57	4.57	4.57
法国	7.46	7.36	7.35	7.31	7.41	7.41	7.41	7.41
菲律宾	6.53	6.37	6.20	5.98	6.07	6.07	6.07	6.07
芬兰	8.47	8.27	8.43	8.49	8.54	8.54	8.54	8.54
哥伦比亚	6.89	6.74	6.72	6.41	6.28	6.28	6.28	6.28
哥斯达黎加	6.77	6.52	6.40	6.40	6.44	6.44	6.44	6.44
哈萨克斯坦	6.78	6.82	7.33	6.87	6.92	6.92	6.92	6.92
韩国	7.56	7.46	7.76	7.80	7.93	7.93	7.93	7.93
荷兰	8.14	8.05	8.12	8.26	8.34	8.34	8.34	8.34
洪都拉斯	6.34	6.26	6.25	5.92	6.07	6.07	6.07	6.07
吉尔吉斯斯坦	5.90	5.92	6.10	6.39	6.31	6.31	6.31	6.31
几内亚	4.47	4.66	5.03	5.48	5.48	5.48	5.48	5.48
加拿大	7.90	7.76	7.64	7.65	7.74	7.74	7.74	7.74
加纳	6.41	6.33	6.40	6.42	6.50	6.50	6.50	6.50
柬埔寨	4.66	4.88	4.93	5.14	5.13	5.13	5.13	5.13
捷克	6.79	6.70	6.78	6.79	6.92	6.92	6.92	6.92
喀麦隆	4.79	4.74	4.73	5.09	5.22	5.22	5.22	5.22
卡塔尔	8.72	8.67	8.57	8.54	8.11	8.11	8.11	8.11
科威特	5.96	5.61	5.48	5.72	5.74	5.74	5.74	5.74
克罗地亚	6.16	6.21	6.20	6.08	6.16	6.16	6.16	6.16
肯尼亚	6.10	6.05	6.08	6.28	6.28	6.28	6.28	6.28

续表

国家＼年份	2013	2014	2015	2016	2017	2018	2019	2020
拉脱维亚	7.52	7.35	7.32	7.00	7.05	7.05	7.05	7.05
老挝	5.60	5.60	5.75	5.79	5.66	5.66	5.66	5.66
黎巴嫩	4.82	5.00	5.09	4.95	4.90	4.90	4.90	4.90
立陶宛	7.68	7.54	7.58	7.68	7.77	7.77	7.77	7.77
卢森堡	8.03	7.90	8.01	7.95	7.94	7.94	7.94	7.94
罗马尼亚	6.55	6.37	6.31	6.17	6.13	6.13	6.13	6.13
马达加斯加	6.04	5.69	5.63	5.61	5.74	5.74	5.74	5.74
马耳他	6.55	6.51	6.55	6.65	7.01	7.01	7.01	7.01
马来西亚	8.50	8.51	8.27	8.22	8.32	8.32	8.32	8.32
马里	5.52	5.69	6.10	5.85	5.86	5.86	5.86	5.86
美国	7.62	7.54	7.67	8.01	8.10	8.10	8.10	8.10
蒙古国	6.45	6.39	6.41	6.69	6.65	6.65	6.65	6.65
孟加拉国	5.28	5.30	5.05	4.96	4.96	4.96	4.96	4.96
秘鲁	6.58	6.42	6.38	6.24	6.21	6.21	6.21	6.21
缅甸	4.41	5.43	5.35	5.94	6.60	6.60	6.60	6.60
摩尔多瓦	6.15	6.01	5.93	5.98	6.21	6.21	6.21	6.21
摩洛哥	6.89	6.84	6.80	7.01	7.07	7.07	7.07	7.07
莫桑比克	5.93	5.93	5.87	5.78	5.60	5.60	5.60	5.60
墨西哥	6.63	6.59	6.40	6.41	6.43	6.43	6.43	6.43
纳米比亚	6.32	6.24	6.36	6.27	5.96	5.96	5.96	5.96
南非	6.59	6.04	6.03	5.82	5.80	5.80	5.80	5.80
尼加拉瓜	5.87	5.56	5.55	5.53	5.61	5.61	5.61	5.61
尼日尔	5.71	6.73	6.86	7.79	7.73	7.73	7.73	7.73
尼日利亚	4.26	4.18	4.10	5.09	5.34	5.34	5.34	5.34
挪威	8.11	8.13	8.13	8.07	8.08	8.08	8.08	8.08
葡萄牙	7.43	7.24	7.25	7.28	7.16	7.16	7.16	7.16
日本	7.56	7.46	7.76	7.80	7.93	7.93	7.93	7.93
瑞典	7.90	7.88	8.08	7.92	7.87	7.87	7.87	7.87

续表

国家＼年份	2013	2014	2015	2016	2017	2018	2019	2020
瑞士	8.35	8.30	8.27	8.27	8.25	8.25	8.25	8.25
塞内加尔	4.91	4.86	5.39	5.70	5.78	5.78	5.78	5.78
塞浦路斯	7.15	6.88	6.81	6.86	6.93	6.93	6.93	6.93
沙特阿拉伯	7.27	7.19	7.26	7.23	7.23	7.23	7.23	7.23
斯里兰卡	6.48	6.60	6.68	6.65	6.68	6.68	6.68	6.68
斯洛文尼亚	6.85	6.66	6.79	6.54	6.49	6.49	6.49	6.49
苏丹	6.37	6.37	6.37	6.37	6.92	6.92	6.92	6.92
塔吉克斯坦	5.90	5.92	6.10	6.39	6.31	6.31	6.31	6.31
泰国	7.21	7.18	7.18	7.25	6.99	6.99	6.99	6.99
坦桑尼亚	5.73	5.76	5.74	5.69	5.73	5.73	5.73	5.73
突尼斯	6.87	6.76	6.65	6.63	6.69	6.69	6.69	6.69
土耳其	6.87	6.89	6.84	7.00	7.07	7.07	7.07	7.07
土库曼斯坦	5.90	5.92	6.10	6.39	6.31	6.31	6.31	6.31
危地马拉	6.56	6.40	6.30	6.03	5.94	5.94	5.94	5.94
委内瑞拉	2.55	2.31	2.26	2.01	2.01	2.01	2.01	2.01
乌干达	5.89	5.92	6.09	6.08	6.21	6.21	6.21	6.21
乌克兰	6.03	6.19	6.38	6.39	6.42	6.42	6.42	6.42
乌拉圭	6.57	6.46	6.44	6.87	6.90	6.90	6.90	6.90
乌兹别克斯坦	5.90	5.92	6.10	6.39	6.31	6.31	6.31	6.31
西班牙	6.79	6.70	6.78	6.79	6.92	6.92	6.92	6.92
希腊	6.51	6.41	6.44	6.43	6.52	6.52	6.52	6.52
新加坡	9.14	9.10	9.26	9.27	9.27	9.27	9.27	9.27
新西兰	8.67	8.48	8.52	8.65	8.63	8.63	8.63	8.63
匈牙利	6.80	6.36	6.26	6.33	6.32	6.32	6.32	6.32
亚美尼亚	6.77	6.67	6.78	6.80	6.95	6.95	6.95	6.95
伊拉克	5.83	5.83	5.83	5.83	5.85	5.85	5.85	5.85
伊朗	4.88	5.53	5.58	5.76	5.54	5.54	5.54	5.54
以色列	7.05	6.91	7.20	7.24	7.21	7.21	7.21	7.21

续表

国家＼年份	2013	2014	2015	2016	2017	2018	2019	2020
意大利	6.08	5.93	6.11	6.13	6.20	6.20	6.20	6.20
印度	5.88	6.08	6.34	6.58	6.78	6.78	6.78	6.78
印度尼西亚	6.07	6.10	6.40	6.58	6.52	6.52	6.52	6.52
英国	8.03	7.91	8.16	8.11	7.80	7.80	7.80	7.80
约旦	7.07	7.01	6.98	6.92	6.96	6.96	6.96	6.96
越南	5.06	5.23	5.74	5.90	5.96	5.96	5.96	5.96
赞比亚	6.30	6.20	6.12	6.17	6.15	6.15	6.15	6.15
智利	7.68	7.36	7.17	7.18	6.97	6.97	6.97	6.97

资料来源：EFW.

表 50　　　　　　　　　　　　教育水平

国家＼年份	2012	2013	2014	2015	2016	2017	2018	2019	2020
阿尔巴尼亚	5.00	5.00	5.00	5.00	5.00	5.00	5.00	4.50	4.00
阿尔及利亚	4.00	4.00	4.00	4.00	4.00	4.00	4.00	4.00	4.00
阿根廷	6.00	6.00	6.00	6.00	6.00	6.00	6.00	6.00	6.00
阿联酋	7.00	7.50	8.00	8.50	9.00	9.00	9.00	9.00	9.00
阿曼	5.00	5.00	5.00	5.00	5.00	5.00	5.00	5.00	5.00
阿塞拜疆	4.00	4.00	4.00	4.00	4.00	4.00	4.00	4.00	4.00
埃及	4.00	4.00	4.00	4.00	4.00	4.00	4.00	4.00	4.00
埃塞俄比亚	5.00	4.50	4.00	4.00	4.00	4.00	4.00	4.50	5.00
爱尔兰	10.00	10.00	10.00	10.00	10.00	10.00	10.00	10.00	10.00
爱沙尼亚	9.00	9.00	9.00	9.00	9.00	9.00	9.00	9.00	9.00
安哥拉	4.00	4.00	4.00	3.50	3.00	3.00	3.00	3.00	3.00
奥地利	10.00	10.00	10.00	10.00	10.00	10.00	10.00	10.00	10.00
澳大利亚	10.00	10.00	10.00	10.00	10.00	10.00	10.00	10.00	10.00
巴基斯坦	3.00	3.00	3.00	3.00	3.00	3.00	3.00	3.00	3.00
巴拉圭	5.00	5.00	5.00	5.00	5.00	5.00	5.00	5.00	5.00
巴林	8.00	7.50	7.00	7.00	7.00	7.00	7.00	7.00	7.00

续表

国家\年份	2012	2013	2014	2015	2016	2017	2018	2019	2020
巴拿马	5.00	5.00	5.00	5.00	5.00	5.00	5.00	5.00	5.00
巴西	7.00	7.00	7.00	7.00	7.00	7.00	7.00	7.00	7.00
白俄罗斯	5.00	5.00	5.00	5.00	5.00	5.00	5.00	5.00	5.00
保加利亚	6.00	6.50	7.00	6.50	6.00	6.00	6.00	6.00	6.00
冰岛	10.00	10.00	10.00	10.00	10.00	10.00	10.00	10.00	10.00
波兰	8.00	8.00	8.00	8.00	8.00	8.00	8.00	7.50	7.00
玻利维亚	5.00	5.00	5.00	5.00	5.00	5.00	5.00	5.00	5.00
博茨瓦纳	7.00	7.00	7.00	6.50	6.00	6.00	6.00	6.00	6.00
布基纳法索	2.00	2.00	2.00	2.00	2.00	2.00	2.00	2.00	2.00
丹麦	10.00	10.00	10.00	10.00	10.00	10.00	10.00	10.00	10.00
德国	10.00	10.00	10.00	10.00	10.00	10.00	10.00	10.00	10.00
多哥	3.00	3.00	3.00	3.50	4.00	4.00	4.00	4.00	4.00
俄罗斯	6.00	6.00	6.00	6.00	6.00	6.00	6.00	6.00	6.00
厄瓜多尔	5.00	5.00	5.00	5.00	5.00	5.00	5.00	5.00	5.00
法国	10.00	10.00	10.00	10.00	10.00	10.00	10.00	10.00	10.00
菲律宾	4.00	4.00	4.00	4.00	4.00	4.00	5.00	5.00	5.00
芬兰	10.00	10.00	10.00	10.00	10.00	10.00	10.00	10.00	10.00
哥伦比亚	5.00	5.00	5.00	5.00	5.00	5.00	5.00	5.00	5.00
哥斯达黎加	7.00	7.00	7.00	7.00	7.00	7.00	7.00	7.00	7.00
哈萨克斯坦	6.00	6.00	6.00	6.00	6.00	6.00	6.00	6.00	6.00
韩国	10.00	10.00	10.00	10.00	10.00	10.00	10.00	10.00	10.00
荷兰	10.00	10.00	10.00	10.00	10.00	10.00	10.00	10.00	10.00
洪都拉斯	3.00	3.00	3.00	3.00	3.00	3.00	3.00	3.00	3.00
吉尔吉斯斯坦	4.00	4.00	4.00	4.00	4.00	4.00	4.00	4.00	4.00
几内亚	2.00	2.50	3.00	2.50	2.00	2.00	2.00	2.00	2.00
加拿大	10.00	10.00	10.00	10.00	10.00	10.00	10.00	10.00	10.00
加纳	6.00	6.00	6.00	6.00	6.00	6.00	5.00	5.00	5.00
柬埔寨	3.00	3.00	3.00	3.00	3.00	3.00	3.00	3.00	3.00

续表

年份 国家	2012	2013	2014	2015	2016	2017	2018	2019	2020
捷克	9.00	9.00	9.00	9.00	9.00	9.00	9.00	9.00	9.00
喀麦隆	4.00	4.00	4.00	4.00	4.00	4.00	4.00	4.00	4.00
卡塔尔	9.00	9.00	9.00	9.00	9.00	9.00	9.00	8.50	8.00
科威特	6.00	6.00	6.00	6.00	6.00	6.00	6.00	6.00	6.00
克罗地亚	8.00	8.00	8.00	8.00	8.00	8.00	8.00	7.50	7.00
肯尼亚	5.00	5.00	5.00	5.00	5.00	5.00	5.00	5.00	5.00
拉脱维亚	8.00	8.00	8.00	8.00	8.00	8.00	8.00	8.00	8.00
老挝	2.00	2.50	3.00	3.00	3.00	3.00	3.00	3.00	3.00
黎巴嫩	5.00	5.00	5.00	5.50	6.00	6.00	5.00	5.00	5.00
立陶宛	9.00	9.00	9.00	9.00	9.00	9.00	9.00	8.50	8.00
卢森堡	5.00	5.00	5.00	5.00	5.00	5.00	5.00	5.00	5.00
罗马尼亚	6.00	6.50	7.00	7.00	7.00	7.00	7.00	6.50	6.00
马达加斯加	4.00	3.50	3.00	3.00	3.00	3.00	3.00	3.00	3.00
马耳他	6.00	6.00	6.00	6.00	6.00	6.00	6.00	6.00	6.00
马来西亚	6.00	6.50	7.00	7.00	7.00	7.00	7.00	7.00	7.00
马里	3.00	3.00	3.00	3.00	3.00	3.00	3.00	3.00	3.00
美国	10.00	10.00	10.00	10.00	10.00	10.00	10.00	10.00	10.00
蒙古国	4.00	4.00	4.00	4.50	5.00	5.00	5.00	5.00	5.00
孟加拉国	4.00	4.00	4.00	4.00	4.00	4.00	4.00	4.00	4.00
秘鲁	5.00	5.00	5.00	5.00	5.00	5.00	5.00	5.00	5.00
缅甸	1.00	1.00	1.00	1.50	2.00	2.00	3.00	3.00	3.00
摩尔多瓦	5.00	5.00	5.00	5.00	5.00	5.00	5.00	5.00	5.00
摩洛哥	5.00	5.00	5.00	5.00	5.00	5.00	5.00	5.00	5.00
莫桑比克	4.00	3.50	3.00	3.00	3.00	3.00	3.00	3.00	3.00
墨西哥	5.00	5.00	5.00	5.00	5.00	5.00	5.00	5.00	5.00
纳米比亚	4.00	4.50	5.00	5.00	5.00	5.00	4.00	4.00	4.00
南非	6.00	6.00	6.00	5.50	5.00	5.00	5.00	5.00	5.00
尼加拉瓜	4.00	4.50	5.00	5.00	5.00	5.00	4.00	4.00	4.00

续表

国家\年份	2012	2013	2014	2015	2016	2017	2018	2019	2020
尼日尔	3.00	2.50	2.00	2.00	2.00	2.00	1.00	1.00	1.00
尼日利亚	3.00	3.00	3.00	3.00	3.00	3.00	3.00	3.00	3.00
挪威	10.00	10.00	10.00	10.00	10.00	10.00	10.00	10.00	10.00
葡萄牙	9.00	9.00	9.00	9.00	9.00	9.00	9.00	9.00	9.00
日本	10.00	10.00	10.00	10.00	10.00	10.00	10.00	10.00	10.00
瑞典	10.00	10.00	10.00	10.00	10.00	10.00	10.00	10.00	10.00
瑞士	10.00	10.00	10.00	10.00	10.00	10.00	10.00	10.00	10.00
塞内加尔	3.00	3.00	3.00	3.00	3.00	3.00	3.00	3.00	3.00
塞浦路斯	6.00	6.00	6.00	6.00	6.00	6.00	6.00	6.00	6.00
沙特阿拉伯	5.00	5.00	5.00	5.00	5.00	5.00	5.00	5.50	6.00
斯里兰卡	5.00	5.00	5.00	5.00	5.00	5.00	6.00	6.00	6.00
斯洛文尼亚	9.00	8.50	8.00	8.00	8.00	8.00	8.00	8.50	9.00
苏丹	3.00	3.00	3.00	2.50	2.00	2.00	2.00	2.00	2.00
塔吉克斯坦	3.00	3.00	3.00	3.00	3.00	3.00	3.00	3.00	3.00
泰国	6.00	6.00	6.00	6.00	6.00	6.00	6.00	6.00	6.00
坦桑尼亚	4.00	3.50	3.00	3.00	3.00	3.00	3.00	3.50	4.00
突尼斯	6.00	6.00	6.00	6.00	6.00	6.00	6.00	6.00	6.00
土耳其	8.00	8.00	8.00	7.50	7.00	7.00	6.00	5.50	5.00
土库曼斯坦	5.00	5.00	5.00	4.50	4.00	4.00	4.00	3.50	3.00
危地马拉	4.00	4.00	4.00	4.00	4.00	4.00	4.00	4.00	4.00
委内瑞拉	6.00	6.00	6.00	6.00	6.00	6.00	4.00	3.50	3.00
乌干达	5.00	5.00	5.00	5.00	5.00	5.00	5.00	5.00	5.00
乌克兰	6.00	6.00	6.00	6.00	6.00	6.00	6.00	6.00	6.00
乌拉圭	7.00	7.00	7.00	7.00	7.00	7.00	7.00	7.00	7.00
乌兹别克斯坦	4.00	4.00	4.00	4.50	5.00	5.00	5.00	5.00	5.00
西班牙	9.00	9.00	9.00	9.00	9.00	9.00	9.00	9.00	9.00
希腊	9.00	9.00	9.00	9.00	9.00	9.00	9.00	9.00	9.00
新加坡	10.00	10.00	10.00	10.00	10.00	10.00	10.00	10.00	10.00

续表

国家＼年份	2012	2013	2014	2015	2016	2017	2018	2019	2020
新西兰	10.00	10.00	10.00	10.00	10.00	10.00	10.00	10.00	10.00
匈牙利	8.00	8.00	8.00	7.50	7.00	7.00	6.00	5.50	5.00
亚美尼亚	5.00	5.00	5.00	5.00	5.00	5.00	5.00	5.00	5.00
伊拉克	3.00	3.00	3.00	3.00	3.00	3.00	3.00	3.00	3.00
伊朗	5.00	4.50	4.00	4.00	4.00	4.00	4.00	4.00	4.00
以色列	7.00	7.50	8.00	8.50	9.00	9.00	9.00	9.00	9.00
意大利	10.00	10.00	10.00	10.00	10.00	10.00	10.00	10.00	10.00
印度	6.00	6.00	6.00	6.00	6.00	6.00	6.00	6.00	6.00
印度尼西亚	5.00	5.00	5.00	5.00	5.00	5.00	5.00	5.00	5.00
英国	10.00	10.00	10.00	10.00	10.00	10.00	10.00	10.00	10.00
约旦	5.00	5.50	6.00	6.00	6.00	6.00	6.00	6.00	6.00
越南	6.00	6.00	6.00	6.00	6.00	6.00	6.00	6.00	6.00
赞比亚	3.00	3.50	4.00	4.00	4.00	4.00	4.00	4.00	4.00
智利	6.00	6.00	6.00	6.00	6.00	6.00	6.00	6.00	6.00

资料来源：BTI.

表51　　　　　　　　社会安全（每十万人谋杀死亡人数）

国家＼年份	2013	2014	2015	2016	2017	2018	2019	2020
阿尔巴尼亚	4.27	4.04	2.21	2.74	2.01	2.29	2.29	2.29
阿尔及利亚	1.26	1.48	1.36	1.36	1.36	1.36	1.36	1.36
阿根廷	7.28	7.57	6.59	6.03	5.21	5.32	5.32	5.32
阿联酋	0.62	0.66	0.65	0.71	0.46	0.46	0.46	0.46
阿曼	2.58	0.30	0.37	0.40	0.51	0.27	0.27	0.27
阿塞拜疆	2.35	2.48	2.34	2.14	2.04	2.20	2.20	2.20
埃及	3.38	1.65	1.65	1.22	1.74	1.19	1.19	1.19
埃塞俄比亚	5.81	5.36	5.37	5.37	5.37	5.37	5.37	5.37
爱尔兰	1.10	1.12	0.67	0.79	0.86	0.87	0.87	0.87
爱沙尼亚	3.94	3.11	3.42	2.51	2.20	2.12	2.12	2.12

续表

年份 国家	2013	2014	2015	2016	2017	2018	2019	2020
安哥拉	3.38	1.65	1.65	1.22	1.74	1.19	1.19	1.19
奥地利	0.72	0.52	0.53	0.65	0.79	0.97	0.97	0.97
澳大利亚	1.05	1.03	0.99	0.94	0.83	0.89	0.89	0.89
巴基斯坦	7.29	6.80	4.76	4.18	3.96	3.88	3.88	3.88
巴拉圭	9.28	8.76	9.22	9.87	7.88	7.14	7.14	7.14
巴林	0.38	0.52	0.52	0.52	0.52	0.52	0.52	0.52
巴拿马	17.29	15.48	11.87	10.03	9.67	9.39	9.39	9.39
巴西	26.94	28.85	28.59	29.88	30.83	27.38	27.38	27.38
白俄罗斯	3.53	3.60	3.45	3.25	2.54	2.39	2.39	2.39
保加利亚	1.50	1.57	1.75	1.10	1.45	1.30	1.30	1.30
冰岛	0.31	0.61	0.91	0.30	0.90	0.89	0.89	0.89
波兰	0.80	0.75	0.78	0.68	0.76	0.73	0.73	0.73
玻利维亚	3.38	1.65	1.65	1.22	1.74	1.19	1.19	1.19
博茨瓦纳	31.71	32.64	33.71	33.83	35.70	36.40	36.40	36.40
布基纳法索	0.71	0.74	0.65	1.12	1.25	1.25	1.25	1.25
丹麦	0.85	1.31	1.09	0.98	1.24	1.01	1.01	1.01
德国	0.84	0.88	0.83	1.17	0.98	0.95	0.95	0.95
多哥	3.58	3.66	3.39	3.22	3.12	3.08	3.08	3.08
俄罗斯	11.11	11.42	11.48	10.92	9.13	8.21	8.21	8.21
厄瓜多尔	10.98	8.22	6.49	5.84	5.79	5.80	5.80	5.80
法国	1.22	1.23	1.57	1.35	1.27	1.20	1.20	1.20
菲律宾	9.26	9.71	9.45	10.98	8.39	6.46	6.46	6.46
芬兰	1.64	1.61	1.50	1.35	1.25	1.63	1.63	1.63
哥伦比亚	33.16	28.41	26.90	25.74	25.02	25.34	25.34	25.34
哥斯达黎加	8.67	9.95	11.49	11.80	12.18	11.26	11.26	11.26
哈萨克斯坦	6.58	5.22	4.85	4.85	5.06	5.06	5.06	5.06
韩国	0.70	0.74	0.74	0.71	0.59	0.60	0.60	0.60
荷兰	0.74	0.73	0.61	0.55	0.78	0.59	0.59	0.59

续表

国家＼年份	2013	2014	2015	2016	2017	2018	2019	2020
洪都拉斯	73.09	65.78	56.49	55.55	40.98	38.93	38.93	38.93
吉尔吉斯斯坦	5.25	5.48	5.12	4.40	4.14	2.19	2.19	2.19
几内亚	4.91	3.84	2.76	3.59	1.15	1.15	1.15	1.15
加拿大	1.44	1.46	1.69	1.68	1.80	1.76	1.76	1.76
加纳	2.07	1.99	1.89	1.93	2.09	2.09	2.09	2.09
柬埔寨	2.39	2.35	2.19	2.26	2.26	2.26	2.26	2.26
捷克	0.64	0.69	0.65	0.63	0.66	0.62	0.62	0.62
喀麦隆	0.93	0.93	1.15	1.15	1.39	1.39	1.39	1.39
卡塔尔	0.39	0.37	0.37	0.37	0.37	0.37	0.37	0.37
科威特	1.82	1.82	1.82	1.82	1.82	1.82	1.82	1.82
克罗地亚	1.08	0.85	0.87	1.05	1.10	0.58	0.58	0.58
肯尼亚	5.38	4.94	4.72	4.82	4.91	4.93	4.93	4.93
拉脱维亚	2.45	3.17	3.35	3.49	4.15	4.36	4.36	4.36
老挝	3.58	3.66	3.39	3.22	3.12	3.08	3.08	3.08
黎巴嫩	3.99	3.83	3.54	3.50	3.61	2.49	2.49	2.49
立陶宛	6.58	5.35	5.87	5.29	4.53	4.57	4.57	4.57
卢森堡	0.18	0.72	0.88	0.86	0.34	0.34	0.34	0.34
罗马尼亚	1.08	1.62	1.70	1.55	1.30	1.28	1.28	1.28
马达加斯加	14.87	14.87	14.87	14.87	14.87	14.87	14.87	14.87
马耳他	1.64	1.39	0.92	1.15	2.06	1.59	1.59	1.59
马来西亚	2.13	2.13	2.13	2.13	2.13	2.13	2.13	2.13
马里	14.87	14.87	14.87	14.87	14.87	14.87	14.87	14.87
美国	4.53	4.44	4.95	5.39	5.32	4.96	4.96	4.96
蒙古国	7.11	7.24	7.14	6.02	6.13	6.18	6.18	6.18
孟加拉国	2.88	2.92	2.58	2.27	2.22	2.37	2.37	2.37
秘鲁	6.76	6.90	7.37	7.87	7.91	7.91	7.91	7.91
缅甸	2.39	2.35	2.19	2.26	2.26	2.26	2.26	2.26
摩尔多瓦	4.15	4.30	4.64	4.92	3.47	4.10	4.10	4.10

续表

年份 国家	2013	2014	2015	2016	2017	2018	2019	2020
摩洛哥	1.27	1.04	1.24	1.69	2.14	1.42	1.42	1.42
莫桑比克	3.51	3.51	3.51	3.51	3.51	3.51	3.51	3.51
墨西哥	19.41	16.63	17.04	19.91	25.71	29.07	29.07	29.07
纳米比亚	17.68	17.68	17.68	17.68	17.68	17.68	17.68	17.68
南非	31.71	32.64	33.71	33.83	35.70	36.40	36.40	36.40
尼加拉瓜	9.80	8.55	8.42	7.19	7.19	7.19	7.19	7.19
尼日尔	4.43	4.43	4.43	4.43	4.43	4.43	4.43	4.43
尼日利亚	34.52	34.52	34.52	34.52	34.52	34.52	34.52	34.52
挪威	0.91	0.56	0.46	0.51	0.53	0.47	0.47	0.47
葡萄牙	1.37	0.88	0.96	0.64	0.74	0.79	0.79	0.79
日本	0.29	0.31	0.28	0.28	0.24	0.26	0.26	0.26
瑞典	0.90	0.90	1.15	1.08	1.14	1.08	1.08	1.08
瑞士	0.70	0.50	0.69	0.54	0.53	0.59	0.59	0.59
塞内加尔	0.27	0.27	0.27	0.27	0.27	0.27	0.27	0.27
塞浦路斯	1.05	0.95	1.29	1.11	0.59	1.26	1.26	1.26
沙特阿拉伯	1.49	1.49	1.49	1.27	1.27	1.27	1.27	1.27
斯里兰卡	3.00	2.66	2.33	2.52	2.30	2.42	2.42	2.42
斯洛文尼亚	0.58	0.77	0.97	0.48	0.92	0.48	0.48	0.48
苏丹	14.87	14.87	14.87	14.87	14.87	14.87	14.87	14.87
塔吉克斯坦	1.64	1.64	1.64	1.64	1.64	1.64	1.64	1.64
泰国	4.25	3.87	3.47	3.23	2.58	2.58	2.58	2.58
坦桑尼亚	7.63	7.81	7.28	6.48	6.48	6.48	6.48	6.48
突尼斯	3.06	3.06	3.06	3.06	3.06	3.06	3.06	3.06
土耳其	2.85	2.85	2.85	3.34	3.09	2.59	2.59	2.59
土库曼斯坦	1.64	1.64	1.64	1.64	1.64	1.64	1.64	1.64
危地马拉	33.68	31.39	29.40	27.26	26.07	22.50	22.50	22.50
委内瑞拉	3.38	1.65	1.65	1.22	1.74	1.19	1.19	1.19
乌干达	10.81	12.12	11.30	11.30	11.50	10.52	10.52	10.52

续表

国家＼年份	2013	2014	2015	2016	2017	2018	2019	2020
乌克兰	6.31	6.31	6.18	6.18	6.18	6.18	6.18	6.18
乌拉圭	7.67	7.88	8.59	7.83	8.26	12.06	12.06	12.06
乌兹别克斯坦	1.48	1.48	1.64	1.41	1.14	1.14	1.14	1.14
西班牙	0.64	0.69	0.65	0.63	0.66	0.62	0.62	0.62
希腊	1.42	1.00	0.87	0.79	0.81	0.94	0.94	0.94
新加坡	0.31	0.25	0.25	0.32	0.19	0.16	0.16	0.16
新西兰	1.02	0.94	1.04	1.07	0.74	0.74	0.74	0.74
匈牙利	1.57	1.49	2.26	2.07	2.49	2.49	2.49	2.49
亚美尼亚	2.17	2.47	2.56	2.96	2.38	1.69	1.69	1.69
伊拉克	10.07	10.07	10.07	10.07	10.07	10.07	10.07	10.07
伊朗	2.66	2.50	2.50	2.50	2.50	2.50	2.50	2.50
以色列	1.64	1.38	1.38	1.28	1.49	1.49	1.49	1.49
意大利	0.83	0.79	0.77	0.66	0.61	0.57	0.57	0.57
印度	3.58	3.66	3.39	3.22	3.12	3.08	3.08	3.08
印度尼西亚	0.55	0.50	0.58	0.49	0.43	0.43	0.43	0.43
英国	0.91	0.89	0.98	1.21	1.24	1.24	1.24	1.24
约旦	1.69	1.91	1.63	1.37	1.36	1.36	1.36	1.36
越南	3.58	3.66	3.39	3.22	3.12	3.08	3.08	3.08
赞比亚	5.81	5.36	5.37	5.37	5.37	5.37	5.37	5.37
智利	3.16	2.47	3.39	3.36	4.22	4.40	4.40	4.40

资料来源：UNODC.

表52 其他投资风险

国家＼年份	2013	2014	2015	2016	2017	2018	2019	2020
阿尔巴尼亚	7.00	7.00	7.08	7.67	8.00	8.00	8.00	8.00
阿尔及利亚	8.33	8.50	8.50	7.29	7.00	6.50	6.50	6.50
阿根廷	6.17	6.21	6.25	7.79	8.00	8.00	7.50	7.50
阿联酋	10.13	11.50	11.50	10.92	10.50	10.50	10.50	10.50

续表

国家\年份	2013	2014	2015	2016	2017	2018	2019	2020
阿曼	11.00	11.00	11.00	10.83	9.25	8.50	9.00	9.00
阿塞拜疆	8.50	8.50	6.29	6.33	6.42	6.50	7.50	7.50
埃及	6.00	6.04	6.88	7.00	7.79	8.00	8.50	8.50
埃塞俄比亚	6.50	6.50	7.08	7.33	7.00	7.00	8.00	8.00
爱尔兰	7.58	9.21	11.50	12.00	12.00	12.00	12.00	12.00
爱沙尼亚	9.50	9.50	9.50	9.50	9.50	9.50	9.50	9.50
安哥拉	7.92	7.83	6.75	6.50	6.50	6.00	8.50	8.50
奥地利	8.00	9.13	9.50	9.50	9.50	9.50	9.50	9.50
澳大利亚	10.67	11.21	12.00	12.00	12.00	12.00	11.50	11.50
巴基斯坦	6.83	7.00	7.50	8.00	8.00	8.00	7.50	7.50
巴拉圭	8.50	8.50	8.50	8.50	8.50	8.50	9.50	9.50
巴林	10.29	9.29	9.50	8.83	8.17	7.50	8.00	8.00
巴拿马	9.50	9.50	9.50	8.83	9.00	9.00	9.00	9.00
巴西	7.50	7.58	7.25	7.00	7.50	7.50	8.50	8.50
白俄罗斯	6.50	6.50	6.50	6.79	6.83	7.50	8.00	8.00
保加利亚	9.00	8.50	9.75	10.50	10.50	10.50	10.50	10.50
冰岛	9.00	9.50	9.50	9.50	10.17	10.00	10.00	10.00
波兰	9.00	9.50	9.50	9.08	9.42	9.50	11.00	11.00
玻利维亚	5.00	5.29	6.50	6.46	6.42	6.50	6.50	6.50
博茨瓦纳	10.50	10.50	10.50	10.50	10.33	9.50	8.50	8.50
布基纳法索	7.00	7.38	7.38	7.50	7.00	7.00	8.00	8.00
丹麦	7.96	7.50	8.75	8.04	8.63	9.00	9.00	9.00
德国	11.00	11.00	11.00	11.00	11.00	11.00	11.00	11.00
多哥	7.25	7.50	7.50	7.50	7.50	7.50	7.50	7.50
俄罗斯	8.50	7.67	7.50	8.00	8.00	8.00	8.50	8.50
厄瓜多尔	5.88	6.75	6.29	6.25	6.33	6.00	8.50	8.50
法国	7.50	7.50	8.75	9.00	8.83	9.00	11.50	11.50
菲律宾	8.33	8.00	8.25	9.67	9.63	9.50	9.50	9.50

续表

国家\年份	2013	2014	2015	2016	2017	2018	2019	2020
芬兰	10.50	10.50	10.50	10.50	10.50	10.50	10.50	10.50
哥伦比亚	8.00	8.00	8.00	8.00	8.00	8.00	8.50	8.50
哥斯达黎加	8.00	8.00	8.46	8.21	7.79	7.50	9.00	9.00
哈萨克斯坦	7.50	7.63	6.54	6.50	7.33	8.00	8.50	8.50
韩国	10.00	10.00	10.00	10.00	10.00	10.00	10.00	10.00
荷兰	9.08	10.08	10.63	11.00	11.00	11.00	11.00	11.00
洪都拉斯	6.83	7.00	7.04	7.50	7.50	7.50	8.00	8.00
吉尔吉斯斯坦	5.50	5.50	4.75	4.50	4.50	4.50	4.50	4.50
几内亚	5.00	5.00	5.46	7.00	7.04	7.50	7.50	7.50
加拿大	12.00	12.00	12.00	12.00	12.00	12.00	12.00	12.00
加纳	7.50	7.50	7.67	8.21	7.71	8.00	8.00	8.00
柬埔寨	6.00	5.71	6.58	7.58	8.00	8.00	8.00	8.00
捷克	8.00	8.00	8.00	8.46	9.29	10.50	10.50	10.50
喀麦隆	7.83	8.00	8.00	8.00	7.50	7.00	7.00	7.00
卡塔尔	10.00	10.00	10.00	10.00	9.21	8.50	10.00	10.00
科威特	8.50	8.54	9.00	9.00	9.00	9.00	10.00	10.00
克罗地亚	8.21	8.00	8.00	7.50	7.00	7.50	9.50	9.50
肯尼亚	7.50	7.50	8.42	8.00	8.17	8.50	8.50	8.50
拉脱维亚	9.00	10.00	10.00	10.00	10.00	10.00	10.50	10.50
老挝	7.00	7.17	8.00	8.00	8.00	8.00	8.50	8.50
黎巴嫩	7.00	7.00	7.92	8.04	8.50	8.50	7.50	7.50
立陶宛	9.00	9.00	9.00	9.00	9.00	9.00	10.00	10.00
卢森堡	11.00	11.00	11.00	11.00	11.00	11.00	11.00	11.00
罗马尼亚	7.50	7.50	7.50	7.67	8.00	8.00	8.50	8.50
马达加斯加	6.58	6.71	7.00	7.21	7.50	7.50	8.00	8.00
马耳他	9.00	9.00	9.63	10.50	10.50	10.50	8.50	8.50
马来西亚	9.50	9.50	8.21	8.00	8.00	8.00	8.50	8.50
马里	7.00	7.00	7.00	7.00	7.21	7.50	7.50	7.50

续表

年份 国家	2013	2014	2015	2016	2017	2018	2019	2020
美国	12.00	12.00	12.00	12.00	12.00	12.00	12.00	12.00
蒙古国	6.75	6.08	7.71	6.42	7.33	7.50	8.50	8.50
孟加拉国	6.00	6.04	6.58	6.83	7.13	7.00	7.00	7.00
秘鲁	8.25	8.50	8.08	8.71	8.25	8.00	8.50	8.50
缅甸	6.00	5.71	6.58	7.58	8.00	8.00	8.00	8.00
摩尔多瓦	6.50	6.79	6.17	6.00	6.58	7.00	7.50	7.50
摩洛哥	9.00	8.83	8.00	8.00	7.75	7.50	7.50	7.50
莫桑比克	8.00	7.83	8.21	6.29	6.00	6.00	6.00	6.00
墨西哥	10.00	9.50	7.58	7.42	7.21	7.00	7.50	7.50
纳米比亚	7.00	7.00	7.00	7.46	7.50	7.50	7.50	7.50
南非	9.38	7.42	7.29	7.63	7.96	8.00	8.50	8.50
尼加拉瓜	8.50	8.38	8.00	7.88	6.58	7.50	6.50	6.50
尼日尔	6.00	6.63	7.21	7.50	7.50	7.50	7.50	7.50
尼日利亚	6.50	6.08	6.00	6.00	6.00	6.00	7.50	7.50
挪威	11.50	11.50	11.08	11.46	11.58	12.00	12.00	12.00
葡萄牙	6.50	6.50	8.17	8.75	9.29	9.50	10.50	10.50
日本	11.46	11.50	11.50	11.50	11.04	11.00	11.00	11.00
瑞典	12.00	12.00	12.00	11.96	12.00	12.00	12.00	12.00
瑞士	11.50	11.50	11.50	11.50	11.50	11.50	11.50	11.50
塞内加尔	7.88	8.00	8.00	8.33	8.50	8.50	8.50	8.50
塞浦路斯	6.25	8.38	10.50	10.50	9.92	9.50	10.00	10.00
沙特阿拉伯	10.50	10.00	10.29	9.38	8.00	8.00	8.00	8.00
斯里兰卡	7.67	8.00	7.92	7.17	7.00	7.00	7.00	7.00
斯洛文尼亚	7.13	7.63	7.04	7.00	7.00	7.00	9.00	9.00
苏丹	7.00	7.00	6.83	6.50	6.00	6.00	6.00	6.00
塔吉克斯坦	5.50	5.50	4.75	4.50	4.50	4.50	4.50	4.50
泰国	8.50	7.88	7.50	7.71	7.96	8.00	9.00	9.00
坦桑尼亚	7.50	7.79	8.00	8.00	7.67	7.00	7.00	7.00

续表

国家＼年份	2013	2014	2015	2016	2017	2018	2019	2020
突尼斯	6.04	6.25	7.88	7.42	6.58	7.50	7.50	7.50
土耳其	7.25	6.04	6.00	6.50	6.33	6.00	7.50	7.50
土库曼斯坦	5.50	5.50	4.75	4.50	4.50	4.50	4.50	4.50
危地马拉	9.50	9.50	9.50	9.50	9.00	9.00	9.00	9.00
委内瑞拉	4.00	4.00	4.00	4.00	5.00	5.00	5.00	5.00
乌干达	7.58	8.00	8.21	8.50	8.42	8.00	8.00	8.00
乌克兰	6.29	6.00	7.13	7.96	8.00	8.00	8.50	8.50
乌拉圭	10.00	10.00	10.00	10.00	10.00	10.00	10.00	10.00
乌兹别克斯坦	5.50	5.50	4.75	4.50	4.50	4.50	4.50	4.50
西班牙	6.92	8.50	8.88	9.50	10.00	10.00	11.00	11.00
希腊	7.21	7.00	7.38	8.63	8.96	9.50	10.50	10.50
新加坡	12.00	12.00	12.00	11.58	11.00	11.00	12.00	12.00
新西兰	12.00	12.00	12.00	12.00	12.00	12.00	12.00	12.00
匈牙利	7.50	8.13	8.92	9.92	9.67	10.50	10.50	10.50
亚美尼亚	8.00	7.50	7.50	7.50	7.50	7.50	8.50	8.50
伊拉克	7.50	6.92	6.50	7.25	7.50	7.50	8.00	8.00
伊朗	4.50	5.50	6.25	7.50	7.79	8.00	7.00	7.00
以色列	10.00	10.00	10.00	10.00	10.00	10.00	10.50	10.50
意大利	7.50	8.38	9.25	9.75	9.50	9.50	11.50	11.50
印度	7.50	7.50	8.08	8.67	8.38	8.50	9.00	9.00
印度尼西亚	7.50	8.50	7.42	7.71	9.00	9.00	8.50	8.50
英国	8.71	11.08	11.96	11.71	11.50	11.50	11.00	11.00
约旦	8.79	9.00	9.00	8.50	8.00	8.00	7.50	7.50
越南	7.00	7.17	8.00	8.00	8.00	8.00	8.50	8.50
赞比亚	6.50	6.50	6.96	7.00	7.00	7.00	6.00	6.00
智利	11.33	10.50	10.50	10.50	10.08	10.00	10.50	10.50

资料来源：ICRG.

表 53　　　　　　　　　　执政时间（剩余任期年限）

国家\年份	2013	2014	2015	2016	2017	2018	2019	2020
阿尔巴尼亚	0	3	2	1	0	3	2	1
阿尔及利亚	1	0	4	3	2	1	0	4
阿根廷	2	1	0	3	2	1	0	3
阿联酋	0	3	2	1	0	3	2	1
阿曼	N/A	N/A	N/A	N/A	N/A	N/A	N/A	N/A
阿塞拜疆	0	4	3	2	1	0	4	3
埃及	1	0	4	3	2	1	0	4
埃塞俄比亚	2	1	0	4	3	2	1	0
爱尔兰	3	2	1	0	4	3	2	1
爱沙尼亚	3	2	1	0	4	3	2	1
安哥拉	0	2	1	0	0	2	1	0
奥地利	0	3	2	1	0	3	2	1
澳大利亚	2	1	0	2	1	0	2	1
巴基斯坦	0	4	3	2	1	0	4	3
巴拉圭	1	0	3	2	1	0	3	2
巴林	N/A	N/A	N/A	N/A	N/A	N/A	N/A	N/A
巴拿马	1	0	4	3	2	1	0	4
巴西	1	0	3	2	1	0	3	2
白俄罗斯	3	2	1	4	3	2	1	4
保加利亚	0	3	3	2	1	0	3	2
冰岛	0	3	2	1	0	3	2	1
波兰	2	1	0	4	3	2	1	0
玻利维亚	2	0	4	3	2	1	0	4
博茨瓦纳	0	0	4	3	2	1	0	4
布基纳法索	2	1	0	1	2	1	2	1
丹麦	2	1	0	3	2	1	0	3
德国	4	3	2	1	0	4	3	2
多哥	2	1	0	4	3	2	1	0

续表

国家＼年份	2013	2014	2015	2016	2017	2018	2019	2020
俄罗斯	5	4	3	2	1	5	4	3
厄瓜多尔	0	3	2	1	0	3	2	1
法国	4	3	2	1	0	4	3	2
菲律宾	2	2	1	0	5	4	3	2
芬兰	2	1	0	3	2	1	0	3
哥伦比亚	1	0	3	2	1	0	3	2
哥斯达黎加	1	0	3	2	1	0	3	2
哈萨克斯坦	3	2	1	3	2	1	3	2
韩国	3	2	1	0	0	5	4	3
荷兰	3	2	1	0	3	2	1	0
洪都拉斯	0	3	2	2	1	0	3	2
吉尔吉斯斯坦	0	3	2	1	0	5	4	3
几内亚	2	1	0	4	3	2	1	0
加拿大	2	1	0	3	2	1	0	3
加纳	3	2	1	0	3	2	1	3
柬埔寨	0	4	3	2	1	0	4	3
捷克	0	3	2	1	0	3	2	1
喀麦隆	5	4	3	2	1	0	5	4
卡塔尔	N/A	N/A	N/A	N/A	N/A	N/A	N/A	N/A
科威特	N/A	N/A	N/A	N/A	N/A	N/A	N/A	N/A
克罗地亚	2	1	0	4	3	2	1	0
肯尼亚	0	4	3	2	1	0	4	3
拉脱维亚	1	0	3	2	3	2	1	0
老挝	3	2	1	0	4	3	2	1
黎巴嫩	0	0	0	0	5	4	3	2
立陶宛	1	0	4	3	2	1	0	4
卢森堡	0	4	3	2	1	0	4	3
罗马尼亚	1	0	4	3	2	1	0	4

续表

国家\年份	2013	2014	2015	2016	2017	2018	2019	2020
马达加斯加	0	0	4	3	2	1	0	4
马耳他	0	4	3	2	1	0	4	3
马来西亚	0	4	3	2	1	0	4	3
马里	0	4	3	2	1	0	4	3
美国	3	2	1	0	4	3	2	1
蒙古国	4	3	2	1	0	4	3	2
孟加拉国	0	4	3	2	1	0	4	3
秘鲁	3	2	1	0	4	3	2	1
缅甸	3	2	1	0	4	3	2	1
摩尔多瓦	0	2	1	0	3	2	1	2
摩洛哥	N/A	N/A	N/A	N/A	N/A	N/A	N/A	N/A
莫桑比克	1	0	4	3	2	1	0	4
墨西哥	5	4	3	2	1	0	5	4
纳米比亚	1	0	4	3	2	1	0	4
南非	1	0	4	3	2	1	0	4
尼加拉瓜	0	2	1	0	4	3	2	1
尼日尔	3	2	1	0	4	3	2	1
尼日利亚	2	1	0	3	2	1	0	3
挪威	0	3	2	1	0	3	2	1
葡萄牙	2	1	0	3	2	1	0	3
日本	0	2	1	0	3	2	1	0
瑞典	1	0	3	2	1	0	3	2
瑞士	2	1	0	3	2	1	0	3
塞内加尔	1	0	3	3	2	1	0	3
塞浦路斯	0	4	3	2	1	0	4	3
沙特阿拉伯	N/A	N/A	N/A	N/A	N/A	N/A	N/A	N/A
斯里兰卡	3	2	1	5	4	3	2	1
斯洛文尼亚	3	2	4	3	2	1	4	3

续表

国家＼年份	2013	2014	2015	2016	2017	2018	2019	2020
苏丹	N/A	N/A	N/A	N/A	N/A	N/A	N/A	N/A
塔吉克斯坦	0	6	5	4	3	2	1	0
泰国	2	1	3	2	1	3	2	1
坦桑尼亚	2	1	0	4	3	2	1	0
突尼斯	1	0	4	3	2	1	0	4
土耳其	1	0	4	3	2	1	0	4
土库曼斯坦	4	3	2	1	0	4	3	2
危地马拉	1	0	4	3	2	1	0	4
委内瑞拉	0	4	3	2	1	0	5	4
乌干达	3	2	1	0	4	3	2	1
乌克兰	2	1	4	3	2	1	4	3
乌拉圭	1	0	4	3	2	1	0	4
乌兹别克斯坦	0	0	0	4	3	2	1	0
西班牙	2	1	0	0	3	2	1	0
希腊	0	2	1	3	2	1	3	2
新加坡	3	2	1	0	4	3	2	1
新西兰	1	0	2	1	2	1	0	2
匈牙利	0	0	3	3	3	2	1	3
亚美尼亚	0	4	3	2	1	0	4	3
伊拉克	1	0	3	2	1	0	3	2
伊朗	0	3	2	1	0	3	2	1
以色列	0	3	2	1	0	3	2	1
意大利	3	4	4	3	4	3	2	1
印度	1	0	4	3	2	1	0	4
印度尼西亚	4	0	4	3	2	1	0	4
英国	3	2	1	0	3	2	1	0
约旦	N/A	N/A	N/A	N/A	N/A	N/A	N/A	N/A
越南	3	2	1	0	4	3	2	1

续表

国家＼年份	2013	2014	2015	2016	2017	2018	2019	2020
赞比亚	2	1	4	3	2	1	4	3
智利	0	3	2	1	0	3	2	1

注：N/A表示该国为君主制国家或独裁国家。
资料来源：DPI.

表54　　　　　　　　　　　政府稳定性

国家＼年份	2013	2014	2015	2016	2017	2018	2019	2020
阿尔巴尼亚	7.17	8.21	7.33	7.29	7.21	7.50	6.00	6.00
阿尔及利亚	6.00	7.00	7.33	6.92	6.67	7.00	6.50	6.50
阿根廷	5.08	5.33	7.13	7.38	7.33	7.50	6.00	6.00
阿联酋	10.50	10.04	10.00	10.00	10.00	10.00	10.00	10.00
阿曼	9.50	9.50	9.50	9.67	9.50	9.50	8.50	8.50
阿塞拜疆	9.00	9.00	7.75	7.54	7.50	7.50	7.50	7.50
埃及	5.21	7.58	8.13	8.42	8.08	8.50	8.50	8.50
埃塞俄比亚	6.96	7.42	7.79	8.21	7.50	7.50	7.00	7.00
爱尔兰	4.96	6.58	7.04	6.29	6.13	6.50	6.50	6.50
爱沙尼亚	6.08	6.63	8.17	8.38	8.00	8.50	6.00	6.00
安哥拉	8.38	7.08	6.92	6.54	6.83	7.00	8.00	8.00
奥地利	6.50	6.71	6.50	5.88	6.71	8.00	6.50	6.50
澳大利亚	6.71	6.42	6.58	6.92	6.00	5.50	7.00	7.00
巴基斯坦	7.17	7.17	6.00	6.38	6.29	6.00	6.00	6.00
巴拉圭	7.13	7.96	7.58	6.46	6.58	6.50	5.50	5.50
巴林	6.29	6.67	7.83	7.50	7.42	7.00	7.50	7.50
巴拿马	5.00	5.75	7.71	7.00	6.75	6.50	7.50	7.50
巴西	7.17	6.33	5.08	5.54	6.50	6.50	7.00	7.00
白俄罗斯	5.75	6.00	7.25	7.17	6.58	7.00	7.00	7.00
保加利亚	6.08	5.96	6.83	6.79	6.33	7.00	6.50	6.50
冰岛	7.29	7.46	7.50	6.33	6.54	6.00	6.00	6.00

续表

国家＼年份	2013	2014	2015	2016	2017	2018	2019	2020
波兰	5.79	5.96	6.50	7.63	7.17	7.00	7.00	7.00
玻利维亚	7.04	7.33	8.04	6.17	6.17	6.00	6.00	6.00
博茨瓦纳	8.29	7.75	8.00	7.17	7.21	7.00	6.00	6.00
布基纳法索	6.25	5.58	6.25	7.75	6.79	7.00	7.50	7.50
丹麦	6.00	5.71	6.25	6.21	6.21	6.50	7.00	7.00
德国	8.38	8.79	8.17	7.58	7.00	5.50	6.50	6.50
多哥	7.42	8.21	8.00	8.00	7.75	7.00	7.50	7.50
俄罗斯	7.08	8.13	8.58	8.50	8.50	8.50	7.00	7.00
厄瓜多尔	8.04	8.50	7.25	5.88	6.71	7.00	7.00	7.00
法国	5.58	4.75	5.63	4.79	7.08	8.50	7.00	7.00
菲律宾	8.17	7.88	6.75	7.71	6.96	6.50	8.00	8.00
芬兰	6.54	5.50	6.50	5.79	6.25	6.50	7.00	7.00
哥伦比亚	6.38	7.71	7.71	7.54	7.04	6.50	6.50	6.50
哥斯达黎加	5.50	7.17	6.46	5.92	6.04	5.50	6.50	6.50
哈萨克斯坦	8.71	8.58	8.00	8.00	8.00	8.00	7.50	7.50
韩国	8.00	7.42	6.21	6.92	7.13	8.50	7.50	7.50
荷兰	6.58	7.50	6.79	7.00	6.75	7.50	6.50	6.50
洪都拉斯	6.92	6.50	7.50	7.25	6.92	6.50	6.00	6.00
吉尔吉斯斯坦	6.58	6.71	8.00	8.00	7.75	8.00	8.00	8.00
几内亚	4.92	5.54	6.79	8.79	7.54	7.00	6.00	6.00
加拿大	7.71	7.58	7.67	8.83	7.71	7.50	6.00	6.00
加纳	7.17	7.00	6.04	6.46	6.88	7.00	7.00	7.00
柬埔寨	9.75	9.00	8.58	7.63	6.75	6.50	7.50	7.50
捷克	6.71	8.00	7.92	7.50	7.21	8.00	6.50	6.50
喀麦隆	8.63	7.38	7.00	7.00	6.92	6.50	6.00	6.00
卡塔尔	10.50	10.50	10.50	10.50	9.92	9.50	9.50	9.50
科威特	5.79	7.00	6.58	6.04	6.04	6.00	6.50	6.50
克罗地亚	6.08	5.71	6.04	6.54	6.71	6.50	6.00	6.00

续表

年份国家	2013	2014	2015	2016	2017	2018	2019	2020
肯尼亚	7.13	7.75	8.00	8.33	7.58	7.50	8.00	8.00
拉脱维亚	6.00	7.38	7.67	7.67	7.17	6.50	7.00	7.00
老挝	6.58	6.71	8.00	8.00	7.75	8.00	8.00	8.00
黎巴嫩	5.79	5.50	6.71	6.21	6.46	6.00	7.00	7.00
立陶宛	7.67	7.83	8.00	7.75	6.75	6.00	7.00	7.00
卢森堡	7.79	8.00	7.54	6.75	6.29	6.00	7.50	7.50
罗马尼亚	7.42	6.75	7.08	7.38	6.42	6.00	6.00	6.00
马达加斯加	6.00	7.75	6.83	8.17	8.17	7.50	7.50	7.50
马耳他	6.54	6.54	6.00	6.25	7.21	7.50	8.00	8.00
马来西亚	6.79	7.50	7.54	6.29	6.46	6.50	7.00	7.00
马里	7.17	7.50	7.50	6.79	6.71	6.50	6.00	6.00
美国	7.33	6.50	7.88	8.17	7.46	8.00	7.00	7.00
蒙古国	6.96	7.29	7.25	7.71	7.21	6.50	6.50	6.50
孟加拉国	6.17	7.67	8.08	8.50	8.21	8.00	8.50	8.50
秘鲁	7.21	5.29	5.13	6.54	6.42	6.00	7.00	7.00
缅甸	9.75	9.00	8.58	7.63	6.75	6.50	7.50	7.50
摩尔多瓦	6.25	6.75	6.71	7.08	7.13	7.00	6.50	6.50
摩洛哥	6.83	6.83	7.08	7.63	7.21	6.50	6.00	6.00
莫桑比克	9.00	8.29	8.33	7.79	7.29	7.50	7.00	7.00
墨西哥	8.08	7.33	6.21	6.63	6.21	6.00	8.00	8.00
纳米比亚	9.50	9.50	9.50	8.58	8.33	8.50	7.00	7.00
南非	6.67	6.88	7.50	6.50	6.21	7.50	7.00	7.00
尼加拉瓜	9.29	9.00	9.00	8.88	9.00	9.00	7.00	7.00
尼日尔	6.75	6.13	7.00	7.42	7.33	6.50	6.50	6.50
尼日利亚	6.67	6.00	7.13	7.04	6.67	7.00	7.50	7.50
挪威	7.00	8.00	7.83	7.13	7.29	8.00	6.50	6.50
葡萄牙	5.33	6.04	6.54	7.00	7.79	7.50	7.00	7.00
日本	8.21	7.21	8.50	8.54	9.13	10.00	7.50	7.50

续表

国家\年份	2013	2014	2015	2016	2017	2018	2019	2020
瑞典	6.58	6.46	6.50	6.08	6.58	6.50	6.50	6.50
瑞士	9.00	9.00	9.00	9.00	9.00	9.00	8.50	8.50
塞内加尔	7.71	6.50	6.92	6.38	6.96	8.00	7.00	7.00
塞浦路斯	5.67	5.29	6.50	6.71	7.00	7.00	7.50	7.50
沙特阿拉伯	9.08	7.79	8.42	8.00	7.75	7.50	8.00	8.00
斯里兰卡	6.92	7.88	8.42	7.29	6.04	7.00	6.50	6.50
斯洛文尼亚	5.92	6.75	6.63	6.17	6.17	6.00	6.00	6.00
苏丹	6.92	6.08	6.04	6.00	6.00	6.00	6.00	6.00
塔吉克斯坦	6.58	6.71	8.00	8.00	7.75	8.00	8.00	8.00
泰国	5.96	6.04	7.38	7.50	7.46	8.00	7.46	7.46
坦桑尼亚	9.50	7.17	7.50	8.04	6.83	6.50	7.50	7.50
突尼斯	6.29	6.92	6.25	6.79	7.38	7.00	6.50	6.50
土耳其	7.33	6.75	6.88	7.71	8.00	8.00	6.50	6.50
土库曼斯坦	6.58	6.71	8.00	8.00	7.75	8.00	8.00	8.00
危地马拉	6.50	5.00	5.29	7.63	6.67	6.50	7.50	7.50
委内瑞拉	5.38	5.21	5.00	5.00	7.00	7.00	7.00	7.00
乌干达	6.75	6.29	7.83	7.00	7.46	7.46	7.46	7.46
乌克兰	6.63	5.54	6.92	7.33	7.33	6.50	8.00	8.00
乌拉圭	5.71	7.54	7.25	6.46	6.13	6.50	6.00	6.00
乌兹别克斯坦	6.58	6.71	8.00	8.00	7.75	8.00	8.00	8.00
西班牙	6.50	6.50	6.71	6.04	6.33	6.00	7.00	7.00
希腊	4.92	5.21	6.71	5.96	5.92	6.50	7.50	7.50
新加坡	9.50	9.17	8.92	9.54	9.50	9.50	9.50	9.50
新西兰	7.92	7.75	8.00	7.88	6.46	6.50	6.46	6.46
匈牙利	6.92	7.83	7.79	8.13	8.46	9.00	8.50	8.50
亚美尼亚	7.79	6.00	5.13	5.92	7.33	7.50	9.50	9.50
伊拉克	6.00	6.25	7.00	6.58	6.00	6.00	6.00	6.00
伊朗	5.71	6.33	7.17	7.00	7.67	7.50	7.00	7.00

续表

国家＼年份	2013	2014	2015	2016	2017	2018	2019	2020
以色列	7.79	6.46	7.54	7.88	6.83	6.00	6.50	6.50
意大利	5.71	6.46	7.00	6.46	6.46	6.00	6.50	6.50
印度	6.08	7.75	7.88	8.21	6.88	7.50	7.50	7.50
印度尼西亚	4.88	6.00	6.54	6.92	8.38	8.50	8.00	8.00
英国	7.04	7.25	8.46	7.83	6.83	6.00	5.00	5.00
约旦	7.92	8.00	8.00	7.88	7.50	7.50	7.50	7.50
越南	6.58	6.71	8.00	8.00	7.75	8.00	8.00	8.00
赞比亚	6.17	5.50	6.67	7.21	7.25	6.50	6.00	6.00
智利	6.38	7.71	6.75	5.54	5.63	7.00	5.00	5.00

资料来源：ICRG.

表55　　　　　　　　　　　　军事干预政治

国家＼年份	2013	2014	2015	2016	2017	2018	2019	2020
阿尔巴尼亚	5.00	5.00	5.00	5.00	5.00	5.00	5.00	5.00
阿尔及利亚	3.00	2.71	2.50	2.50	2.50	2.50	2.00	2.00
阿根廷	4.50	4.50	4.50	4.50	4.50	4.50	4.50	4.50
阿联酋	5.00	5.00	5.00	5.00	5.00	5.00	5.00	5.00
阿曼	5.00	5.00	5.00	5.00	5.00	5.00	5.00	5.00
阿塞拜疆	3.00	3.00	3.00	3.00	3.00	3.00	3.00	3.00
埃及	1.00	1.00	1.00	1.00	1.00	1.00	1.00	1.00
埃塞俄比亚	1.00	1.00	1.00	1.00	1.00	1.00	2.00	2.00
爱尔兰	6.00	6.00	6.00	6.00	6.00	6.00	6.00	6.00
爱沙尼亚	5.00	5.00	5.00	5.00	5.00	5.00	5.00	5.00
安哥拉	2.00	2.00	2.00	2.00	2.00	2.00	2.00	2.00
奥地利	6.00	6.00	6.00	6.00	6.00	6.00	6.00	6.00
澳大利亚	6.00	6.00	6.00	6.00	6.00	6.00	6.00	6.00
巴基斯坦	1.54	1.63	1.50	1.50	1.50	1.50	1.50	1.50
巴拉圭	1.50	1.50	1.50	1.50	1.50	1.50	1.50	1.50

续表

年份 国家	2013	2014	2015	2016	2017	2018	2019	2020
巴林	3.00	3.00	3.00	3.00	3.00	3.00	3.00	3.00
巴拿马	5.00	5.00	5.00	5.00	5.00	5.00	5.00	5.00
巴西	4.00	4.00	4.00	4.00	4.00	4.00	4.00	4.00
白俄罗斯	3.00	3.00	3.00	3.00	3.00	3.00	3.00	3.00
保加利亚	5.00	5.00	5.00	5.00	5.00	5.00	5.00	5.00
冰岛	6.00	6.00	6.00	6.00	6.00	6.00	6.00	6.00
波兰	6.00	6.00	6.00	6.00	6.00	6.00	6.00	6.00
玻利维亚	3.00	3.00	3.00	3.00	3.00	3.00	3.00	3.00
博茨瓦纳	5.00	5.00	5.00	5.00	5.00	5.00	5.00	5.00
布基纳法索	2.50	2.42	2.00	2.00	2.00	2.00	2.00	2.00
丹麦	6.00	6.00	6.00	6.00	6.00	6.00	6.00	6.00
德国	6.00	6.00	6.00	6.00	6.00	6.00	6.00	6.00
多哥	0.00	0.00	2.08	2.50	2.50	2.50	2.50	2.50
俄罗斯	4.00	4.00	4.00	4.00	4.00	4.00	4.00	4.00
厄瓜多尔	1.50	1.50	1.50	1.50	1.50	1.50	1.50	1.50
法国	5.50	5.50	5.50	5.25	5.00	5.00	5.00	5.00
菲律宾	3.00	3.00	3.00	2.96	2.17	2.00	2.00	2.00
芬兰	6.00	6.00	6.00	6.00	6.00	6.00	6.00	6.00
哥伦比亚	2.00	2.00	2.00	2.29	2.50	2.50	2.50	2.50
哥斯达黎加	6.00	6.00	6.00	6.00	6.00	6.00	6.00	6.00
哈萨克斯坦	5.00	5.00	5.00	5.00	5.00	5.00	5.00	5.00
韩国	4.00	4.00	4.00	4.00	4.00	4.00	4.00	4.00
荷兰	6.00	6.00	6.00	6.00	6.00	6.00	6.00	6.00
洪都拉斯	3.25	3.38	2.50	2.50	2.50	2.50	2.50	2.50
吉尔吉斯斯坦	3.50	3.50	2.67	2.50	2.50	2.50	2.50	2.50
几内亚	0.50	0.50	0.50	0.50	0.50	0.50	0.50	0.50
加拿大	6.00	6.00	6.00	6.00	6.00	6.00	6.00	6.00
加纳	3.00	3.00	3.00	3.00	3.00	3.00	3.00	3.00

续表

国家\年份	2013	2014	2015	2016	2017	2018	2019	2020
柬埔寨	1.50	1.50	1.50	1.54	1.58	1.50	1.50	1.50
捷克	6.00	6.00	6.00	6.00	6.00	6.00	6.00	6.00
喀麦隆	3.00	3.00	3.00	3.00	3.00	3.00	2.50	2.50
卡塔尔	4.00	4.00	4.00	4.00	4.00	4.00	4.00	4.00
科威特	5.00	5.00	5.00	5.00	5.00	5.00	5.00	5.00
克罗地亚	5.00	5.00	5.00	5.00	5.00	5.00	5.00	5.00
肯尼亚	4.00	4.00	4.00	4.00	3.88	3.50	3.50	3.50
拉脱维亚	5.00	5.00	5.00	5.00	5.00	5.00	5.00	5.00
老挝	3.00	3.00	3.00	3.00	3.00	3.00	3.00	3.00
黎巴嫩	2.00	2.00	2.00	2.00	2.00	2.00	2.00	2.00
立陶宛	5.00	5.00	5.00	5.00	5.00	5.00	5.00	5.00
卢森堡	6.00	6.00	6.00	6.00	6.00	6.00	6.00	6.00
罗马尼亚	5.00	5.00	5.00	5.00	5.00	5.00	5.00	5.00
马达加斯加	1.00	1.00	1.00	1.00	1.00	1.00	1.00	1.00
马耳他	6.00	6.00	6.00	6.00	6.00	6.00	6.00	6.00
马来西亚	5.00	5.00	5.00	5.00	5.00	5.00	5.00	5.00
马里	2.50	2.50	2.50	2.50	2.50	2.50	2.50	2.50
美国	4.00	4.00	4.00	4.00	4.00	4.00	4.00	4.00
蒙古国	5.00	5.00	5.00	5.00	5.00	5.00	5.00	5.00
孟加拉国	2.50	2.50	2.50	2.50	2.50	2.50	2.50	2.50
秘鲁	4.50	4.50	4.50	4.50	4.50	4.50	4.50	4.50
缅甸	1.50	1.50	1.50	1.54	1.58	1.50	1.50	1.50
摩尔多瓦	4.00	4.00	4.00	4.00	4.00	4.00	4.00	4.00
摩洛哥	4.00	4.00	4.00	4.00	4.00	4.00	4.00	4.00
莫桑比克	4.00	4.00	4.00	4.00	4.00	4.00	4.50	4.50
墨西哥	3.50	3.38	3.00	3.00	3.00	3.00	3.00	3.00
纳米比亚	6.00	6.00	6.00	6.00	6.00	6.00	6.00	6.00
南非	5.00	5.00	5.00	5.00	5.00	5.00	5.00	5.00

续表

年份 国家	2013	2014	2015	2016	2017	2018	2019	2020
尼加拉瓜	3.00	2.54	2.50	2.50	2.50	2.50	2.50	2.50
尼日尔	2.00	2.00	2.00	2.00	2.00	2.00	2.00	2.00
尼日利亚	2.00	2.00	2.00	2.00	2.00	2.00	2.00	2.00
挪威	6.00	6.00	6.00	6.00	6.00	6.00	6.00	6.00
葡萄牙	6.00	6.00	6.00	6.00	6.00	6.00	6.00	6.00
日本	5.00	5.00	5.00	5.00	5.00	5.00	5.00	5.00
瑞典	5.50	5.50	5.50	5.50	5.50	5.50	5.50	5.50
瑞士	6.00	6.00	6.00	6.00	6.00	6.00	6.00	6.00
塞内加尔	2.50	2.50	2.50	2.50	2.50	2.50	2.50	2.50
塞浦路斯	5.00	5.00	5.00	5.00	5.00	5.00	5.00	5.00
沙特阿拉伯	5.00	5.00	5.00	5.00	5.00	5.00	5.00	5.00
斯里兰卡	2.00	2.00	2.71	3.00	3.00	3.00	3.00	3.00
斯洛文尼亚	5.50	5.50	5.50	5.50	5.50	5.50	5.50	5.50
苏丹	0.00	0.00	0.00	0.00	0.00	0.00	0.00	0.00
塔吉克斯坦	3.50	3.50	2.67	2.50	2.50	2.50	2.50	2.50
泰国	2.00	2.00	2.00	2.00	2.00	2.00	2.00	2.00
坦桑尼亚	4.00	4.00	4.00	4.00	4.00	4.00	3.50	3.50
突尼斯	4.00	4.00	4.00	4.00	4.00	4.00	3.50	3.50
土耳其	2.00	2.00	2.00	2.00	2.00	2.00	2.00	2.00
土库曼斯坦	5.00	5.00	5.00	5.00	5.00	5.00	5.00	5.00
危地马拉	4.00	4.00	4.00	4.00	4.00	4.00	4.00	4.00
委内瑞拉	1.00	1.00	1.00	1.00	1.00	1.00	1.00	1.00
乌干达	2.00	2.00	2.00	2.00	2.00	2.00	2.00	2.00
乌克兰	5.00	5.00	5.00	5.00	5.00	5.00	5.00	5.00
乌拉圭	3.50	3.50	3.50	3.50	3.50	3.50	3.50	3.50
乌兹别克斯坦	3.50	3.50	2.67	2.50	2.50	2.50	2.50	2.50
西班牙	5.00	5.00	5.00	5.00	5.00	5.00	5.00	5.00
希腊	5.00	5.00	5.00	5.00	5.00	5.00	5.00	5.00

续表

国家＼年份	2013	2014	2015	2016	2017	2018	2019	2020
新加坡	5.00	5.00	5.00	5.00	5.00	5.00	5.00	5.00
新西兰	6.00	6.00	6.00	6.00	6.00	6.00	6.00	6.00
匈牙利	6.00	6.00	6.00	6.00	6.00	6.00	6.00	6.00
亚美尼亚	3.50	3.50	3.50	3.50	3.50	3.50	3.50	3.50
伊拉克	0.00	0.00	0.00	0.00	0.00	0.00	0.50	0.50
伊朗	4.50	4.50	4.50	4.50	4.50	4.50	4.00	4.00
以色列	2.50	2.50	2.50	2.50	2.50	2.50	2.50	2.50
意大利	6.00	6.00	6.00	6.00	6.00	6.00	6.00	6.00
印度	4.00	4.00	4.00	4.00	4.00	4.00	4.00	4.00
印度尼西亚	2.50	2.50	2.50	2.50	2.50	2.50	2.50	2.50
英国	6.00	6.00	6.00	6.00	6.00	6.00	6.00	6.00
约旦	4.50	4.50	4.50	4.50	4.25	4.00	4.00	4.00
越南	3.00	3.00	3.00	3.00	3.00	3.00	3.00	3.00
赞比亚	5.00	5.00	5.00	5.00	5.00	5.00	5.00	5.00
智利	4.50	4.50	4.50	4.50	4.50	4.50	4.50	4.50

资料来源：ICRG.

表56　　　　　　　　　　　　腐败

国家＼年份	2013	2014	2015	2016	2017	2018	2019	2020
阿尔巴尼亚	2.00	2.17	2.50	2.50	2.50	2.50	2.50	2.50
阿尔及利亚	2.00	2.00	2.00	2.00	2.00	2.00	2.00	2.00
阿根廷	2.00	2.00	2.00	2.00	2.00	2.00	2.50	2.50
阿联酋	3.50	3.54	4.00	4.00	4.00	4.00	4.00	4.00
阿曼	2.50	2.54	3.00	3.00	3.00	3.00	3.00	3.00
阿塞拜疆	1.50	1.50	1.50	1.50	1.50	1.50	1.50	1.50
埃及	2.00	2.00	2.00	2.00	2.00	2.00	2.00	2.00
埃塞俄比亚	1.83	2.00	2.00	2.00	2.00	2.00	2.00	2.00
爱尔兰	4.00	4.04	4.50	4.50	4.50	4.50	4.50	4.50

续表

年份 国家	2013	2014	2015	2016	2017	2018	2019	2020
爱沙尼亚	3.50	3.54	4.00	4.00	4.00	4.00	4.00	4.00
安哥拉	1.50	1.46	1.00	1.00	1.00	1.00	2.00	2.00
奥地利	4.50	4.50	4.50	4.50	4.50	4.50	4.50	4.50
澳大利亚	4.50	4.50	4.50	4.50	4.50	4.50	4.50	4.50
巴基斯坦	2.00	2.00	2.00	2.00	2.00	2.00	2.00	2.00
巴拉圭	1.50	1.63	2.00	2.00	2.00	2.00	2.00	2.00
巴林	3.00	3.00	2.58	2.50	2.50	2.50	2.50	2.50
巴拿马	2.00	2.00	2.00	2.00	2.00	2.00	2.00	2.00
巴西	2.50	2.46	2.00	2.00	2.00	2.00	2.00	2.00
白俄罗斯	1.50	1.54	2.00	2.00	2.00	2.00	2.00	2.00
保加利亚	2.00	2.04	2.50	2.75	3.00	3.00	3.00	3.00
冰岛	5.00	4.83	5.00	5.00	5.00	5.00	5.00	5.00
波兰	3.00	3.04	3.50	3.50	3.33	3.50	3.00	3.00
玻利维亚	1.96	2.00	2.00	2.00	2.00	2.00	2.00	2.00
博茨瓦纳	3.50	3.54	4.00	4.00	3.67	3.50	3.00	3.00
布基纳法索	2.00	2.04	2.50	2.50	2.50	2.50	2.50	2.50
丹麦	5.50	5.50	5.50	5.50	5.42	5.50	5.50	5.50
德国	5.00	5.00	5.00	5.00	5.00	5.00	5.00	5.00
多哥	1.50	1.54	2.00	2.00	2.00	2.00	2.00	2.00
俄罗斯	1.50	1.50	1.50	1.50	1.50	1.50	1.50	1.50
厄瓜多尔	2.50	2.46	2.00	2.00	2.00	2.00	2.50	2.50
法国	4.13	4.04	4.50	4.50	4.17	4.00	4.00	4.00
菲律宾	2.25	2.50	2.50	2.50	2.50	2.50	2.50	2.50
芬兰	5.50	5.50	5.50	5.50	5.50	5.50	5.50	5.50
哥伦比亚	2.50	2.50	2.50	2.50	2.50	2.50	2.50	2.50
哥斯达黎加	2.50	2.54	3.00	3.00	3.17	3.00	2.50	2.50
哈萨克斯坦	1.50	1.50	1.50	1.50	1.50	1.50	3.00	3.00
韩国	3.00	3.00	3.00	3.00	3.00	3.00	3.50	3.50

续表

国家＼年份	2013	2014	2015	2016	2017	2018	2019	2020
荷兰	5.00	5.00	5.00	5.00	5.00	5.00	5.00	5.00
洪都拉斯	1.50	1.63	2.50	2.50	2.17	2.00	2.50	2.50
吉尔吉斯斯坦	1.46	1.46	1.00	1.00	1.00	1.00	1.00	1.00
几内亚	1.50	1.50	1.50	1.50	1.50	1.50	1.50	1.50
加拿大	5.00	5.00	5.00	5.00	5.00	5.00	5.00	5.00
加纳	2.50	2.54	3.00	3.00	2.67	2.50	3.00	3.00
柬埔寨	1.50	1.50	1.50	1.63	2.00	2.00	2.00	2.00
捷克	2.50	2.54	3.00	3.00	3.00	3.00	2.50	2.50
喀麦隆	2.00	2.00	2.00	2.00	1.67	1.50	1.50	1.50
卡塔尔	3.00	3.08	4.00	4.00	3.67	3.50	3.50	3.50
科威特	2.50	2.54	3.00	3.00	2.67	2.50	2.50	2.50
克罗地亚	2.00	2.08	3.00	3.00	3.00	3.00	3.00	3.00
肯尼亚	1.50	1.50	1.50	1.63	1.67	1.50	2.50	2.50
拉脱维亚	2.50	2.54	3.00	3.00	3.33	3.50	2.50	2.50
老挝	2.50	2.50	2.50	2.50	2.17	2.00	2.50	2.50
黎巴嫩	1.50	1.50	1.88	2.00	1.67	1.50	1.50	1.50
立陶宛	2.50	2.58	3.50	3.50	3.42	3.00	3.00	3.00
卢森堡	5.00	5.00	5.00	5.00	5.00	5.00	5.00	5.00
罗马尼亚	2.00	2.04	2.50	2.50	2.50	2.50	2.50	2.50
马达加斯加	2.00	2.00	2.00	2.00	1.67	1.50	1.50	1.50
马耳他	3.50	3.50	3.50	3.50	3.50	3.50	3.00	3.00
马来西亚	2.50	2.50	2.50	2.50	2.50	2.50	2.50	2.50
马里	1.50	1.54	2.00	2.00	2.00	2.00	2.00	2.00
美国	3.71	3.58	4.50	4.50	4.50	4.50	4.50	4.50
蒙古国	2.00	2.00	2.00	2.00	2.00	2.00	2.50	2.50
孟加拉国	3.00	3.00	3.00	3.00	2.67	2.50	2.50	2.50
秘鲁	2.00	2.00	2.00	2.42	2.58	2.50	2.50	2.50
缅甸	1.50	1.50	1.50	1.63	2.00	2.00	2.00	2.00

续表

国家＼年份	2013	2014	2015	2016	2017	2018	2019	2020
摩尔多瓦	2.00	2.00	2.00	2.00	2.00	2.00	2.00	2.00
摩洛哥	2.00	2.04	2.50	2.58	3.00	3.00	3.00	3.00
莫桑比克	2.00	2.00	2.00	2.00	2.00	2.00	2.00	2.00
墨西哥	2.00	1.92	1.50	1.50	1.50	1.50	1.50	1.50
纳米比亚	3.00	3.00	3.00	3.00	3.00	3.00	3.00	3.00
南非	2.50	2.50	2.50	2.50	2.50	2.50	3.00	3.00
尼加拉瓜	1.50	1.50	1.50	1.50	1.50	1.50	1.50	1.50
尼日尔	1.50	1.50	1.50	1.50	1.50	1.50	1.50	1.50
尼日利亚	1.50	1.50	1.50	1.50	1.50	1.50	1.50	1.50
挪威	5.50	5.50	5.50	5.50	5.50	5.50	5.00	5.00
葡萄牙	3.50	3.54	4.00	4.00	4.00	4.00	4.00	4.00
日本	4.50	4.50	4.50	4.50	4.50	4.50	4.00	4.00
瑞典	5.50	5.50	5.50	5.50	5.50	5.50	5.50	5.50
瑞士	5.00	5.00	5.00	5.00	5.00	5.00	5.00	5.00
塞内加尔	2.50	2.50	2.08	2.00	2.00	2.00	2.00	2.00
塞浦路斯	4.00	4.00	4.00	4.00	3.67	3.50	3.50	3.50
沙特阿拉伯	2.50	2.54	3.00	3.00	3.04	3.50	3.50	3.50
斯里兰卡	2.50	2.50	2.50	2.50	2.17	2.00	2.00	2.00
斯洛文尼亚	3.50	3.50	3.50	3.50	3.50	3.50	3.50	3.50
苏丹	0.50	0.50	0.50	0.50	0.50	0.50	0.50	0.50
塔吉克斯坦	1.46	1.46	1.00	1.00	1.00	1.00	1.00	1.00
泰国	2.00	2.00	2.00	2.00	2.00	2.00	2.00	2.00
坦桑尼亚	2.00	2.00	2.00	2.00	2.00	2.00	2.00	2.00
突尼斯	2.50	2.50	2.50	2.50	2.50	2.50	2.50	2.50
土耳其	2.50	2.04	2.50	2.50	2.50	2.50	2.50	2.50
土库曼斯坦	1.46	1.46	1.00	1.00	1.00	1.00	1.00	1.00
危地马拉	2.00	2.00	2.00	2.00	2.00	2.00	2.00	2.00
委内瑞拉	1.00	1.00	1.00	1.00	1.00	1.00	1.00	1.00

续表

国家 \ 年份	2013	2014	2015	2016	2017	2018	2019	2020
乌干达	1.50	1.50	1.50	1.50	1.50	1.50	1.50	1.50
乌克兰	1.50	1.50	1.50	1.67	2.00	2.00	2.50	2.50
乌拉圭	4.00	4.04	4.50	4.50	4.50	4.50	4.50	4.50
乌兹别克斯坦	1.46	1.46	1.00	1.00	1.00	1.00	1.00	1.00
西班牙	4.00	3.96	3.50	3.50	3.50	3.50	3.50	3.50
希腊	2.00	2.04	2.50	2.50	2.50	2.50	2.50	2.50
新加坡	4.50	4.50	4.50	4.50	4.83	5.00	5.00	5.00
新西兰	5.50	5.50	5.50	5.50	5.50	5.50	5.50	5.50
匈牙利	3.00	3.00	3.00	3.00	3.00	3.00	3.00	3.00
亚美尼亚	1.50	1.54	2.00	2.00	2.00	2.00	2.00	2.00
伊拉克	1.00	1.00	1.00	1.00	1.00	1.00	1.50	1.50
伊朗	1.50	1.50	1.50	1.50	1.50	1.50	1.50	1.50
以色列	3.50	3.50	3.50	3.50	3.50	3.50	3.50	3.50
意大利	2.50	2.50	2.50	2.50	2.83	3.00	3.00	3.00
印度	2.50	2.50	2.50	2.50	2.50	2.50	2.50	2.50
印度尼西亚	3.00	3.00	3.00	3.00	3.00	3.00	3.00	3.00
英国	4.50	4.54	5.00	5.00	5.00	5.00	5.00	5.00
约旦	2.50	2.54	3.00	3.00	3.00	3.00	3.00	3.00
越南	2.50	2.50	2.50	2.50	2.17	2.00	2.50	2.50
赞比亚	2.50	2.50	2.50	2.50	2.17	2.00	2.50	2.50
智利	4.50	4.50	4.50	4.50	4.17	4.00	4.00	4.00

资料来源：ICRG.

表 57　　民主问责

国家 \ 年份	2013	2014	2015	2016	2017	2018	2019	2020
阿尔巴尼亚	5.00	5.00	5.00	5.00	5.00	5.00	5.00	5.00
阿尔及利亚	3.50	3.50	3.50	3.96	3.50	3.50	3.00	3.00
阿根廷	4.00	4.00	4.00	4.00	4.00	4.00	4.00	4.00

续表

国家\年份	2013	2014	2015	2016	2017	2018	2019	2020
阿联酋	2.50	2.50	2.50	2.50	2.50	2.50	2.50	2.50
阿曼	2.00	2.00	2.00	2.00	2.00	2.00	2.00	2.00
阿塞拜疆	1.50	1.50	1.50	1.50	1.50	1.50	1.50	1.50
埃及	1.54	2.00	2.00	2.00	2.17	3.00	2.50	2.50
埃塞俄比亚	2.50	2.50	2.50	2.50	2.50	2.50	3.00	3.00
爱尔兰	6.00	6.00	6.00	6.00	6.00	6.00	6.00	6.00
爱沙尼亚	5.50	5.50	5.50	5.50	5.50	5.50	5.50	5.50
安哥拉	2.50	2.50	2.50	2.50	2.50	2.50	2.50	2.50
奥地利	6.00	6.00	6.00	6.00	6.00	6.00	6.00	6.00
澳大利亚	6.00	6.00	6.00	6.00	6.00	6.00	6.00	6.00
巴基斯坦	4.00	4.50	4.50	4.50	4.50	4.50	4.00	4.00
巴拉圭	2.00	2.00	2.00	2.00	2.00	2.00	2.00	2.00
巴林	3.50	3.50	3.50	3.50	3.50	3.50	3.00	3.00
巴拿马	6.00	6.00	6.00	6.00	6.00	6.00	6.00	6.00
巴西	5.00	5.00	5.00	5.00	5.00	5.00	5.00	5.00
白俄罗斯	1.00	1.00	1.00	1.00	1.00	1.00	1.00	1.00
保加利亚	5.50	5.50	5.50	5.50	5.50	5.50	5.50	5.50
冰岛	6.00	6.00	6.00	6.00	6.00	6.00	6.00	6.00
波兰	6.00	6.00	6.00	6.00	5.54	5.50	5.00	5.00
玻利维亚	3.50	3.50	3.50	3.50	3.50	3.50	3.50	3.50
博茨瓦纳	3.50	3.50	3.50	3.50	3.50	3.50	4.00	4.00
布基纳法索	3.00	3.00	3.17	5.00	5.00	5.00	5.00	5.00
丹麦	6.00	6.00	6.00	6.00	6.00	6.00	6.00	6.00
德国	6.00	6.00	6.00	6.00	6.00	6.00	6.00	6.00
多哥	2.00	2.00	2.00	2.00	2.17	2.50	2.50	2.50
俄罗斯	2.00	2.00	2.00	2.00	2.00	2.00	2.50	2.50
厄瓜多尔	3.50	3.00	3.00	3.00	3.00	3.00	3.50	3.50
法国	6.00	6.00	6.00	6.00	6.00	6.00	6.00	6.00

续表

国家\年份	2013	2014	2015	2016	2017	2018	2019	2020
菲律宾	5.00	5.00	5.00	5.00	5.00	5.00	5.00	5.00
芬兰	6.00	6.00	6.00	6.00	6.00	6.00	6.00	6.00
哥伦比亚	4.50	4.50	4.50	4.50	4.50	4.50	4.50	4.50
哥斯达黎加	5.50	5.50	5.50	5.50	5.50	5.50	5.50	5.50
哈萨克斯坦	1.50	1.50	1.50	1.50	1.50	1.50	2.50	2.50
韩国	5.50	5.50	5.50	5.50	5.50	5.50	5.50	5.50
荷兰	6.00	6.00	6.00	6.00	6.00	6.00	6.00	6.00
洪都拉斯	4.50	4.50	4.50	4.50	4.50	4.50	4.50	4.50
吉尔吉斯斯坦	3.50	3.50	2.75	2.50	2.50	2.50	2.50	2.50
几内亚	2.00	2.00	2.00	2.04	2.50	3.50	3.50	3.50
加拿大	6.00	6.00	6.00	6.00	6.00	6.00	6.00	6.00
加纳	5.00	5.00	5.00	5.00	5.00	5.00	5.00	5.00
柬埔寨	2.50	2.50	2.50	2.75	3.46	3.00	3.00	3.00
捷克	5.50	5.50	5.50	5.50	5.04	5.00	5.00	5.00
喀麦隆	2.17	2.00	2.00	2.00	2.00	2.00	2.00	2.00
卡塔尔	2.00	2.00	2.00	2.00	2.00	2.00	2.00	2.00
科威特	3.00	3.00	3.00	3.00	3.00	3.00	3.00	3.00
克罗地亚	5.50	5.50	5.50	5.50	5.50	5.50	5.50	5.50
肯尼亚	5.42	5.00	5.00	5.00	5.00	5.00	5.00	5.00
拉脱维亚	5.00	5.00	5.00	5.00	5.00	5.00	5.00	5.00
老挝	1.50	1.50	1.50	1.50	1.50	1.50	1.50	1.50
黎巴嫩	5.00	5.00	5.00	4.79	4.50	4.50	4.50	4.50
立陶宛	5.50	5.50	5.50	5.50	5.50	5.50	5.50	5.50
卢森堡	6.00	6.00	6.00	6.00	6.00	6.00	6.00	6.00
罗马尼亚	6.00	6.00	6.00	6.00	6.00	6.00	6.00	6.00
马达加斯加	3.88	4.00	4.00	4.00	4.00	4.00	4.00	4.00
马耳他	6.00	6.00	6.00	6.00	6.00	6.00	6.00	6.00
马来西亚	4.00	4.00	4.00	4.00	4.00	4.00	4.00	4.00

续表

国家＼年份	2013	2014	2015	2016	2017	2018	2019	2020
马里	3.00	3.00	3.00	3.00	3.00	3.00	3.00	3.00
美国	6.00	6.00	6.00	6.00	6.00	6.00	6.00	6.00
蒙古国	4.00	4.00	4.00	4.00	4.00	4.00	4.00	4.00
孟加拉国	3.50	3.50	3.50	3.50	3.75	4.00	4.00	4.00
秘鲁	5.00	5.00	5.00	5.00	5.00	5.00	5.00	5.00
缅甸	2.50	2.50	2.50	2.75	3.46	3.00	3.00	3.00
摩尔多瓦	4.00	4.00	4.00	4.00	4.00	4.00	4.00	4.00
摩洛哥	4.50	4.50	4.50	4.50	4.50	4.50	4.50	4.50
莫桑比克	4.00	4.00	4.00	4.00	4.00	4.00	4.00	4.00
墨西哥	6.00	5.83	4.08	4.00	4.00	4.00	4.00	4.00
纳米比亚	4.00	4.00	4.00	4.00	4.00	4.00	4.00	4.00
南非	5.00	5.00	5.00	5.00	5.00	5.00	5.00	5.00
尼加拉瓜	3.00	3.00	3.00	2.83	2.50	2.50	2.50	2.50
尼日尔	3.00	3.00	3.00	3.00	3.00	3.00	3.00	3.00
尼日利亚	3.50	3.50	4.25	4.50	4.50	4.50	4.50	4.50
挪威	6.00	6.00	6.00	6.00	6.00	6.00	6.00	6.00
葡萄牙	5.50	5.50	5.50	5.50	5.50	5.50	5.50	5.50
日本	5.00	5.00	5.00	5.00	5.00	5.00	5.00	5.00
瑞典	6.00	6.00	6.00	6.00	6.00	6.00	6.00	6.00
瑞士	6.00	6.00	6.00	6.00	6.00	6.00	6.00	6.00
塞内加尔	4.00	4.00	4.00	4.00	4.00	4.00	4.50	4.50
塞浦路斯	6.00	6.00	6.00	6.00	6.00	6.00	6.00	6.00
沙特阿拉伯	1.00	1.00	1.08	2.00	2.00	2.00	2.00	2.00
斯里兰卡	3.00	3.00	3.42	4.00	4.00	4.00	4.00	4.00
斯洛文尼亚	5.00	5.00	5.00	5.00	5.00	5.00	5.00	5.00
苏丹	2.00	2.00	2.00	2.00	2.00	2.00	2.50	2.50
塔吉克斯坦	3.50	3.50	2.75	2.50	2.50	2.50	2.50	2.50
泰国	4.50	3.50	3.00	2.79	2.50	2.50	2.50	2.50

续表

年份 国家	2013	2014	2015	2016	2017	2018	2019	2020
坦桑尼亚	4.00	4.00	4.00	4.00	4.00	4.00	3.00	3.00
突尼斯	2.25	2.83	4.50	4.50	4.50	4.50	4.50	4.50
土耳其	3.71	3.88	4.00	3.75	3.13	3.00	3.00	3.00
土库曼斯坦	1.50	1.50	1.50	1.50	1.50	1.50	2.50	2.50
危地马拉	3.50	3.50	3.50	3.50	3.50	3.50	4.00	4.00
委内瑞拉	3.00	3.00	3.00	3.00	3.00	3.00	3.00	3.00
乌干达	2.50	2.50	2.50	2.50	2.50	2.50	2.50	2.50
乌克兰	5.00	5.00	5.00	5.00	5.00	5.00	5.00	5.00
乌拉圭	5.00	5.00	5.00	5.00	5.00	5.00	5.00	5.00
乌兹别克斯坦	3.50	3.50	2.75	2.50	2.50	2.50	2.50	2.50
西班牙	6.00	6.00	6.00	6.00	6.00	6.00	6.00	6.00
希腊	6.00	6.00	6.00	6.00	6.00	6.00	6.00	6.00
新加坡	2.00	2.00	2.00	2.00	2.00	2.00	2.00	2.00
新西兰	6.00	6.00	6.00	6.00	6.00	6.00	6.00	6.00
匈牙利	5.50	5.50	5.50	5.50	5.50	5.50	5.00	5.00
亚美尼亚	2.50	2.50	2.50	2.50	2.50	2.50	4.00	4.00
伊拉克	4.13	4.00	4.00	4.00	4.00	4.00	4.00	4.00
伊朗	2.63	3.00	3.00	3.00	3.00	3.00	3.00	3.00
以色列	6.00	6.00	6.00	6.00	6.00	6.00	6.00	6.00
意大利	5.50	5.50	5.50	5.50	5.50	5.50	5.50	5.50
印度	6.00	6.00	6.00	6.00	6.00	6.00	6.00	6.00
印度尼西亚	5.00	4.75	4.00	4.00	4.00	4.00	4.50	4.50
英国	6.00	6.00	6.00	6.00	6.00	6.00	6.00	6.00
约旦	3.00	3.00	3.00	3.00	3.00	3.00	3.00	3.00
越南	1.50	1.50	1.50	1.50	1.50	1.50	1.50	1.50
赞比亚	4.00	4.00	4.00	4.38	4.00	4.00	4.00	4.00
智利	5.00	5.00	5.00	5.00	5.00	5.00	5.00	5.00

资料来源：ICRG.

表58　　　　　　　　　　　　政府有效性

年份 国家	2013	2014	2015	2016	2017	2018	2019	2020
阿尔巴尼亚	-0.32	-0.09	0.01	0.01	0.08	0.11	0.11	0.11
阿尔及利亚	-0.53	-0.48	-0.50	-0.53	-0.59	-0.44	-0.44	-0.44
阿根廷	-0.28	-0.16	-0.08	0.16	0.15	0.03	0.03	0.03
阿联酋	1.18	1.44	1.51	1.42	1.42	1.43	1.43	1.43
阿曼	0.21	0.27	0.08	0.19	0.19	0.19	0.19	0.19
阿塞拜疆	-0.48	-0.36	-0.26	-0.17	-0.17	-0.10	-0.10	-0.10
埃及	-0.88	-0.82	-0.77	-0.66	-0.62	-0.58	-0.58	-0.58
埃塞俄比亚	-0.61	-0.42	-0.65	-0.64	-0.70	-0.61	-0.61	-0.61
爱尔兰	1.49	1.60	1.53	1.33	1.29	1.42	1.42	1.42
爱沙尼亚	0.97	1.02	1.07	1.09	1.11	1.19	1.19	1.19
安哥拉	-1.22	-1.12	-1.00	-1.04	-1.03	-1.05	-1.05	-1.05
奥地利	1.59	1.57	1.48	1.51	1.46	1.45	1.45	1.45
澳大利亚	1.64	1.61	1.56	1.57	1.54	1.60	1.60	1.60
巴基斯坦	-0.79	-0.76	-0.67	-0.65	-0.60	-0.63	-0.63	-0.63
巴拉圭	-0.87	-0.92	-0.95	-0.79	-0.82	-0.52	-0.52	-0.52
巴林	0.59	0.57	0.56	0.33	0.19	0.18	0.18	0.18
巴拿马	0.29	0.26	0.29	0.19	0.02	-0.02	-0.02	-0.02
巴西	-0.09	-0.14	-0.18	-0.17	-0.29	-0.45	-0.45	-0.45
白俄罗斯	-0.90	-0.49	-0.46	-0.48	-0.34	-0.30	-0.30	-0.30
保加利亚	0.16	0.08	0.21	0.30	0.26	0.27	0.27	0.27
冰岛	1.49	1.49	1.49	1.39	1.45	1.47	1.47	1.47
波兰	0.72	0.83	0.80	0.71	0.64	0.66	0.66	0.66
玻利维亚	-0.39	-0.59	-0.65	-0.57	-0.38	-0.32	-0.32	-0.32
博茨瓦纳	0.41	0.35	0.50	0.53	0.44	0.33	0.33	0.33
布基纳法索	-0.66	-0.58	-0.62	-0.56	-0.58	-0.58	-0.58	-0.58
丹麦	1.99	1.82	1.85	1.88	1.80	1.87	1.87	1.87
德国	1.54	1.73	1.74	1.73	1.72	1.62	1.62	1.62
多哥	-1.29	-1.25	-1.19	-1.07	-1.12	-1.06	-1.06	-1.06

续表

国家\年份	2013	2014	2015	2016	2017	2018	2019	2020
俄罗斯	-0.35	-0.11	-0.20	-0.20	-0.08	-0.06	-0.06	-0.06
厄瓜多尔	-0.50	-0.47	-0.44	-0.43	-0.32	-0.26	-0.26	-0.26
法国	1.48	1.40	1.44	1.41	1.35	1.48	1.48	1.48
菲律宾	0.12	0.19	0.11	-0.01	-0.05	0.05	0.05	0.05
芬兰	2.17	2.00	1.81	1.83	1.94	1.98	1.98	1.98
哥伦比亚	0.07	-0.10	-0.04	0.02	-0.07	-0.09	-0.09	-0.09
哥斯达黎加	0.48	0.40	0.38	0.36	0.25	0.38	0.38	0.38
哈萨克斯坦	-0.53	-0.04	-0.07	-0.07	0.01	0.02	0.02	0.02
韩国	1.13	1.16	1.01	1.06	1.07	1.18	1.18	1.18
荷兰	1.78	1.82	1.83	1.83	1.85	1.85	1.85	1.85
洪都拉斯	-0.73	-0.81	-0.82	-0.73	-0.51	-0.62	-0.62	-0.62
吉尔吉斯斯坦	-1.06	-0.78	-0.85	-1.03	-1.11	-1.10	-1.10	-1.10
几内亚	-1.17	-1.23	-1.15	-1.01	-1.04	-0.97	-0.97	-0.97
加拿大	1.79	1.76	1.76	1.78	1.85	1.72	1.72	1.72
加纳	-0.10	-0.28	-0.22	-0.17	-0.11	-0.21	-0.21	-0.21
柬埔寨	-0.91	-0.69	-0.70	-0.69	-0.66	-0.57	-0.57	-0.57
捷克	0.89	1.02	1.05	1.04	1.01	0.92	0.92	0.92
喀麦隆	-0.92	-0.79	-0.78	-0.76	-0.81	-0.80	-0.80	-0.80
卡塔尔	1.06	0.94	0.95	0.74	0.74	0.63	0.63	0.63
科威特	-0.07	-0.15	-0.03	-0.16	-0.18	-0.09	-0.09	-0.09
克罗地亚	0.70	0.69	0.51	0.49	0.57	0.46	0.46	0.46
肯尼亚	-0.46	-0.33	-0.30	-0.32	-0.32	-0.41	-0.41	-0.41
拉脱维亚	0.89	0.96	1.09	1.01	0.90	1.04	1.04	1.04
老挝	-0.27	-0.07	0.07	0.02	0.01	0.00	0.00	0.00
黎巴嫩	-0.40	-0.38	-0.47	-0.54	-0.51	-0.64	-0.64	-0.64
立陶宛	0.83	0.98	1.18	1.07	0.97	1.07	1.07	1.07
卢森堡	1.63	1.65	1.72	1.69	1.68	1.78	1.78	1.78
罗马尼亚	-0.07	-0.03	-0.06	-0.17	-0.17	-0.25	-0.25	-0.25

续表

年份\国家	2013	2014	2015	2016	2017	2018	2019	2020
马达加斯加	-1.13	-1.30	-1.29	-1.17	-1.14	-1.15	-1.15	-1.15
马耳他	1.26	1.03	0.85	0.96	1.00	0.97	0.97	0.97
马来西亚	1.00	1.12	0.95	0.87	0.83	1.08	1.08	1.08
马里	-0.90	-1.10	-0.93	-0.99	-0.94	-1.00	-1.00	-1.00
美国	1.52	1.47	1.46	1.48	1.55	1.58	1.58	1.58
蒙古国	-0.55	-0.44	-0.42	-0.10	-0.26	-0.23	-0.23	-0.23
孟加拉国	-0.79	-0.77	-0.72	-0.68	-0.73	-0.75	-0.75	-0.75
秘鲁	-0.11	-0.27	-0.28	-0.18	-0.13	-0.25	-0.25	-0.25
缅甸	-1.50	-1.28	-1.24	-0.98	-1.05	-1.07	-1.07	-1.07
摩尔多瓦	-0.41	-0.42	-0.65	-0.63	-0.53	-0.47	-0.47	-0.47
摩洛哥	-0.04	-0.07	-0.06	-0.11	-0.19	-0.21	-0.21	-0.21
莫桑比克	-0.61	-0.72	-0.75	-0.86	-0.89	-0.87	-0.87	-0.87
墨西哥	0.35	0.20	0.21	0.13	-0.03	-0.15	-0.15	-0.15
纳米比亚	0.19	0.11	0.25	0.17	0.20	0.11	0.11	0.11
南非	0.44	0.34	0.29	0.31	0.29	0.34	0.34	0.34
尼加拉瓜	-0.82	-0.84	-0.82	-0.69	-0.63	-0.80	-0.80	-0.80
尼日尔	-0.72	-0.70	-0.65	-0.63	-0.70	-0.77	-0.77	-0.77
尼日利亚	-0.99	-1.19	-0.96	-1.09	-1.01	-1.02	-1.02	-1.02
挪威	1.88	1.83	1.86	1.87	1.98	1.89	1.89	1.89
葡萄牙	1.23	0.99	1.22	1.21	1.33	1.21	1.21	1.21
日本	1.62	1.81	1.78	1.82	1.62	1.68	1.68	1.68
瑞典	1.91	1.80	1.82	1.77	1.84	1.83	1.83	1.83
瑞士	1.82	2.11	2.00	2.01	2.06	2.04	2.04	2.04
塞内加尔	-0.42	-0.40	-0.43	-0.45	-0.32	-0.27	-0.27	-0.27
塞浦路斯	1.37	1.14	1.05	0.96	0.92	0.92	0.92	0.92
沙特阿拉伯	0.07	0.21	0.20	0.26	0.26	0.32	0.32	0.32
斯里兰卡	-0.17	0.05	-0.01	-0.03	-0.15	-0.24	-0.24	-0.24
斯洛文尼亚	1.01	1.01	0.97	1.13	1.17	1.13	1.13	1.13

续表

国家＼年份	2013	2014	2015	2016	2017	2018	2019	2020
苏丹	-1.49	-1.53	-1.48	-1.52	-1.43	-1.62	-1.62	-1.62
塔吉克斯坦	-1.06	-0.78	-0.85	-1.03	-1.11	-1.10	-1.10	-1.10
泰国	0.25	0.34	0.35	0.34	0.38	0.35	0.35	0.35
坦桑尼亚	-0.71	-0.66	-0.60	-0.55	-0.63	-0.76	-0.76	-0.76
突尼斯	-0.07	-0.12	-0.12	-0.23	-0.08	-0.11	-0.11	-0.11
土耳其	0.38	0.37	0.22	0.05	0.08	0.01	0.01	0.01
土库曼斯坦	-1.28	-0.84	-0.85	-1.13	-1.21	-1.04	-1.04	-1.04
危地马拉	-0.70	-0.73	-0.71	-0.61	-0.64	-0.68	-0.68	-0.68
委内瑞拉	-1.17	-1.23	-1.22	-1.29	-1.40	-1.58	-1.58	-1.58
乌干达	-0.59	-0.50	-0.48	-0.57	-0.58	-0.61	-0.61	-0.61
乌克兰	-0.65	-0.41	-0.52	-0.57	-0.46	-0.42	-0.42	-0.42
乌拉圭	0.45	0.48	0.53	0.57	0.43	0.56	0.56	0.56
乌兹别克斯坦	-0.91	-0.63	-0.67	-0.58	-0.56	-0.55	-0.55	-0.55
西班牙	1.15	1.16	1.17	1.12	1.03	1.00	1.00	1.00
希腊	0.46	0.40	0.26	0.23	0.31	0.34	0.34	0.34
新加坡	2.09	2.18	2.24	2.21	2.22	2.23	2.23	2.23
新西兰	1.76	1.93	1.88	1.84	1.77	1.67	1.67	1.67
匈牙利	0.65	0.53	0.50	0.46	0.52	0.49	0.49	0.49
亚美尼亚	0.07	-0.20	-0.16	-0.16	-0.10	-0.02	-0.02	-0.02
伊拉克	-1.10	-1.11	-1.25	-1.27	-1.26	-1.32	-1.32	-1.32
伊朗	-0.68	-0.43	-0.21	-0.19	-0.20	-0.43	-0.43	-0.43
以色列	1.25	1.21	1.39	1.35	1.39	1.21	1.21	1.21
意大利	0.46	0.37	0.45	0.53	0.50	0.41	0.41	0.41
印度	-0.17	-0.21	0.09	0.08	0.09	0.28	0.28	0.28
印度尼西亚	-0.20	-0.04	-0.24	0.01	0.04	0.18	0.18	0.18
英国	1.50	1.63	1.74	1.60	1.41	1.34	1.34	1.34
约旦	-0.05	0.12	0.12	0.13	0.11	0.11	0.11	0.11
越南	-0.27	-0.07	0.07	0.02	0.01	0.00	0.00	0.00

续表

国家＼年份	2013	2014	2015	2016	2017	2018	2019	2020
赞比亚	-0.49	-0.50	-0.56	-0.66	-0.63	-0.56	-0.56	-0.56
智利	1.26	1.16	1.09	1.01	0.84	1.08	1.08	1.08

资料来源：WGI.

表59　　　　　　　　　　法治

国家＼年份	2013	2014	2015	2016	2017	2018	2019	2020
阿尔巴尼亚	-0.52	-0.34	-0.33	-0.33	-0.40	-0.39	-0.39	-0.39
阿尔及利亚	-0.69	-0.77	-0.86	-0.86	-0.86	-0.78	-0.78	-0.78
阿根廷	-0.71	-0.89	-0.77	-0.39	-0.25	-0.24	-0.24	-0.24
阿联酋	0.62	0.65	0.64	0.85	0.80	0.81	0.81	0.81
阿曼	0.49	0.49	0.38	0.41	0.43	0.46	0.46	0.46
阿塞拜疆	-0.72	-0.67	-0.67	-0.52	-0.56	-0.60	-0.60	-0.60
埃及	-0.63	-0.66	-0.60	-0.52	-0.54	-0.41	-0.41	-0.41
埃塞俄比亚	-0.65	-0.47	-0.51	-0.49	-0.45	-0.43	-0.43	-0.43
爱尔兰	1.73	1.78	1.77	1.52	1.43	1.46	1.46	1.46
爱沙尼亚	1.20	1.37	1.33	1.23	1.28	1.24	1.24	1.24
安哥拉	-1.27	-1.12	-1.08	-1.09	-1.10	-1.05	-1.05	-1.05
奥地利	1.85	1.95	1.86	1.81	1.81	1.88	1.88	1.88
澳大利亚	1.78	1.92	1.83	1.76	1.68	1.72	1.72	1.72
巴基斯坦	-0.86	-0.76	-0.77	-0.80	-0.72	-0.67	-0.67	-0.67
巴拉圭	-0.81	-0.67	-0.69	-0.73	-0.65	-0.54	-0.54	-0.54
巴林	0.33	0.41	0.43	0.46	0.45	0.41	0.41	0.41
巴拿马	-0.22	-0.06	-0.11	0.05	0.04	-0.06	-0.06	-0.06
巴西	-0.08	-0.05	-0.15	-0.16	-0.28	-0.28	-0.28	-0.28
白俄罗斯	-0.90	-0.84	-0.81	-0.72	-0.82	-0.83	-0.83	-0.83
保加利亚	-0.10	-0.05	-0.10	-0.06	-0.04	-0.03	-0.03	-0.03
冰岛	1.66	1.71	1.67	1.52	1.61	1.72	1.72	1.72
波兰	0.82	0.84	0.80	0.64	0.47	0.43	0.43	0.43

续表

年份 国家	2013	2014	2015	2016	2017	2018	2019	2020
玻利维亚	-1.05	-1.06	-1.14	-1.20	-1.21	-1.15	-1.15	-1.15
博茨瓦纳	0.60	0.63	0.60	0.53	0.52	0.47	0.47	0.47
布基纳法索	-0.53	-0.55	-0.52	-0.44	-0.40	-0.45	-0.45	-0.45
丹麦	1.90	2.10	2.04	1.91	1.86	1.83	1.83	1.83
德国	1.65	1.86	1.79	1.62	1.61	1.63	1.63	1.63
多哥	-0.97	-0.86	-0.80	-0.63	-0.72	-0.59	-0.59	-0.59
俄罗斯	-0.78	-0.74	-0.76	-0.79	-0.79	-0.82	-0.82	-0.82
厄瓜多尔	-0.97	-1.06	-1.03	-0.76	-0.70	-0.63	-0.63	-0.63
法国	1.43	1.47	1.41	1.41	1.44	1.44	1.44	1.44
菲律宾	-0.40	-0.32	-0.34	-0.35	-0.41	-0.48	-0.48	-0.48
芬兰	1.94	2.10	2.06	2.02	2.03	2.05	2.05	2.05
哥伦比亚	-0.41	-0.29	-0.27	-0.28	-0.36	-0.41	-0.41	-0.41
哥斯达黎加	0.55	0.56	0.50	0.47	0.45	0.48	0.48	0.48
哈萨克斯坦	-0.69	-0.60	-0.44	-0.44	-0.41	-0.43	-0.43	-0.43
韩国	-1.38	-1.62	-1.65	-1.67	-1.72	-1.63	-1.63	-1.63
荷兰	1.84	1.98	1.94	1.89	1.83	1.82	1.82	1.82
洪都拉斯	-1.16	-0.94	-0.93	-1.12	-1.05	-1.02	-1.02	-1.02
吉尔吉斯斯坦	-1.25	-1.01	-1.06	-1.15	-1.35	-1.28	-1.28	-1.28
几内亚	-1.38	-1.36	-1.16	-1.22	-1.23	-1.21	-1.21	-1.21
加拿大	1.76	1.89	1.84	1.84	1.80	1.77	1.77	1.77
加纳	0.15	0.05	0.14	0.05	0.13	0.07	0.07	0.07
柬埔寨	-1.00	-0.96	-0.98	-1.06	-1.06	-1.11	-1.11	-1.11
捷克	1.04	1.15	1.15	1.04	1.12	1.05	1.05	1.05
喀麦隆	-1.05	-0.90	-0.98	-1.04	-1.03	-1.08	-1.08	-1.08
卡塔尔	0.96	0.86	0.77	0.79	0.72	0.73	0.73	0.73
科威特	0.37	0.02	0.00	0.03	0.10	0.21	0.21	0.21
克罗地亚	0.29	0.32	0.20	0.41	0.33	0.32	0.32	0.32
肯尼亚	-0.71	-0.42	-0.49	-0.44	-0.41	-0.41	-0.41	-0.41

续表

年份 国家	2013	2014	2015	2016	2017	2018	2019	2020
拉脱维亚	0.77	0.87	0.79	0.96	0.93	0.96	0.96	0.96
老挝	-0.51	-0.36	-0.34	0.08	0.07	0.00	0.00	0.00
黎巴嫩	-0.78	-0.77	-0.83	-0.83	-0.82	-0.76	-0.76	-0.76
立陶宛	0.84	0.94	1.01	1.03	0.99	0.96	0.96	0.96
卢森堡	1.82	1.91	1.87	1.76	1.74	1.81	1.81	1.81
罗马尼亚	0.13	0.17	0.16	0.36	0.39	0.33	0.33	0.33
马达加斯加	-0.91	-0.74	-0.69	-0.81	-0.86	-0.81	-0.81	-0.81
马耳他	1.33	1.19	1.14	1.00	1.14	1.05	1.05	1.05
马来西亚	0.44	0.59	0.50	0.50	0.41	0.62	0.62	0.62
马里	-0.75	-0.64	-0.74	-0.78	-0.78	-0.80	-0.80	-0.80
美国	1.56	1.61	1.60	1.62	1.64	1.45	1.45	1.45
蒙古国	-0.37	-0.34	-0.38	-0.22	-0.30	-0.27	-0.27	-0.27
孟加拉国	-0.87	-0.78	-0.75	-0.66	-0.67	-0.64	-0.64	-0.64
秘鲁	-0.57	-0.52	-0.49	-0.48	-0.50	-0.52	-0.52	-0.52
缅甸	-1.23	-1.19	-1.24	-0.89	-0.95	-1.03	-1.03	-1.03
摩尔多瓦	-0.37	-0.25	-0.35	-0.49	-0.41	-0.41	-0.41	-0.41
摩洛哥	-0.25	-0.07	-0.09	-0.16	-0.16	-0.14	-0.14	-0.14
莫桑比克	-0.82	-0.81	-0.85	-1.05	-0.99	-1.04	-1.04	-1.04
墨西哥	-0.54	-0.42	-0.45	-0.56	-0.57	-0.67	-0.67	-0.67
纳米比亚	0.27	0.15	0.19	0.36	0.24	0.24	0.24	0.24
南非	0.16	0.18	0.09	0.12	-0.04	-0.10	-0.10	-0.10
尼加拉瓜	-0.67	-0.71	-0.74	-0.64	-0.64	-1.04	-1.04	-1.04
尼日尔	-0.66	-0.65	-0.57	-0.66	-0.68	-0.58	-0.58	-0.58
尼日利亚	-1.11	-1.05	-0.96	-1.02	-0.87	-0.88	-0.88	-0.88
挪威	1.98	2.03	2.01	2.04	2.02	1.97	1.97	1.97
葡萄牙	1.06	1.14	1.15	1.10	1.13	1.14	1.14	1.14
日本	1.44	1.60	1.52	1.42	1.57	1.53	1.53	1.53
瑞典	1.97	1.99	2.04	2.02	1.94	1.90	1.90	1.90

续表

国家＼年份	2013	2014	2015	2016	2017	2018	2019	2020
瑞士	1.80	1.99	1.95	1.95	1.93	1.93	1.93	1.93
塞内加尔	-0.24	-0.08	-0.14	-0.11	-0.14	-0.21	-0.21	-0.21
塞浦路斯	1.04	1.08	1.04	0.72	0.88	0.75	0.75	0.75
沙特阿拉伯	0.16	0.13	0.12	0.34	0.10	0.14	0.14	0.14
斯里兰卡	-0.28	-0.17	0.04	0.11	0.06	0.03	0.03	0.03
斯洛文尼亚	1.00	1.00	0.97	1.08	1.02	1.06	1.06	1.06
苏丹	-1.27	-1.17	-1.21	-1.26	-1.11	-1.12	-1.12	-1.12
塔吉克斯坦	-1.25	-1.01	-1.06	-1.15	-1.35	-1.28	-1.28	-1.28
泰国	-0.12	-0.19	-0.15	0.00	0.04	0.02	0.02	0.02
坦桑尼亚	-0.47	-0.40	-0.37	-0.38	-0.45	-0.55	-0.55	-0.55
突尼斯	-0.19	-0.11	-0.07	0.00	0.06	0.04	0.04	0.04
土耳其	0.07	0.01	-0.11	-0.21	-0.25	-0.32	-0.32	-0.32
土库曼斯坦	-1.39	-1.36	-1.42	-1.49	-1.49	-1.45	-1.45	-1.45
危地马拉	-1.08	-0.96	-0.95	-1.02	-1.06	-1.05	-1.05	-1.05
委内瑞拉	-1.82	-1.92	-2.03	-2.24	-2.26	-2.34	-2.34	-2.34
乌干达	-0.34	-0.39	-0.39	-0.25	-0.30	-0.29	-0.29	-0.29
乌克兰	-0.80	-0.79	-0.81	-0.77	-0.71	-0.72	-0.72	-0.72
乌拉圭	0.56	0.71	0.71	0.63	0.59	0.60	0.60	0.60
乌兹别克斯坦	-1.23	-1.13	-1.11	-1.11	-1.11	-1.07	-1.07	-1.07
西班牙	1.02	0.95	0.90	0.98	1.01	0.97	0.97	0.97
希腊	0.47	0.36	0.27	0.11	0.08	0.15	0.15	0.15
新加坡	1.71	1.82	1.81	1.83	1.82	1.84	1.84	1.84
新西兰	1.88	2.01	2.00	1.95	1.92	1.88	1.88	1.88
匈牙利	0.58	0.50	0.40	0.42	0.53	0.56	0.56	0.56
亚美尼亚	-0.34	-0.37	-0.39	-0.12	-0.16	-0.15	-0.15	-0.15
伊拉克	-1.45	-1.33	-1.42	-1.63	-1.64	-1.76	-1.76	-1.76
伊朗	-1.00	-1.06	-0.92	-0.68	-0.68	-0.69	-0.69	-0.69
以色列	0.98	1.11	1.16	1.07	1.02	0.99	0.99	0.99

续表

国家＼年份	2013	2014	2015	2016	2017	2018	2019	2020
意大利	0.40	0.38	0.28	0.33	0.32	0.25	0.25	0.25
印度	-0.06	-0.06	-0.05	-0.03	0.00	0.03	0.03	0.03
印度尼西亚	-0.53	-0.34	-0.42	-0.34	-0.35	-0.31	-0.31	-0.31
英国	1.71	1.89	1.81	1.69	1.68	1.64	1.64	1.64
约旦	0.39	0.46	0.44	0.30	0.26	0.23	0.23	0.23
越南	-0.51	-0.36	-0.34	0.08	0.07	0.00	0.00	0.00
赞比亚	-0.27	-0.24	-0.23	-0.30	-0.33	-0.34	-0.34	-0.34
智利	1.37	1.43	1.34	1.13	1.01	1.12	1.12	1.12

资料来源：WGI.

表60　　　　　　　　　　　外部冲突

国家＼年份	2013	2014	2015	2016	2017	2018	2019	2020
阿尔巴尼亚	10.75	11.00	11.00	11.00	11.00	11.00	10.50	10.50
阿尔及利亚	9.58	9.50	9.50	9.50	9.50	9.50	9.00	9.00
阿根廷	9.50	9.50	9.50	9.50	9.50	9.50	10.00	10.00
阿联酋	11.00	10.38	9.08	9.00	9.00	9.00	9.00	9.00
阿曼	10.00	10.00	10.00	10.00	10.00	10.00	10.00	10.00
阿塞拜疆	7.50	7.58	7.50	7.29	6.63	6.50	7.50	7.50
埃及	9.00	9.00	8.46	8.58	9.38	9.50	9.50	9.50
埃塞俄比亚	7.08	7.00	7.00	7.00	7.00	7.00	9.50	9.50
爱尔兰	11.50	11.50	11.50	11.50	11.50	11.50	11.50	11.50
爱沙尼亚	10.25	10.50	10.50	10.50	10.50	10.50	11.00	11.00
安哥拉	11.00	10.75	10.50	10.50	10.50	10.50	10.50	10.50
奥地利	11.50	11.50	11.50	11.50	11.50	11.50	11.50	11.50
澳大利亚	11.00	11.00	11.00	11.00	11.00	11.00	11.00	11.00
巴基斯坦	8.79	9.46	9.00	9.00	9.00	8.50	8.50	8.50
巴拉圭	10.08	10.50	10.50	10.50	10.50	10.50	10.50	10.50
巴林	10.00	10.00	10.00	10.00	9.96	9.50	10.00	10.00

续表

国家 \ 年份	2013	2014	2015	2016	2017	2018	2019	2020
巴拿马	11.00	11.00	11.00	11.00	11.00	11.00	11.00	11.00
巴西	10.50	10.50	10.50	10.50	10.50	10.50	10.50	10.50
白俄罗斯	8.50	8.50	8.67	9.92	10.00	10.00	10.00	10.00
保加利亚	9.00	9.00	9.00	9.00	9.00	9.00	9.00	9.00
冰岛	9.83	9.50	10.25	10.00	10.00	10.00	10.00	10.00
波兰	10.50	10.50	10.50	10.50	10.29	10.50	10.00	10.00
玻利维亚	9.50	9.50	9.50	9.50	9.50	9.50	9.50	9.50
博茨瓦纳	11.00	11.00	11.00	11.00	11.00	11.00	11.00	11.00
布基纳法索	9.00	8.92	8.50	8.71	9.00	9.00	9.00	9.00
丹麦	8.50	8.50	8.50	8.50	8.50	8.50	10.50	10.50
德国	10.50	10.50	10.50	10.50	10.50	10.50	10.50	10.50
多哥	9.50	9.50	9.50	9.50	9.50	9.50	9.50	9.50
俄罗斯	9.00	7.33	6.54	6.50	6.50	7.00	7.00	7.00
厄瓜多尔	9.50	9.50	9.50	9.50	9.50	9.50	9.50	9.50
法国	10.00	10.00	10.00	10.00	10.00	10.00	10.00	10.00
菲律宾	10.83	10.00	10.00	10.00	10.00	10.00	10.50	10.50
芬兰	11.50	11.50	11.50	11.50	11.50	11.50	11.50	11.50
哥伦比亚	9.25	9.50	9.50	9.50	9.50	9.50	9.00	9.00
哥斯达黎加	9.50	9.50	9.50	9.50	9.50	9.50	9.50	9.50
哈萨克斯坦	11.00	11.00	11.00	11.00	11.00	11.00	11.00	11.00
韩国	8.13	8.50	8.50	8.50	8.50	8.50	8.50	8.50
荷兰	12.00	12.00	12.00	12.00	12.00	12.00	12.00	12.00
洪都拉斯	10.50	10.50	10.50	10.50	10.50	10.50	10.50	10.50
吉尔吉斯斯坦	11.00	11.00	11.00	11.00	11.00	11.00	11.00	11.00
几内亚	8.54	8.50	8.13	8.00	8.00	8.00	8.00	8.00
加拿大	11.00	11.00	11.00	11.00	11.00	11.00	11.00	11.00
加纳	11.00	11.00	11.00	11.00	11.00	11.00	10.50	10.50
柬埔寨	11.50	11.13	11.00	10.38	9.50	9.50	9.50	9.50

续表

国家 \ 年份	2013	2014	2015	2016	2017	2018	2019	2020
捷克	10.50	10.50	10.50	10.50	10.50	10.50	10.50	10.50
喀麦隆	10.00	9.42	9.00	9.00	9.00	9.00	9.00	9.00
卡塔尔	8.50	8.50	8.50	8.50	7.71	7.00	7.00	7.00
科威特	9.13	9.50	9.50	9.50	9.50	9.50	9.50	9.50
克罗地亚	10.50	10.50	10.38	10.00	10.00	10.00	10.00	10.00
肯尼亚	9.50	9.50	9.50	9.50	9.50	9.50	9.50	9.50
拉脱维亚	10.50	10.50	10.50	10.50	10.50	10.50	11.00	11.00
老挝	11.50	11.13	11.00	10.38	9.50	9.50	9.50	9.50
黎巴嫩	7.00	7.00	7.00	7.00	7.00	7.00	7.00	7.00
立陶宛	10.50	10.50	10.50	10.50	10.50	10.50	10.50	10.50
卢森堡	10.50	10.50	10.50	10.50	10.50	10.50	11.00	11.00
罗马尼亚	11.00	11.00	11.00	11.00	11.00	11.00	11.00	11.00
马达加斯加	10.00	10.21	10.50	10.88	11.00	11.00	11.00	11.00
马耳他	12.00	12.00	12.00	12.00	12.00	12.00	12.00	12.00
马来西亚	10.50	10.50	10.50	10.50	10.50	10.50	10.00	10.00
马里	9.17	9.50	9.21	9.00	8.83	8.50	8.00	8.00
美国	10.33	9.83	9.88	10.00	10.00	10.00	10.00	10.00
蒙古国	11.50	11.50	11.50	11.50	11.50	11.00	11.50	11.50
孟加拉国	8.50	8.25	8.33	8.50	8.50	8.50	9.00	9.00
秘鲁	10.00	10.00	10.00	10.00	10.00	10.00	10.00	10.00
缅甸	9.92	9.46	9.00	9.00	9.00	9.00	8.50	8.50
摩尔多瓦	9.50	9.50	9.50	9.50	9.50	9.50	9.50	9.50
摩洛哥	9.50	9.50	9.50	9.50	9.50	9.50	9.50	9.50
莫桑比克	11.50	11.50	10.88	9.88	9.50	9.50	9.50	9.50
墨西哥	10.50	10.50	10.50	10.50	10.50	10.50	11.00	11.00
纳米比亚	11.50	11.50	11.50	11.50	11.50	11.50	11.50	11.50
南非	10.50	10.50	10.50	10.50	10.50	10.50	10.50	10.50
尼加拉瓜	9.00	9.00	9.00	9.00	8.88	8.50	8.50	8.50

续表

国家\年份	2013	2014	2015	2016	2017	2018	2019	2020
尼日尔	10.04	10.00	9.71	9.50	9.50	9.50	9.50	9.50
尼日利亚	9.50	9.21	9.00	9.00	9.00	9.00	9.50	9.50
挪威	11.00	11.00	11.00	11.00	11.00	11.00	11.00	11.00
葡萄牙	9.50	9.50	9.50	9.50	9.50	9.50	9.50	9.50
日本	8.88	9.46	9.50	9.50	9.50	9.50	9.50	9.50
瑞典	11.00	11.00	11.00	11.00	11.00	11.00	11.50	11.50
瑞士	10.50	10.50	10.50	10.50	10.50	10.50	10.50	10.50
塞内加尔	9.50	9.50	9.50	9.50	9.50	9.50	10.00	10.00
塞浦路斯	9.00	9.00	9.00	9.00	9.00	9.00	9.00	9.00
沙特阿拉伯	9.50	9.25	8.29	8.00	8.00	8.00	8.00	8.00
斯里兰卡	10.50	10.50	11.00	11.00	11.00	11.00	10.50	10.50
斯洛文尼亚	11.00	11.00	11.00	11.00	10.83	10.50	10.00	10.00
苏丹	6.67	6.50	6.50	6.50	7.08	7.50	7.50	7.50
塔吉克斯坦	11.00	11.00	11.00	11.00	11.00	11.00	11.00	11.00
泰国	9.00	9.00	9.00	9.00	9.00	9.00	9.00	9.00
坦桑尼亚	9.79	9.50	9.50	9.50	9.50	9.50	9.50	9.50
突尼斯	10.88	9.33	9.50	9.50	9.50	9.50	9.50	9.50
土耳其	7.17	7.00	7.00	7.50	7.50	7.50	8.00	8.00
土库曼斯坦	11.00	11.00	11.00	11.00	11.00	11.00	11.00	11.00
危地马拉	9.50	9.50	9.50	9.50	9.50	9.50	10.00	10.00
委内瑞拉	8.13	8.00	7.58	7.50	8.50	8.50	8.50	8.50
乌干达	8.00	8.00	8.00	8.00	8.00	8.00	8.50	8.50
乌克兰	9.96	8.17	7.04	7.00	7.00	7.00	7.50	7.50
乌拉圭	9.88	9.50	9.50	9.50	9.50	9.50	9.50	9.50
乌兹别克斯坦	11.00	11.00	11.00	11.00	11.00	11.00	11.00	11.00
西班牙	10.00	10.00	10.00	10.00	10.00	10.00	10.50	10.50
希腊	10.50	10.50	10.50	10.50	10.50	10.50	10.50	10.50
新加坡	10.50	10.50	10.50	10.50	10.50	10.50	10.50	10.50

续表

国家\年份	2013	2014	2015	2016	2017	2018	2019	2020
新西兰	10.50	10.50	10.50	10.50	10.00	10.00	10.00	10.00
匈牙利	10.00	10.00	10.00	10.00	10.00	10.00	10.50	10.50
亚美尼亚	7.00	7.08	7.00	6.79	6.50	6.50	7.50	7.50
伊拉克	8.50	8.50	8.04	8.00	8.00	8.00	10.00	10.00
伊朗	5.63	6.71	8.08	8.46	8.04	8.00	6.50	6.50
以色列	7.75	7.75	7.50	7.58	8.00	8.00	8.00	8.00
意大利	11.00	11.00	11.00	11.00	11.00	11.00	11.00	11.00
印度	9.50	9.29	9.00	9.00	9.00	9.00	8.00	8.00
印度尼西亚	10.50	9.75	9.50	9.50	9.33	9.00	9.00	9.00
英国	9.50	9.50	9.50	9.50	9.50	9.50	9.00	9.00
约旦	10.63	9.58	9.50	9.50	9.50	9.50	9.50	9.50
越南	11.50	11.13	11.00	10.38	9.50	9.50	9.50	9.50
赞比亚	10.50	10.50	10.50	10.50	10.50	10.50	10.50	10.50
智利	9.00	9.00	9.00	9.00	9.00	9.00	9.00	9.00

资料来源：ICRG.

表61　　　　　　　　　　　　贸易依存度

国家\年份	2013	2014	2015	2016	2017	2018	2019	2020
阿尔巴尼亚	0.057	0.055	0.066	0.071	0.061	0.054	0.060	0.060
阿尔及利亚	0.057	0.061	0.078	0.084	0.070	0.070	0.070	0.070
阿根廷	0.076	0.073	0.091	0.076	0.075	0.063	0.098	0.098
阿联酋	0.053	0.053	0.059	0.058	0.062	0.061	0.061	0.061
阿曼	0.215	0.259	0.218	0.216	0.202	0.246	0.246	0.246
阿塞拜疆	0.018	0.017	0.016	0.021	0.024	0.019	0.036	0.036
埃及	0.070	0.072	0.088	0.078	0.071	0.081	0.100	0.100
埃塞俄比亚	0.106	0.138	0.146	0.140	0.115	0.104	0.104	0.104
爱尔兰	0.013	0.010	0.009	0.011	0.012	0.015	0.018	0.018
爱沙尼亚	0.030	0.031	0.033	0.031	0.030	0.027	0.027	0.027

续表

年份 国家	2013	2014	2015	2016	2017	2018	2019	2020
安哥拉	0.277	0.299	0.251	0.262	0.312	0.364	0.441	0.441
奥地利	0.015	0.017	0.018	0.017	0.018	0.019	0.022	0.022
澳大利亚	0.183	0.189	0.181	0.186	0.201	0.209	0.263	0.263
巴基斯坦	0.170	0.185	0.229	0.232	0.203	0.183	0.207	0.207
巴拉圭	0.049	0.051	0.054	0.048	0.057	0.058	0.055	0.055
巴林	0.023	0.023	0.022	0.018	0.019	0.021	0.021	0.021
巴拿马	0.165	0.147	0.151	0.115	0.112	0.109	0.151	0.151
巴西	0.137	0.136	0.142	0.142	0.161	0.183	0.223	0.223
白俄罗斯	0.015	0.020	0.026	0.024	0.019	0.020	0.032	0.032
保加利亚	0.028	0.028	0.027	0.024	0.026	0.030	0.032	0.032
冰岛	0.013	0.011	0.011	0.012	0.010	0.017	0.012	0.012
波兰	0.029	0.032	0.035	0.035	0.036	0.037	0.044	0.044
玻利维亚	0.031	0.042	0.044	0.047	0.048	0.049	0.053	0.053
博茨瓦纳	0.018	0.020	0.023	0.017	0.018	0.019	0.019	0.019
布基纳法索	0.035	0.030	0.024	0.020	0.023	0.031	0.031	0.031
丹麦	0.024	0.028	0.031	0.029	0.030	0.030	0.032	0.032
德国	0.048	0.051	0.051	0.049	0.050	0.050	0.054	0.054
多哥	0.497	0.561	0.580	0.490	0.499	0.502	0.502	0.502
俄罗斯	0.075	0.086	0.091	0.103	0.102	0.113	0.131	0.131
厄瓜多尔	0.064	0.071	0.088	0.077	0.085	0.104	0.140	0.140
法国	0.027	0.030	0.031	0.028	0.030	0.032	0.037	0.037
菲律宾	0.247	0.260	0.269	0.260	0.242	0.244	0.274	0.274
芬兰	0.042	0.041	0.038	0.033	0.033	0.033	0.036	0.036
哥伦比亚	0.067	0.099	0.092	0.088	0.095	0.108	0.133	0.133
哥斯达黎加	0.164	0.146	0.058	0.056	0.055	0.055	0.055	0.055
哈萨克斯坦	0.157	0.134	0.131	0.140	0.156	0.145	0.191	0.191
韩国	0.197	0.209	0.231	0.224	0.218	0.222	0.221	0.221
荷兰	0.000	0.000	0.000	0.000	0.000	0.000	0.061	0.061

续表

国家＼年份	2013	2014	2015	2016	2017	2018	2019	2020
洪都拉斯	0.058	0.046	0.048	0.041	0.044	0.049	0.051	0.051
吉尔吉斯斯坦	0.305	0.484	0.423	0.436	0.323	0.324	0.324	0.324
几内亚	0.188	0.216	0.276	0.236	0.312	0.424	0.424	0.424
加拿大	0.043	0.040	0.043	0.043	0.045	0.051	0.058	0.058
加纳	0.117	0.147	0.168	0.156	0.147	0.144	0.144	0.144
柬埔寨	0.157	0.138	0.147	0.150	0.163	0.176	0.203	0.203
捷克	0.029	0.031	0.036	0.035	0.035	0.042	0.049	0.049
喀麦隆	0.106	0.134	0.173	0.142	0.133	0.168	0.168	0.168
卡塔尔	0.046	0.048	0.042	0.039	0.052	0.064	0.070	0.070
科威特	0.072	0.082	0.098	0.089	0.100	0.120	0.120	0.120
克罗地亚	0.029	0.021	0.023	0.024	0.024	0.024	0.025	0.025
肯尼亚	0.108	0.152	0.204	0.216	0.170	0.170	0.170	0.170
拉脱维亚	0.038	0.036	0.034	0.035	0.034	0.031	0.031	0.031
老挝	0.228	0.259	0.253	0.257	0.263	0.284	0.284	0.284
黎巴嫩	0.046	0.048	0.043	0.042	0.038	0.037	0.037	0.037
立陶宛	0.024	0.026	0.023	0.022	0.024	0.024	0.026	0.026
卢森堡	0.004	0.004	0.006	0.004	0.002	0.002	0.008	0.008
罗马尼亚	0.025	0.028	0.029	0.029	0.029	0.030	0.033	0.033
马达加斯加	0.106	0.111	0.148	0.156	0.139	0.128	0.128	0.128
马耳他	0.072	0.082	0.064	0.044	0.053	0.035	0.039	0.039
马来西亚	0.218	0.206	0.234	0.220	0.216	0.222	0.222	0.222
马里	0.047	0.043	0.042	0.050	0.042	0.040	0.040	0.040
美国	0.092	0.094	0.099	0.094	0.099	0.099	0.097	0.097
蒙古国	0.428	0.510	0.465	0.371	0.424	0.445	0.458	0.458
孟加拉国	0.136	0.155	0.177	0.175	0.164	0.167	0.168	0.168
秘鲁	0.132	0.137	0.154	0.160	0.178	0.193	0.193	0.193
缅甸	0.390	0.817	0.444	0.404	0.385	0.407	0.407	0.407
摩尔多瓦	0.014	0.015	0.017	0.014	0.015	0.014	0.016	0.016

续表

年份 国家	2013	2014	2015	2016	2017	2018	2019	2020
摩洛哥	0.046	0.039	0.045	0.045	0.042	0.044	0.047	0.047
莫桑比克	0.095	0.219	0.158	0.155	0.131	0.147	0.147	0.147
墨西哥	0.046	0.048	0.050	0.050	0.051	0.057	0.062	0.062
纳米比亚	0.063	0.067	0.062	0.041	0.051	0.068	0.069	0.069
南非	0.259	0.249	0.147	0.183	0.174	0.184	0.204	0.204
尼加拉瓜	0.049	0.047	0.055	0.050	0.048	0.046	0.046	0.046
尼日尔	0.040	0.061	0.070	0.056	0.042	0.056	0.056	0.056
尼日利亚	0.067	0.094	0.111	0.118	0.121	0.099	0.099	0.099
挪威	0.016	0.019	0.024	0.021	0.018	0.018	0.025	0.025
葡萄牙	0.020	0.024	0.025	0.032	0.028	0.027	0.032	0.032
日本	0.169	0.162	0.167	0.165	0.168	0.167	0.174	0.174
瑞典	0.026	0.026	0.029	0.027	0.030	0.032	0.037	0.037
瑞士	0.059	0.045	0.014	0.046	0.032	0.041	0.038	0.038
塞内加尔	0.085	0.139	0.210	0.220	0.169	0.149	0.149	0.149
塞浦路斯	0.020	0.021	0.011	0.012	0.010	0.013	0.018	0.018
沙特阿拉伯	0.115	0.111	0.109	0.106	0.111	0.119	0.159	0.159
斯里兰卡	0.094	0.097	0.109	0.108	0.094	0.093	0.093	0.093
斯洛文尼亚	0.004	0.004	0.004	0.006	0.006	0.007	0.046	0.046
苏丹	0.233	0.202	0.193	0.189	0.162	0.169	0.169	0.169
塔吉克斯坦	0.305	0.484	0.423	0.436	0.323	0.324	0.365	0.365
泰国	0.120	0.129	0.143	0.147	0.139	0.136	0.153	0.153
坦桑尼亚	0.162	0.190	0.212	0.199	0.183	0.207	0.207	0.207
突尼斯	0.028	0.029	0.035	0.037	0.037	0.035	0.035	0.035
土耳其	0.043	0.045	0.048	0.046	0.044	0.043	0.044	0.044
土库曼斯坦	0.305	0.484	0.423	0.436	0.323	0.324	0.324	0.324
危地马拉	0.052	0.057	0.068	0.060	0.059	0.066	0.074	0.074
委内瑞拉	0.108	0.113	0.129	0.129	0.129	0.129	0.129	0.129
乌干达	0.040	0.045	0.051	0.072	0.062	0.049	0.050	0.050

续表

国家\年份	2013	2014	2015	2016	2017	2018	2019	2020
乌克兰	0.059	0.060	0.068	0.065	0.060	0.070	0.085	0.085
乌拉圭	0.120	0.129	0.134	0.124	0.144	0.134	0.171	0.171
乌兹别克斯坦	0.139	0.139	0.139	0.139	0.140	0.160	0.166	0.166
西班牙	0.027	0.029	0.033	0.033	0.033	0.033	0.038	0.038
希腊	0.023	0.027	0.029	0.035	0.035	0.040	0.052	0.052
新加坡	0.062	0.065	0.071	0.069	0.066	0.061	0.076	0.076
新西兰	0.105	0.114	0.106	0.111	0.119	0.131	0.161	0.161
匈牙利	0.035	0.035	0.036	0.039	0.039	0.039	0.039	0.039
亚美尼亚	0.021	0.031	0.042	0.045	0.041	0.044	0.061	0.061
伊拉克	0.150	0.179	0.177	0.198	0.194	0.201	0.206	0.206
伊朗	0.150	0.179	0.177	0.198	0.194	0.201	0.201	0.201
以色列	0.053	0.053	0.059	0.058	0.062	0.061	0.066	0.066
意大利	0.034	0.038	0.040	0.039	0.041	0.041	0.046	0.046
印度	0.062	0.066	0.075	0.075	0.077	0.078	0.080	0.080
印度尼西亚	0.153	0.147	0.147	0.150	0.153	0.165	0.197	0.197
英国	0.035	0.039	0.041	0.041	0.041	0.038	0.047	0.047
约旦	0.091	0.087	0.098	0.090	0.081	0.082	0.082	0.082
越南	0.228	0.259	0.253	0.257	0.263	0.284	0.284	0.284
赞比亚	0.162	0.168	0.136	0.167	0.199	0.249	0.262	0.262
智利	0.170	0.183	0.202	0.204	0.203	0.224	0.224	0.224

资料来源：WDI，IMF.

表62　　　　　　　　　　投资依存度

国家\年份	2013	2014	2015	2016	2017	2018	2019	2020
阿尔巴尼亚	0.001	0.001	0.001	0.001	0.001	0.001	0.001	0.001
阿尔及利亚	0.134	0.447	-0.438	-0.059	-0.114	0.075	0.051	0.051
阿根廷	0.021	0.033	0.014	0.031	0.015	0.010	0.016	0.016
阿联酋	0.035	0.012	0.153	-0.036	0.064	0.106	0.025	0.025

续表

国家＼年份	2013	2014	2015	2016	2017	2018	2019	2020
阿曼	0.000	0.011	-0.005	0.002	0.004	0.012	0.003	0.003
阿塞拜疆	-0.001	0.004	0.000	-0.005	0.000	0.000	0.000	0.000
埃及	0.006	0.004	0.012	0.010	0.006	0.032	0.008	0.008
埃塞俄比亚	0.076	0.064	0.067	0.071	0.045	0.103	0.103	0.103
爱尔兰	0.000	0.008	0.002	0.009	-0.314	-0.004	0.001	0.001
爱沙尼亚	0.000	0.000	0.002	0.000	0.000	0.000	0.002	0.002
安哥拉	-0.037	-0.097	0.006	1.798	-0.106	-0.047	-0.047	-0.047
奥地利	0.007	0.007	-0.021	-0.030	0.035	0.025	0.002	0.002
澳大利亚	0.065	0.071	0.127	0.094	0.104	0.036	0.030	0.030
巴基斯坦	0.122	0.555	0.004	0.012	0.006	-0.002	0.131	0.131
巴拉圭	0.001	0.000	0.000	0.000	0.000	0.002	0.002	0.002
巴林	-0.001	0.000	0.000	0.061	0.024	-0.001	-0.001	-0.001
巴拿马	0.000	0.000	0.000	0.001	0.001	0.003	0.007	0.007
巴西	0.006	0.012	0.000	0.003	0.007	0.007	0.005	0.005
白俄罗斯	0.011	0.035	0.032	0.130	0.118	0.058	0.041	0.041
保加利亚	0.012	0.000	0.001	0.000	0.002	0.000	0.003	0.003
冰岛	0.008	0.000	0.000	0.000	0.000	0.000	0.000	0.000
波兰	0.007	0.003	0.007	-0.001	0.000	0.010	0.002	0.002
玻利维亚	0.039	0.039	0.062	0.132	-0.033	0.225	0.225	0.225
博茨瓦纳	-0.025	0.099	0.191	0.676	-0.088	-0.020	-0.020	-0.020
布基纳法索	0.000	0.000	0.000	0.000	0.000	0.000	0.000	0.000
丹麦	0.411	0.098	0.022	-0.963	0.202	0.042	0.001	0.001
德国	0.015	0.666	0.048	0.216	0.116	0.201	0.006	0.006
多哥	0.002	0.016	-0.006	0.000	0.002	-0.063	-0.063	-0.063
俄罗斯	0.000	0.000	0.000	0.001	0.000	0.001	0.015	0.015
厄瓜多尔	0.647	0.178	0.089	0.101	-0.212	0.023	0.033	0.033
法国	0.005	0.002	0.004	0.005	0.003	0.002	0.003	0.003
菲律宾	0.012	0.001	0.003	0.015	0.010	0.011	0.005	0.005

续表

年份 国家	2013	2014	2015	2016	2017	2018	2019	2020
芬兰	0.000	0.000	0.064	0.032	-0.126	0.184	0.002	0.002
哥伦比亚	0.001	0.001	0.000	0.000	0.000	-0.001	0.001	0.001
哥斯达黎加	0.000	0.000	0.001	0.000	0.002	0.002	0.002	0.002
哈萨克斯坦	0.078	-0.004	-0.400	0.030	0.125	0.010	0.044	0.044
韩国	0.117	0.161	0.225	0.197	0.127	0.146	0.018	0.018
荷兰	0.018	0.037	0.077	0.027	0.033	0.033	0.006	0.006
洪都拉斯	0.000	0.000	0.000	0.003	0.000	0.452	0.452	0.452
吉尔吉斯斯坦	0.317	-0.099	0.157	0.169	4.139	0.466	0.466	0.466
几内亚	0.445	-1.712	-0.206	0.021	0.486	0.283	0.283	0.283
加拿大	0.012	0.015	0.026	0.067	0.010	0.040	0.005	0.005
加纳	0.038	0.022	0.083	0.140	0.016	0.056	0.048	0.048
柬埔寨	0.245	0.003	0.003	0.004	0.004	0.005	0.186	0.186
捷克	0.004	0.005	0.000	0.001	0.005	0.008	0.001	0.001
喀麦隆	0.133	0.000	0.000	0.000	0.000	0.000	0.000	0.000
卡塔尔	-0.048	0.031	0.004	0.046	-0.012	0.457	0.006	0.006
科威特	0.000	0.144	0.330	0.010	0.024	0.039	0.018	0.018
克罗地亚	0.000	0.001	0.000	0.000	0.015	0.024	0.003	0.003
肯尼亚	0.134	0.346	1.678	0.026	0.252	0.119	0.091	0.091
拉脱维亚	0.000	0.000	0.001	0.000	0.000	0.009	0.001	0.001
老挝	0.002	0.001	0.001	0.000	0.001	0.001	0.823	0.823
黎巴嫩	0.000	0.000	0.004	0.000	0.000	0.000	0.000	0.000
立陶宛	0.002	0.000	0.000	0.058	0.036	0.000	0.000	0.000
卢森堡	0.104	0.249	-0.299	0.093	-0.298	-0.595	0.041	0.041
罗马尼亚	0.001	0.012	0.016	0.002	0.007	0.001	0.004	0.004
马达加斯加	0.028	0.024	0.078	-0.001	0.008	0.014	0.014	0.014
马耳他	0.000	0.000	0.001	0.048	0.001	0.002	0.001	0.001
马来西亚	0.025	0.063	0.090	0.181	0.195	0.232	0.028	0.028
马里	0.055	0.106	-0.099	0.010	0.008	-0.059	0.058	0.058

续表

国家\年份	2013	2014	2015	2016	2017	2018	2019	2020
美国	0.013	0.019	0.014	0.025	0.016	0.054	0.005	0.005
蒙古国	0.083	1.473	0.039	0.003	-0.001	-0.129	0.148	0.148
孟加拉国	0.026	0.022	0.006	0.028	0.042	0.146	0.069	0.069
秘鲁	0.010	0.010	0.084	0.010	0.015	0.014	0.011	0.011
缅甸	0.824	0.369	0.117	0.096	0.099	-0.053	0.121	0.121
摩尔多瓦	0.001	0.000	0.000	0.000	0.000	0.000	0.001	0.001
摩洛哥	0.000	0.002	0.002	0.005	0.022	0.025	0.025	0.025
莫桑比克	0.021	0.021	0.017	0.004	0.015	0.068	0.068	0.068
墨西哥	0.001	0.005	0.000	0.007	0.006	0.012	0.001	0.001
纳米比亚	0.012	0.007	0.019	0.023	0.014	-0.029	-0.029	-0.029
南非	-0.009	0.008	0.008	0.378	0.011	0.128	0.017	0.017
尼加拉瓜	0.000	0.000	0.000	0.000	0.000	0.000	0.000	0.000
尼日尔	0.162	0.001	0.000	-0.060	0.121	0.213	0.130	0.130
尼日利亚	0.029	0.003	0.002	0.000	0.000	0.000	0.020	0.020
挪威	0.044	0.000	-0.011	-0.030	-0.011	0.001	0.003	0.003
葡萄牙	0.003	0.001	0.000	0.002	0.002	0.000	0.000	0.000
日本	0.012	0.165	0.107	0.003	0.004	0.007	0.004	0.004
瑞典	0.102	0.122	0.115	0.050	0.148	0.110	0.012	0.012
瑞士	0.011	0.040	0.003	0.004	1.953	0.043	0.002	0.002
塞内加尔	0.341	-0.061	-0.002	0.012	0.060	0.293	0.032	0.032
塞浦路斯	-0.015	0.006	0.000	0.001	0.085	0.035	0.001	0.001
沙特阿拉伯	0.032	0.020	0.082	0.005	-0.233	0.140	0.007	0.007
斯里兰卡	0.072	0.096	0.026	-0.068	-0.018	0.005	0.005	0.005
斯洛文尼亚	0.004	0.000	0.000	0.000	0.001	0.001	0.008	0.008
苏丹	0.084	0.139	0.018	-0.648	0.239	0.050	0.050	0.050
塔吉克斯坦	0.719	0.719	0.719	0.719	0.222	1.039	0.603	0.603
泰国	0.080	0.186	0.041	0.648	0.180	0.075	0.019	0.019
坦桑尼亚	0.253	0.253	0.253	0.253	0.310	0.502	0.061	0.061

续表

国家＼年份	2013	2014	2015	2016	2017	2018	2019	2020
突尼斯	0.000	0.001	0.000	-0.004	-0.001	0.004	0.004	0.004
土耳其	0.004	0.008	0.034	-0.001	0.004	0.027	0.009	0.009
土库曼斯坦	-0.011	0.051	-0.103	-0.011	0.022	-0.019	-0.019	-0.019
危地马拉	0.000	0.000	0.000	0.000	0.000	0.000	0.000	0.000
委内瑞拉	0.124	0.087	0.247	-0.047	0.127	0.126	0.065	0.065
乌干达	0.008	0.046	0.112	0.168	0.069	0.006	0.047	0.047
乌克兰	0.003	0.001	0.000	0.001	0.010	0.011	0.003	0.003
乌拉圭	0.002	0.001	0.003	-0.042	-0.032	0.001	0.007	0.007
乌兹别克斯坦	0.070	0.238	1.923	1.333	-0.776	0.240	0.335	0.335
西班牙	0.004	0.011	0.029	0.012	0.010	0.016	0.001	0.001
希腊	0.000	0.000	-0.001	0.011	0.008	0.014	0.004	0.004
新加坡	0.163	0.108	0.291	0.120	0.151	0.148	0.021	0.021
新西兰	0.002	0.119	0.007	0.305	0.243	0.206	0.025	0.025
匈牙利	0.000	0.000	-0.002	-0.011	0.007	0.009	0.003	0.003
亚美尼亚	0.027	0.000	0.000	0.000	0.000	0.000	0.002	0.002
伊拉克	0.010	0.052	-0.002	0.003	0.002	-0.003	0.480	0.480
伊朗	0.231	0.283	-0.252	0.113	-0.072	-0.160	0.050	0.050
以色列	0.000	0.000	0.012	0.174	0.009	0.019	0.014	0.014
意大利	0.014	0.012	0.013	0.026	0.019	0.015	0.003	0.003
印度	0.002	0.001	0.001	0.000	0.001	0.001	0.006	0.006
印度尼西亚	0.082	0.006	0.002	0.003	0.004	0.005	0.049	0.049
英国	0.035	0.091	0.060	0.014	0.026	0.054	0.004	0.004
约旦	0.000	0.001	0.001	0.002	0.004	0.027	0.008	0.008
越南	0.002	0.001	0.001	0.000	0.001	0.001	0.041	0.041
赞比亚	0.144	0.283	0.061	0.313	0.241	0.019	0.135	0.135
智利	0.001	0.000	0.000	0.007	0.003	0.004	0.003	0.003

资料来源：UNCTAD，Wind。

表63　　　　　　　　　　　　是否签订BIT

国家＼年份	2013	2014	2015	2016	2017	2018	2019	2020
阿尔巴尼亚	1	1	1	1	1	1	1	1
阿尔及利亚	1	1	1	1	1	1	1	1
阿根廷	1	1	1	1	1	1	1	1
阿联酋	1	1	1	1	1	1	1	1
阿曼	1	1	1	1	1	1	1	1
阿塞拜疆	1	1	1	1	1	1	1	1
埃及	1	1	1	1	1	1	1	1
埃塞俄比亚	1	1	1	1	1	1	1	1
爱尔兰	0	0	0	0	0	0	0	0
爱沙尼亚	1	1	1	1	1	1	1	1
安哥拉	0	0	0	0	0	0	0	0
奥地利	1	1	1	1	1	1	1	1
澳大利亚	1	1	1	1	1	1	1	1
巴基斯坦	1	1	1	1	1	1	1	1
巴拉圭	0	0	0	0	0	0	0	0
巴林	1	1	1	1	1	1	1	1
巴拿马	0	0	0	0	0	0	0	0
巴西	0	0	0	0	0	0	0	0
白俄罗斯	1	1	1	1	1	1	1	1
保加利亚	1	1	1	1	1	1	1	1
冰岛	1	1	1	1	1	1	1	1
波兰	1	1	1	1	1	1	1	1
玻利维亚	0	1	1	1	1	1	1	1
博茨瓦纳	0	0	0	0	0	0	0	0
布基纳法索	0	0	0	0	0	0	0	0
丹麦	1	1	1	1	1	1	1	1
德国	1	1	1	1	1	1	1	1
多哥	0	0	0	0	0	0	0	0

续表

国家＼年份	2013	2014	2015	2016	2017	2018	2019	2020
俄罗斯	1	1	1	1	1	1	1	1
厄瓜多尔	1	1	1	1	1	1	1	1
法国	1	1	1	1	1	1	1	1
菲律宾	1	1	1	1	1	1	1	1
芬兰	1	1	1	1	1	1	1	1
哥伦比亚	0	0	0	0	0	0	0	0
哥斯达黎加	0	0	0	0	0	0	0	0
哈萨克斯坦	1	1	1	1	1	1	1	1
韩国	1	1	1	1	1	1	1	1
荷兰	1	1	1	1	1	1	1	1
洪都拉斯	0	0	0	0	0	0	0	0
吉尔吉斯斯坦	0	1	1	1	1	1	1	1
几内亚	1	1	1	1	1	1	1	1
加拿大	0	1	1	1	1	1	1	1
加纳	1	1	1	1	1	1	1	1
柬埔寨	1	1	1	1	1	1	1	1
捷克	1	1	1	1	1	1	1	1
喀麦隆	0	0	0	0	0	0	0	0
卡塔尔	1	1	1	1	1	1	1	1
科威特	1	1	1	1	1	1	1	1
克罗地亚	1	1	1	1	1	1	1	1
肯尼亚	0	0	0	0	0	0	0	0
拉脱维亚	0	0	0	0	0	0	0	0
老挝	1	1	1	1	1	1	1	1
黎巴嫩	1	1	1	1	1	1	1	1
立陶宛	1	1	1	1	1	1	1	1
卢森堡	1	1	1	1	1	1	1	1
罗马尼亚	1	1	1	1	1	1	1	1

续表

国家＼年份	2013	2014	2015	2016	2017	2018	2019	2020
马达加斯加	1	1	1	1	1	1	1	1
马耳他	1	1	1	1	1	1	1	1
马来西亚	1	1	1	1	1	1	1	1
马里	1	1	1	1	1	1	1	1
美国	0	0	0	0	0	0	0	0
蒙古国	1	1	1	1	1	1	1	1
孟加拉国	1	1	1	1	1	1	1	1
秘鲁	1	1	1	1	1	1	1	1
缅甸	1	1	1	1	1	1	1	1
摩尔多瓦	1	1	1	1	1	1	1	1
摩洛哥	1	1	1	1	1	1	1	1
莫桑比克	0	0	0	0	0	0	0	0
墨西哥	0	0	0	0	0	0	0	0
纳米比亚	0	0	0	0	0	0	0	0
南非	1	1	1	1	1	1	1	1
尼加拉瓜	0	0	0	0	0	0	0	0
尼日尔	0	0	0	0	0	0	0	0
尼日利亚	1	1	1	1	1	1	1	1
挪威	1	1	1	1	1	1	1	1
葡萄牙	1	1	1	1	1	1	1	1
日本	1	1	1	1	1	1	1	1
瑞典	1	1	1	1	1	1	1	1
瑞士	1	1	1	1	1	1	1	1
塞内加尔	0	0	0	0	0	0	0	0
塞浦路斯	1	1	1	1	1	1	1	1
沙特阿拉伯	1	1	1	1	1	1	1	1
斯里兰卡	1	1	1	1	1	1	1	1
斯洛文尼亚	1	1	1	1	1	1	1	1

续表

国家\年份	2013	2014	2015	2016	2017	2018	2019	2020
苏丹	1	1	1	1	1	1	1	1
塔吉克斯坦	1	1	1	1	1	1	1	1
泰国	1	1	1	1	1	1	1	1
坦桑尼亚	0	1	1	1	1	1	1	1
突尼斯	1	1	1	1	1	1	1	1
土耳其	1	1	1	1	1	1	1	1
土库曼斯坦	1	1	1	1	1	1	1	1
危地马拉	0	0	0	0	0	0	0	0
委内瑞拉	0	0	0	0	0	0	0	0
乌干达	0	0	0	0	0	0	0	0
乌克兰	1	1	1	1	1	1	1	1
乌拉圭	1	1	1	1	1	1	1	1
乌兹别克斯坦	1	1	1	1	1	1	1	1
西班牙	1	1	1	1	1	1	1	1
希腊	1	1	1	1	1	1	1	1
新加坡	1	1	1	1	1	1	1	1
新西兰	1	1	1	1	1	1	1	1
匈牙利	1	1	1	1	1	1	1	1
亚美尼亚	1	1	1	1	1	1	1	1
伊拉克	0	0	0	0	0	0	0	0
伊朗	1	1	1	1	1	1	1	1
以色列	1	1	1	1	1	1	1	1
意大利	1	1	1	1	1	1	1	1
印度	1	1	1	1	1	1	1	1
印度尼西亚	1	1	1	1	1	1	1	1
英国	1	1	1	1	1	1	1	1
约旦	0	0	0	0	0	0	0	0
越南	1	1	1	1	1	1	1	1

续表

国家＼年份	2013	2014	2015	2016	2017	2018	2019	2020
赞比亚	0	0	0	0	0	0	0	0
智利	1	1	1	1	1	1	1	1

资料来源：中国商务部，UNCTAD.

表64　　　　　　　　　　　签证情况

国家＼年份	2013	2014	2015	2016	2017	2018	2019	2020
阿尔巴尼亚	0.00	0.00	0.00	0.00	0.00	0.00	0.00	0.70
阿尔及利亚	0.00	0.00	0.00	0.00	0.00	0.00	0.00	0.00
阿根廷	0.30	0.30	0.30	0.30	0.30	0.30	0.30	0.30
阿联酋	0.50	0.50	0.50	0.50	0.50	0.50	1.00	1.00
阿曼	0.00	0.00	0.00	0.00	0.00	0.00	0.00	0.00
阿塞拜疆	0.00	0.00	0.00	0.00	0.00	0.00	0.50	0.50
埃及	0.50	0.50	0.50	0.50	0.50	0.50	0.50	0.50
埃塞俄比亚	0.50	0.50	0.50	0.50	0.50	0.50	0.5	0.5
爱尔兰	0.00	0.00	0.00	0.00	0.00	0.00	0.00	0.00
爱沙尼亚	0.00	0.00	0.00	0.00	0.00	0.00	0.00	0.00
安哥拉	0.00	0.00	0.00	0.00	0.00	0.00	0.00	0.00
奥地利	0.00	0.00	0.00	0.00	0.00	0.00	0.00	0.00
澳大利亚	0.30	0.30	0.30	0.30	0.30	0.30	0.30	0.30
巴基斯坦	0.00	0.00	0.00	0.00	0.00	1.00	1.00	1.00
巴拉圭	0.00	0.00	0.00	0.00	0.00	0.00	0.00	0.00
巴林	0.00	0.00	0.00	0.00	0.00	0.00	0.50	0.50
巴拿马	0.00	0.00	0.00	0.00	0.00	0.00	0.00	0.00
巴西	0.00	0.00	0.00	0.00	0.00	0.00	0.00	0.00
白俄罗斯	0.80	0.80	0.80	0.80	0.80	0.80	0.80	0.80
保加利亚	0.00	0.00	0.00	0.00	0.00	0.00	0.00	0.00
冰岛	0.00	0.00	0.00	0.00	0.00	0.00	0.00	0.00
波兰	0.00	0.00	0.00	0.00	0.00	0.00	0.00	0.00

续表

年份 国家	2013	2014	2015	2016	2017	2018	2019	2020
玻利维亚	0.00	0.00	0.00	0.00	0.00	0.00	0.50	0.50
博茨瓦纳	0.00	0.00	0.00	0.00	0.00	0.00	0.00	0.00
布基纳法索	0.00	0.00	0.00	0.00	0.00	0.00	0.00	0.00
丹麦	0.00	0.00	0.00	0.00	0.00	0.00	0.00	0.00
德国	0.00	0.00	0.00	0.00	0.00	0.00	0.00	0.00
多哥	0.00	0.00	0.00	0.00	0.00	0.00	0.00	0.50
俄罗斯	0.80	0.80	0.80	0.80	0.80	0.80	0.80	0.80
厄瓜多尔	0.00	0.00	0.00	0.00	0.00	0.00	0.00	1.00
法国	0.00	0.00	0.00	0.00	0.00	0.00	0.00	0.00
菲律宾	0.00	0.00	0.00	0.00	0.00	0.00	0.00	0.00
芬兰	0.00	0.00	0.00	0.00	0.00	0.00	0.00	0.00
哥伦比亚	0.00	0.00	0.00	0.00	0.00	0.00	0.00	0.00
哥斯达黎加	0.00	0.00	0.00	0.00	0.00	0.00	0.00	0.00
哈萨克斯坦	0.00	0.00	0.00	0.00	0.00	0.00	0.00	0.00
韩国	0.50	0.50	0.50	0.50	0.50	0.50	0.50	0.50
荷兰	0.00	0.00	0.00	0.00	0.00	0.00	0.00	0.00
洪都拉斯	0.00	0.00	0.00	0.00	0.00	0.00	0.00	0.00
吉尔吉斯斯坦	0.00	0.00	0.00	0.00	0.00	0.00	0.00	0.00
几内亚	0.00	0.00	0.00	0.00	0.00	0.00	0.00	0.00
加拿大	0.00	0.00	0.00	0.00	0.00	0.00	0.00	0.00
加纳	0.00	0.00	0.00	0.00	0.00	0.00	0.00	0.00
柬埔寨	0.50	0.50	0.50	0.50	0.50	0.50	0.50	0.50
捷克	0.00	0.00	0.00	0.00	0.00	0.00	0.00	0.00
喀麦隆	0.00	0.00	0.00	0.00	0.00	0.00	0.00	0.00
卡塔尔	0.00	0.00	0.00	0.00	0.00	1.00	1.00	1.00
科威特	0.00	0.00	0.00	0.00	0.00	0.00	0.00	0.00
克罗地亚	0.00	0.00	0.00	0.00	0.00	0.00	0.00	0.00
肯尼亚	0.30	0.30	0.30	0.30	0.30	0.30	0.30	0.30

续表

国家\年份	2013	2014	2015	2016	2017	2018	2019	2020
拉脱维亚	0.00	0.00	0.00	0.00	0.00	0.00	0.00	0.00
老挝	0.50	0.50	0.50	0.50	0.50	0.50	0.50	0.50
黎巴嫩	0.00	0.00	0.00	0.00	0.50	0.50	0.50	0.50
立陶宛	0.00	0.00	0.00	0.00	0.00	0.00	0.00	0.00
卢森堡	0.00	0.00	0.00	0.00	0.00	0.00	0.00	0.00
罗马尼亚	0.00	0.00	0.00	0.00	0.00	0.00	0.00	0.00
马达加斯加	0.50	0.50	0.50	0.50	0.50	0.50	0.50	0.50
马耳他	0.00	0.00	0.00	0.00	0.00	0.00	0.00	0.00
马来西亚	0.30	0.30	0.30	0.30	0.30	0.30	0.30	0.50
马里	0.00	0.00	0.00	0.00	0.00	0.00	0.00	0.00
美国	0.30	0.30	0.30	0.30	0.30	0.30	0.00	0.00
蒙古国	0.00	0.00	0.00	0.00	0.00	0.00	0.00	0.00
孟加拉国	0.50	0.50	0.50	0.50	0.50	0.50	0.50	0.50
秘鲁	0.00	0.00	0.00	0.00	0.00	0.00	0.00	0.00
缅甸	0.50	0.50	0.50	0.50	0.50	0.50	0.50	0.50
摩尔多瓦	0.00	0.00	0.00	0.00	0.00	0.00	0.00	0.00
摩洛哥	0.00	0.00	0.00	0.70	0.70	0.70	0.70	0.70
莫桑比克	0.00	0.00	0.00	0.00	0.00	0.00	0.00	0.00
墨西哥	0.00	0.00	0.00	0.00	0.00	0.00	0.00	0.00
纳米比亚	0.00	0.00	0.00	0.00	0.00	0.00	0.00	0.00
南非	0.00	0.00	0.00	0.00	0.00	0.00	0.00	0.00
尼加拉瓜	0.00	0.00	0.00	0.00	0.00	0.00	0.00	0.00
尼日尔	0.00	0.00	0.00	0.00	0.00	0.00	0.00	0.00
尼日利亚	0.00	0.00	0.00	0.00	0.00	0.50	0.50	0.50
挪威	0.00	0.00	0.00	0.00	0.00	0.00	0.00	0.00
葡萄牙	0.00	0.00	0.00	0.00	0.00	0.00	0.00	0.00
日本	0.00	0.00	0.00	0.00	0.00	0.00	0.00	0.00
瑞典	0.00	0.00	0.00	0.00	0.00	0.00	0.00	0.00

续表

国家\年份	2013	2014	2015	2016	2017	2018	2019	2020
瑞士	0.00	0.00	0.00	0.00	0.00	0.00	0.00	0.00
塞内加尔	0.00	0.00	0.00	0.00	0.00	0.00	0.00	0.00
塞浦路斯	0.00	0.00	0.00	0.00	0.00	0.00	0.00	0.00
沙特阿拉伯	0.00	0.00	0.00	0.00	0.00	0.00	0.00	0.00
斯里兰卡	0.30	0.30	0.30	0.30	0.30	0.50	0.50	0.50
斯洛文尼亚	0.00	0.00	0.00	0.00	0.00	0.00	0.00	0.00
苏丹	0.00	0.00	0.00	0.00	0.00	0.00	0.00	0.00
塔吉克斯坦	0.00	0.00	0.00	0.00	0.00	0.30	0.30	0.30
泰国	0.50	0.50	0.50	0.50	0.50	0.50	0.50	0.50
坦桑尼亚	0.00	0.00	0.00	0.00	0.00	0.50	0.50	0.50
突尼斯	0.00	0.00	0.00	0.70	0.70	0.70	0.70	0.70
土耳其	0.30	0.30	0.30	0.30	0.30	0.30	0.30	0.30
土库曼斯坦	0.50	0.50	0.50	0.50	0.50	0.50	0.50	0.50
危地马拉	0.00	0.00	0.00	0.00	0.00	0.00	0.00	0.00
委内瑞拉	0.70	0.70	0.70	0.70	0.70	0.70	0.70	0.70
乌干达	0.00	0.00	0.00	0.00	0.00	0.00	0.50	0.50
乌克兰	0.50	0.50	0.50	0.50	0.50	0.50	0.50	0.50
乌拉圭	0.00	0.00	0.00	0.00	0.00	0.00	0.00	0.00
乌兹别克斯坦	0.00	0.00	0.00	0.00	0.00	0.00	0.00	0.70
西班牙	0.00	0.00	0.00	0.00	0.00	0.00	0.00	0.00
希腊	0.00	0.00	0.00	0.00	0.00	0.00	0.00	0.00
新加坡	0.30	0.30	0.30	0.30	0.30	0.30	0.30	0.30
新西兰	0.00	0.00	0.00	0.00	0.00	0.00	0.00	0.00
匈牙利	0.00	0.00	0.00	0.00	0.00	0.00	0.00	0.00
亚美尼亚	0.30	0.30	0.30	0.30	0.30	0.30	1.00	1.00
伊拉克	0.00	0.00	0.00	0.00	0.00	0.00	0.00	0.00
伊朗	0.50	0.50	0.50	0.50	0.50	0.50	0.50	0.50
以色列	0.00	0.00	0.00	0.00	0.00	0.00	0.00	0.00

续表

国家\年份	2013	2014	2015	2016	2017	2018	2019	2020
意大利	0.00	0.00	0.00	0.00	0.00	0.00	0.00	0.00
印度	0.00	0.00	0.00	0.00	0.00	0.00	0.00	0.00
印度尼西亚	0.00	0.00	1.00	1.00	1.00	1.00	1.00	1.00
英国	0.00	0.00	0.00	0.00	0.00	0.00	0.00	0.00
约旦	0.50	0.50	0.50	0.50	0.50	0.50	0.50	0.50
越南	0.50	0.50	0.50	0.50	0.50	0.50	0.00	0.50
赞比亚	0.00	0.00	0.00	0.00	0.00	0.00	0.00	0.00
智利	0.00	0.00	0.00	0.00	0.00	0.00	0.00	0.00

资料来源：中国商务部、中国领事服务网。

表65　　　　　　　　　　投资受阻程度

国家\年份	2013	2014	2015	2016	2017	2018	2019	2020
阿尔巴尼亚	0.80	0.80	0.80	0.80	0.80	0.80	0.80	0.8
阿尔及利亚	0.80	0.80	0.80	0.80	0.80	0.80	0.80	0.8
阿根廷	0.50	0.50	0.50	0.50	0.50	0.50	0.50	0.5
阿联酋	0.70	0.70	0.70	0.70	0.70	0.70	0.70	0.7
阿曼	0.80	0.80	0.80	0.80	0.80	0.80	0.80	0.8
阿塞拜疆	0.80	0.80	0.80	0.80	0.80	0.80	0.80	0.8
埃及	0.70	0.70	0.70	0.70	0.70	0.70	0.70	0.7
埃塞俄比亚	0.80	0.80	0.80	0.80	0.80	0.80	0.80	0.8
爱尔兰	0.80	0.80	0.80	0.80	0.80	0.80	0.80	0.8
爱沙尼亚	0.80	0.80	0.80	0.80	0.80	0.80	0.80	0.8
安哥拉	0.80	0.80	0.80	0.80	0.80	0.80	0.80	0.8
奥地利	0.80	0.80	0.80	0.80	0.80	0.80	0.80	0.8
澳大利亚	0.40	0.40	0.40	0.40	0.40	0.40	0.30	0.2
巴基斯坦	0.80	0.80	0.80	0.80	0.80	0.80	0.80	0.8
巴拉圭	0.80	0.80	0.80	0.80	0.80	0.80	0.80	0.8
巴林	0.80	0.80	0.80	0.80	0.80	0.80	0.80	0.8

续表

年份 国家	2013	2014	2015	2016	2017	2018	2019	2020
巴拿马	0.80	0.80	0.80	0.80	0.80	0.80	0.80	0.8
巴西	0.70	0.70	0.70	0.70	0.70	0.70	0.70	0.7
白俄罗斯	0.70	0.70	0.70	0.70	0.70	0.70	0.70	0.7
保加利亚	0.70	0.70	0.70	0.70	0.70	0.70	0.70	0.7
冰岛	0.80	0.80	0.80	0.80	0.80	0.80	0.80	0.8
波兰	0.70	0.70	0.70	0.70	0.70	0.70	0.70	0.7
玻利维亚	0.80	0.80	0.80	0.80	0.80	0.80	0.80	0.8
博茨瓦纳	0.80	0.80	0.80	0.80	0.80	0.80	0.80	0.8
布基纳法索	0.70	0.70	0.70	0.70	0.70	0.70	0.70	0.7
丹麦	0.80	0.80	0.80	0.80	0.80	0.80	0.80	0.8
德国	0.70	0.70	0.70	0.70	0.70	0.70	0.60	0.6
多哥	0.70	0.70	0.70	0.70	0.70	0.70	0.70	0.7
俄罗斯	0.80	0.80	0.80	0.80	0.80	0.80	0.80	0.8
厄瓜多尔	0.80	0.80	0.80	0.80	0.80	0.80	0.80	0.8
法国	0.70	0.70	0.70	0.70	0.70	0.70	0.60	0.6
菲律宾	0.60	0.60	0.60	0.60	0.60	0.60	0.60	0.6
芬兰	0.80	0.80	0.80	0.80	0.80	0.80	0.80	0.8
哥伦比亚	0.80	0.80	0.80	0.80	0.80	0.80	0.80	0.8
哥斯达黎加	0.80	0.80	0.80	0.80	0.80	0.80	0.80	0.8
哈萨克斯坦	0.80	0.80	0.80	0.80	0.80	0.80	0.80	0.8
韩国	0.80	0.80	0.80	0.80	0.80	0.80	0.80	0.8
荷兰	0.80	0.80	0.80	0.80	0.80	0.80	0.80	0.8
洪都拉斯	0.80	0.80	0.80	0.80	0.80	0.80	0.80	0.8
吉尔吉斯斯坦	0.60	0.60	0.60	0.60	0.60	0.60	0.60	0.6
几内亚	0.70	0.70	0.70	0.70	0.70	0.70	0.70	0.7
加拿大	0.50	0.50	0.50	0.50	0.50	0.50	0.40	0.4
加纳	0.80	0.80	0.80	0.80	0.80	0.80	0.80	0.8
柬埔寨	0.60	0.60	0.60	0.60	0.60	0.60	0.60	0.6

续表

国家\年份	2013	2014	2015	2016	2017	2018	2019	2020
捷克	0.80	0.80	0.80	0.80	0.80	0.80	0.80	0.8
喀麦隆	0.80	0.80	0.80	0.80	0.80	0.80	0.80	0.8
卡塔尔	0.80	0.80	0.80	0.80	0.80	0.80	0.80	0.8
科威特	0.80	0.80	0.80	0.80	0.80	0.80	0.80	0.8
克罗地亚	0.80	0.80	0.80	0.80	0.80	0.80	0.80	0.8
肯尼亚	0.80	0.80	0.80	0.80	0.80	0.80	0.80	0.8
拉脱维亚	0.80	0.80	0.80	0.80	0.80	0.80	0.80	0.8
老挝	0.70	0.70	0.70	0.70	0.70	0.70	0.70	0.7
黎巴嫩	0.80	0.80	0.80	0.80	0.80	0.80	0.80	0.8
立陶宛	0.80	0.80	0.80	0.80	0.80	0.80	0.80	0.8
卢森堡	0.80	0.80	0.80	0.80	0.80	0.80	0.80	0.8
罗马尼亚	0.70	0.70	0.70	0.70	0.70	0.70	0.70	0.7
马达加斯加	0.80	0.80	0.80	0.80	0.80	0.80	0.80	0.8
马耳他	0.80	0.80	0.80	0.80	0.80	0.80	0.80	0.8
马来西亚	0.70	0.70	0.70	0.70	0.70	0.70	0.70	0.7
马里	0.80	0.80	0.80	0.80	0.80	0.80	0.80	0.8
美国	0.50	0.50	0.50	0.50	0.50	0.50	0.20	0.2
蒙古国	0.40	0.40	0.40	0.40	0.40	0.40	0.40	0.4
孟加拉国	0.80	0.80	0.80	0.80	0.80	0.80	0.80	0.8
秘鲁	0.80	0.80	0.80	0.80	0.80	0.80	0.80	0.8
缅甸	0.60	0.60	0.60	0.60	0.60	0.60	0.60	0.6
摩尔多瓦	0.80	0.80	0.80	0.80	0.80	0.80	0.80	0.8
摩洛哥	0.80	0.80	0.80	0.80	0.80	0.80	0.80	0.8
莫桑比克	0.80	0.80	0.80	0.80	0.80	0.80	0.80	0.8
墨西哥	0.30	0.30	0.30	0.30	0.30	0.30	0.30	0.3
纳米比亚	0.80	0.80	0.80	0.80	0.80	0.80	0.80	0.8
南非	0.70	0.70	0.70	0.70	0.70	0.70	0.70	0.7
尼加拉瓜	0.80	0.80	0.80	0.80	0.80	0.80	0.80	0.8

续表

国家＼年份	2013	2014	2015	2016	2017	2018	2019	2020
尼日尔	0.80	0.80	0.80	0.80	0.80	0.80	0.80	0.8
尼日利亚	0.70	0.70	0.70	0.70	0.70	0.70	0.70	0.7
挪威	0.80	0.80	0.80	0.80	0.80	0.80	0.80	0.8
葡萄牙	0.80	0.80	0.80	0.80	0.80	0.80	0.80	0.7
日本	0.70	0.70	0.70	0.70	0.70	0.70	0.60	0.6
瑞典	0.80	0.80	0.80	0.80	0.80	0.80	0.80	0.8
瑞士	0.80	0.80	0.80	0.80	0.80	0.80	0.80	0.8
塞内加尔	0.70	0.70	0.70	0.70	0.70	0.70	0.70	0.7
塞浦路斯	0.80	0.80	0.80	0.80	0.80	0.80	0.80	0.8
沙特阿拉伯	0.70	0.70	0.70	0.70	0.70	0.70	0.70	0.7
斯里兰卡	0.60	0.60	0.60	0.60	0.60	0.60	0.50	0.5
斯洛文尼亚	0.80	0.80	0.80	0.80	0.80	0.80	0.80	0.8
苏丹	0.70	0.70	0.70	0.70	0.70	0.70	0.70	0.7
塔吉克斯坦	0.60	0.60	0.60	0.60	0.60	0.60	0.60	0.6
泰国	0.70	0.70	0.70	0.70	0.70	0.70	0.70	0.7
坦桑尼亚	0.80	0.80	0.80	0.80	0.80	0.80	0.80	0.8
突尼斯	0.80	0.80	0.80	0.80	0.80	0.80	0.80	0.8
土耳其	0.80	0.80	0.80	0.80	0.80	0.80	0.80	0.8
土库曼斯坦	0.60	0.60	0.60	0.60	0.60	0.60	0.60	0.6
危地马拉	0.80	0.80	0.80	0.80	0.80	0.80	0.80	0.8
委内瑞拉	0.80	0.80	0.80	0.80	0.90	0.90	0.90	0.8
乌干达	0.80	0.80	0.80	0.80	0.80	0.80	0.80	0.8
乌克兰	0.60	0.60	0.60	0.60	0.60	0.60	0.60	0.6
乌拉圭	0.80	0.80	0.80	0.80	0.80	0.80	0.80	0.8
乌兹别克斯坦	0.60	0.60	0.60	0.60	0.60	0.60	0.60	0.6
西班牙	0.80	0.80	0.80	0.80	0.80	0.80	0.80	0.8
希腊	0.80	0.80	0.80	0.80	0.80	0.80	0.80	0.8
新加坡	0.80	0.80	0.80	0.80	0.80	0.80	0.80	0.8

续表

国家＼年份	2013	2014	2015	2016	2017	2018	2019	2020
新西兰	0.70	0.70	0.70	0.70	0.70	0.70	0.60	0.6
匈牙利	0.70	0.70	0.70	0.70	0.70	0.70	0.70	0.7
亚美尼亚	0.80	0.80	0.80	0.80	0.80	0.80	0.80	0.8
伊拉克	0.60	0.60	0.60	0.60	0.60	0.60	0.60	0.6
伊朗	0.80	0.80	0.80	0.80	0.80	0.80	0.80	0.8
以色列	0.80	0.80	0.80	0.80	0.80	0.80	0.80	0.8
意大利	0.80	0.80	0.80	0.80	0.80	0.80	0.70	0.7
印度	0.60	0.60	0.60	0.60	0.60	0.60	0.60	0.6
印度尼西亚	0.70	0.70	0.70	0.70	0.70	0.70	0.70	0.7
英国	0.60	0.60	0.60	0.60	0.60	0.60	0.60	0.6
约旦	0.80	0.80	0.80	0.80	0.80	0.80	0.80	0.8
越南	0.60	0.60	0.60	0.60	0.60	0.60	0.60	0.6
赞比亚	0.70	0.70	0.70	0.70	0.70	0.70	0.70	0.7
智利	0.80	0.80	0.80	0.80	0.80	0.80	0.80	0.8

资料来源：德尔菲法。

表66　　　　　　　　　　　双边政治关系

国家＼年份	2013	2014	2015	2016	2017	2018	2019	2020
阿尔巴尼亚	0.64	0.64	0.64	0.64	0.64	0.64	0.64	0.62
阿尔及利亚	0.79	0.79	0.79	0.79	0.79	0.79	0.79	0.78
阿根廷	0.71	0.71	0.71	0.71	0.63	0.70	0.71	0.73
阿联酋	0.66	0.66	0.66	0.66	0.63	0.69	0.74	0.75
阿曼	0.77	0.77	0.77	0.77	0.77	0.77	0.77	0.76
阿塞拜疆	0.77	0.77	0.77	0.77	0.77	0.77	0.77	0.75
埃及	0.68	0.68	0.68	0.68	0.70	0.75	0.78	0.78
埃塞俄比亚	0.74	0.74	0.74	0.74	0.70	0.78	0.80	0.81
爱尔兰	0.68	0.68	0.68	0.68	0.68	0.68	0.68	0.70
爱沙尼亚	0.64	0.64	0.64	0.64	0.64	0.64	0.64	0.66

续表

国家＼年份	2013	2014	2015	2016	2017	2018	2019	2020
安哥拉	0.75	0.75	0.75	0.75	0.75	0.75	0.75	0.74
奥地利	0.68	0.68	0.68	0.68	0.68	0.68	0.68	0.70
澳大利亚	0.68	0.68	0.68	0.68	0.57	0.67	0.58	0.48
巴基斯坦	0.91	0.91	0.91	0.91	0.90	0.89	0.91	0.90
巴拉圭	0.70	0.70	0.70	0.70	0.70	0.70	0.70	0.70
巴林	0.75	0.75	0.75	0.75	0.75	0.75	0.75	0.74
巴拿马	0.68	0.68	0.68	0.68	0.68	0.68	0.68	0.69
巴西	0.74	0.74	0.74	0.74	0.70	0.75	0.72	0.70
白俄罗斯	0.78	0.78	0.78	0.78	0.78	0.79	0.82	0.80
保加利亚	0.62	0.62	0.62	0.62	0.63	0.70	0.66	0.66
冰岛	0.67	0.67	0.67	0.67	0.67	0.67	0.67	0.67
波兰	0.73	0.73	0.73	0.73	0.70	0.72	0.68	0.68
玻利维亚	0.74	0.74	0.74	0.74	0.74	0.74	0.74	0.73
博茨瓦纳	0.72	0.72	0.72	0.72	0.72	0.72	0.72	0.72
布基纳法索	0.75	0.75	0.75	0.75	0.75	0.75	0.75	0.73
丹麦	0.69	0.69	0.69	0.69	0.69	0.69	0.69	0.66
德国	0.78	0.78	0.78	0.78	0.73	0.77	0.71	0.71
多哥	0.66	0.66	0.66	0.66	0.66	0.66	0.66	0.67
俄罗斯	0.90	0.90	0.90	0.90	0.93	0.84	0.87	0.86
厄瓜多尔	0.71	0.71	0.71	0.71	0.71	0.71	0.71	0.71
法国	0.78	0.78	0.78	0.78	0.70	0.73	0.70	0.71
菲律宾	0.38	0.38	0.38	0.38	0.37	0.69	0.80	0.76
芬兰	0.68	0.68	0.68	0.68	0.68	0.68	0.68	0.69
哥伦比亚	0.68	0.68	0.68	0.68	0.68	0.68	0.68	0.69
哥斯达黎加	0.70	0.70	0.70	0.70	0.70	0.70	0.70	0.70
哈萨克斯坦	0.89	0.89	0.89	0.89	0.78	0.81	0.84	0.82
韩国	0.86	0.86	0.86	0.86	0.62	0.63	0.76	0.75
荷兰	0.76	0.76	0.76	0.76	0.67	0.71	0.68	0.67

续表

年份 国家	2013	2014	2015	2016	2017	2018	2019	2020
洪都拉斯	0.63	0.63	0.63	0.63	0.63	0.63	0.63	0.63
吉尔吉斯斯坦	0.74	0.74	0.74	0.74	0.67	0.73	0.78	0.75
几内亚	0.72	0.72	0.72	0.72	0.72	0.72	0.72	0.70
加拿大	0.70	0.70	0.70	0.70	0.63	0.71	0.56	0.52
加纳	0.70	0.70	0.70	0.70	0.70	0.70	0.70	0.70
柬埔寨	0.88	0.88	0.88	0.88	0.88	0.81	0.88	0.88
捷克	0.64	0.64	0.64	0.64	0.67	0.71	0.66	0.58
喀麦隆	0.68	0.68	0.68	0.68	0.68	0.68	0.68	0.68
卡塔尔	0.77	0.77	0.77	0.77	0.77	0.77	0.77	0.76
科威特	0.80	0.80	0.80	0.80	0.80	0.80	0.80	0.79
克罗地亚	0.66	0.66	0.66	0.66	0.66	0.66	0.66	0.68
肯尼亚	0.69	0.69	0.69	0.69	0.67	0.75	0.76	0.76
拉脱维亚	0.63	0.63	0.63	0.63	0.63	0.63	0.63	0.64
老挝	0.79	0.79	0.79	0.79	0.80	0.80	0.86	0.84
黎巴嫩	0.75	0.75	0.75	0.75	0.75	0.75	0.75	0.74
立陶宛	0.63	0.63	0.63	0.63	0.63	0.63	0.63	0.64
卢森堡	0.66	0.66	0.66	0.66	0.66	0.66	0.66	0.66
罗马尼亚	0.64	0.64	0.64	0.64	0.63	0.71	0.69	0.69
马达加斯加	0.73	0.73	0.73	0.73	0.73	0.73	0.73	0.72
马耳他	0.66	0.66	0.66	0.66	0.66	0.66	0.66	0.67
马来西亚	0.71	0.71	0.71	0.71	0.63	0.74	0.78	0.78
马里	0.76	0.76	0.76	0.76	0.76	0.76	0.76	0.74
美国	0.63	0.63	0.63	0.63	0.65	0.67	0.42	0.40
蒙古国	0.68	0.68	0.68	0.68	0.62	0.70	0.72	0.73
孟加拉国	0.73	0.73	0.73	0.73	0.73	0.74	0.78	0.78
秘鲁	0.73	0.73	0.73	0.73	0.73	0.73	0.73	0.74
缅甸	0.63	0.63	0.63	0.63	0.62	0.72	0.78	0.78
摩尔多瓦	0.64	0.64	0.64	0.64	0.64	0.64	0.64	0.65

续表

国家＼年份	2013	2014	2015	2016	2017	2018	2019	2020
摩洛哥	0.76	0.76	0.76	0.76	0.76	0.76	0.76	0.75
莫桑比克	0.73	0.73	0.73	0.73	0.73	0.73	0.73	0.72
墨西哥	0.68	0.68	0.68	0.68	0.53	0.68	0.66	0.67
纳米比亚	0.72	0.72	0.72	0.72	0.72	0.72	0.72	0.71
南非	0.76	0.76	0.76	0.76	0.63	0.72	0.76	0.76
尼加拉瓜	0.75	0.75	0.75	0.75	0.75	0.75	0.75	0.74
尼日尔	0.75	0.75	0.75	0.75	0.75	0.75	0.75	0.74
尼日利亚	0.73	0.73	0.73	0.73	0.65	0.72	0.73	0.74
挪威	0.64	0.64	0.64	0.64	0.64	0.64	0.64	0.64
葡萄牙	0.71	0.71	0.71	0.71	0.71	0.71	0.71	0.70
日本	0.39	0.39	0.39	0.39	0.33	0.47	0.70	0.69
瑞典	0.67	0.67	0.67	0.67	0.67	0.67	0.67	0.64
瑞士	0.70	0.70	0.70	0.70	0.70	0.70	0.70	0.70
塞内加尔	0.72	0.72	0.72	0.72	0.72	0.72	0.72	0.71
塞浦路斯	0.65	0.65	0.65	0.65	0.65	0.65	0.65	0.65
沙特阿拉伯	0.68	0.68	0.68	0.68	0.67	0.71	0.74	0.74
斯里兰卡	0.68	0.68	0.68	0.68	0.63	0.74	0.77	0.77
斯洛文尼亚	0.65	0.65	0.65	0.65	0.65	0.65	0.65	0.66
苏丹	0.73	0.73	0.73	0.73	0.68	0.68	0.68	0.69
塔吉克斯坦	0.73	0.73	0.73	0.73	0.67	0.75	0.76	0.75
泰国	0.76	0.76	0.76	0.76	0.73	0.79	0.81	0.79
坦桑尼亚	0.80	0.80	0.80	0.80	0.80	0.80	0.80	0.80
突尼斯	0.75	0.75	0.75	0.75	0.75	0.75	0.75	0.74
土耳其	0.64	0.64	0.64	0.64	0.63	0.68	0.67	0.63
土库曼斯坦	0.74	0.74	0.74	0.74	0.72	0.72	0.77	0.75
危地马拉	0.62	0.62	0.62	0.62	0.62	0.62	0.62	0.63
委内瑞拉	0.81	0.81	0.81	0.81	0.95	0.95	0.95	0.89
乌干达	0.70	0.70	0.70	0.70	0.70	0.70	0.70	0.70

续表

年份 国家	2013	2014	2015	2016	2017	2018	2019	2020
乌克兰	0.66	0.66	0.66	0.66	0.70	0.70	0.67	0.67
乌拉圭	0.70	0.70	0.70	0.70	0.70	0.70	0.70	0.70
乌兹别克斯坦	0.69	0.69	0.69	0.69	0.68	0.75	0.79	0.79
西班牙	0.70	0.70	0.70	0.70	0.70	0.70	0.70	0.69
希腊	0.73	0.73	0.73	0.73	0.70	0.72	0.76	0.75
新加坡	0.76	0.76	0.76	0.76	0.70	0.66	0.79	0.78
新西兰	0.73	0.73	0.73	0.73	0.70	0.72	0.72	0.71
匈牙利	0.66	0.66	0.66	0.66	0.65	0.72	0.71	0.70
亚美尼亚	0.68	0.68	0.68	0.68	0.68	0.68	0.68	0.67
伊拉克	0.63	0.63	0.63	0.63	0.62	0.70	0.70	0.70
伊朗	0.73	0.73	0.73	0.73	0.73	0.73	0.77	0.77
以色列	0.74	0.74	0.74	0.74	0.68	0.74	0.65	0.69
意大利	0.74	0.74	0.74	0.74	0.68	0.70	0.70	0.69
印度	0.73	0.73	0.73	0.73	0.67	0.58	0.75	0.47
印度尼西亚	0.73	0.73	0.73	0.73	0.68	0.73	0.78	0.76
英国	0.76	0.76	0.76	0.76	0.67	0.76	0.66	0.65
约旦	0.76	0.76	0.76	0.76	0.76	0.76	0.76	0.75
越南	0.52	0.52	0.52	0.52	0.63	0.68	0.76	0.72
赞比亚	0.71	0.71	0.71	0.71	0.60	0.75	0.77	0.75
智利	0.75	0.75	0.75	0.75	0.75	0.75	0.75	0.74

资料来源：德尔菲法。

本报告依托中国社会科学院国家全球战略智库国家风险评级项目组和中国社会科学院世界经济与政治研究所国际投资研究室。中国社会科学院国家全球战略智库是2015年首批25家国家高端智库建设试点单位之一，实体依托单位为世界经济与政治研究所，现任理事长、首席专家为张宇燕学部委员；智库通过整合中国社会科学院国际问题领域研究力量，立足对中国特色全球治理观和国际政治经济理论的深度探索，聚焦全球治理、大国关系和"一带一路"建设等重大实践命题，开展前瞻性、针对性、储备性全球战略研究。中国社会科学院世界经济与政治研究所国际投资研究室的主要研究领域包括跨境直接投资、跨境间接投资、外汇储备投资、国家风险、国际收支平衡表与国际投资头寸表等。2021年度项目组成员包括高凌云、王碧珺、韩冰、李国学、潘圆圆、周学智、陈胤默、李曦晨、孔大鹏和潘松李江等。